# 中國學術思想 研究輯刊

## 三二編

林慶彰 主編

## 第13冊

## 從宋明理學到現代新儒學

韓 強 著

花木蘭文化事業有限公司

國家圖書館出版品預行編目資料

從宋明理學到現代新儒學／韓強 著 -- 初版 -- 新北市：花木
蘭文化事業有限公司，2020〔民 109〕
目 2+230 面；19×26 公分
（中國學術思想研究輯刊 三二編；第 13 冊）
ISBN 978-986-518-285-4（精裝）
1. 中國哲學史 2. 宋明理學 3. 新儒學
030.8                                                    109011247

ISBN-978-986-518-285-4

9 789865 182854

中國學術思想研究輯刊
三二編　第十三冊　　　　　　ISBN：978-986-518-285-4

# 從宋明理學到現代新儒學

作　　　者　韓強
主　　　編　林慶彰
總 編 輯　杜潔祥
副總編輯　楊嘉樂
編　　　輯　許郁翎、張雅淋　美術編輯　陳逸婷
出　　　版　花木蘭文化事業有限公司
發 行 人　高小娟
聯絡地址　235 新北市中和區中安街七二號十三樓
　　　　　　電話：02-2923-1455／傳真：02-2923-1452
網　　　址　http://www.huamulan.tw 信箱 hml810518@gmail.com
印　　　刷　普羅文化出版廣告事業
封面設計　劉開工作室
初　　　版　2020 年 9 月
全書字數　197879 字
定　　　價　三二編 24 冊（精裝）新台幣 60,000 元

# 從宋明理學到現代新儒學

韓強 著

## 作者簡介

　　韓強，1948 年生，天津市人。1976 年畢業於南開大學哲學系。1986 年獲南開大學哲學碩士學位。1990 年獲哲學博士學位。現任南開大學哲學系教授。

　　曾參加編著方克立主編的《從孔夫子到孫中山》、《中國哲學大辭典》、呂希晨主編的《中國現代文化哲學》、劉澤華主編的《中國傳統文化精神》等著作。

　　近年出版的個人專著有《現代新儒學心性理論評述》、《中國傳統哲學與現代新儒學》、《文化意識與道德理性》，並在《哲學研究》、《南開學報》、《復旦學報》、《東嶽論叢》、《哲學動態》等刊物上發表中國哲學史論文、專題綜述等 100 餘篇。

## 提　要

　　現代新儒家是五四運動後既不同於自由主義西化派，又不同於「國粹派」的一個思想派別。他們主張以中國傳統思想，特別是儒家思想為本位，吸取西方思想文化，建立一種適應中國民族資產階級政治經濟要求的新哲學和新文化。

　　現代新新儒家號稱是「接著宋明理學講的」所謂「接著講」就是中西結合，有所創新，一方面發揚程、朱、陸、王，另一方面結合近現代西方哲學，既保持中國傳統文化，又力求創新，為中國挺立於當代世界建立信心。

　　在世界歷史上，中國文化源遠流長，沒有發生西方歷史的文化斷裂，原因就在於長期的統一，而統一的基礎是農業手工業市場經濟模式。秦朝統一了度量衡、統一了文字、在全國修築了馳道，實際是建立了全國性的市場，漢承秦制，建立了一整套制度。從秦漢以來有五次成為超級大國（漢唐元明清），在中國統一的時間要遠遠超分裂時間，魏晉南北朝和五代十國都不長，原因就在於全國統一的市場一旦制度化，就不允許長期分裂，所以中國統一是必然的。正是這種統一為中國文化傳統的延續奠定了堅實的基礎。

　　中國文化的連續性還在於，創造性的解釋學，漢代的今文經和古文經雖然方法不同，但都是在解釋古代的經典，無論是儒家還是道家的經典教都是總結前面的原文在解釋基礎上進一步說明新的創新，所以都能完整地承先啟後。這是中國流傳的基礎。

　　本書正是在上述方法論的基礎上詳細論述從宋明理學到現代新儒雅學的發展過程：在宋明理學中，選取了周敦頤、張載、程頤、朱熹的性兩元論；程顥、陸九淵、王陽明的心性一元論；羅欽順、王廷相、王夫之的性氣一元論，在現代新儒家中，選詳細分析了梁漱溟、熊十力、馮友蘭、賀麟、唐君毅、牟宗三、劉述先、成中英的哲學思想。

目
次

# 第一編　中國經濟與哲學

# 第一章　中國經濟管理模式與哲學思維的演變

　　我們打開中國哲學史教科書，就會看到在每個階段的開頭都介紹當時生產技術和經濟情況，還有文化發展和政治活動。然後，再敘述當時的哲學發展。這種表述方法，是按照馬克思的生產力決定生產關係，經濟基礎決定上層建築的歷史唯物主義原理表述的。雖然很細緻，但是對於不同的國家歷史特點和思想特點卻很難說清楚。例如，中國和古希臘、羅馬為代表的西方國家的經濟特點及哲學思維有什麼不同？很難說清楚。所以，我們需要用進一步理解馬克思主義，用新的方法。

　　如果我們既要堅持馬克思主義原則，又要把不同國家的哲學特點說清楚，就要尋找新的表達方式，馬克思說「『物質生活的生產方式制約著整個社會生活、政治生活和精神生活的過程』，在歷史上出現的一切社會關係和國家關係，一切宗教制度和法律制度，一切理論觀點，只有理解了每一個與之相適應的時代的物質生活條件，並且從這些物質條件中被引申出來的時候，才能理解」。〔註1〕在這裡，特別要注意；「物質生活的生產方式制約著整個社會生活、政治生活和精神生活的過程」這句話。

　　所謂「生產方式」是包括生產力的科學水平和生產關係在內的。有學者指出：

　　　　社會存在、生產方式、經濟基礎，是歷史唯物主義體系中同一

---

〔註1〕馬克思：《政治經濟學批判序言》《馬克思恩格斯選集》第2卷，人民出版社，1995年38頁。

序列的概念，它們都是指社會的物質現象和物質關係，對於社會的精神現象和精神關係，都是第一性的、本原的，起著決定作用。因此，在論證社會的物質現象和物質關係決定社會的精神現象和精神關係、社會存在決定社會意識這一歷史唯物主義的基本原理時，可以撇開這三個概念之間的區別，而在相同的作用（不是含義）上使用它們。同時，這三個概念雖然是同一序列的概念，但卻並不是相同的概念，三者之間在內涵和外延上又有所區別。〔註2〕

由此，進一步引申，我們可以說，生產方式決定管理經濟方式，經濟管理方式決定國家機構的組織模式，決定著著意識形態。舉個例子：中國古代春秋戰國由地區市場到秦漢統一的市場，秦國採取的標準化的生產方式（尤其是在武器生產方面），這就決定了它的經濟管理方式（統一度量衡），進一步決定了它的國家組織模式（郡縣制），從而推動了百家爭鳴到秦漢大一統思想，就清楚地說明了經濟管理模式與哲學思維的辯證關係。

# 第一節　春秋戰國到秦漢的經濟統一與百家爭鳴

## 一、春秋戰國農業手工業地方市場經濟的形成

春秋戰國時期，農業、手工業、商業都有了很大的發展。

《管子》這部書，記載了春秋戰國時期的經濟和政治思想，而且吸取了稷下學派的道家哲學。全書論述了在經濟領域中，貨幣、穀物、萬物（各種商品）的貴賤和供需關係，通過平抑物價、安定民眾生活，使國家富強。還可以在經濟上通過對外貿易和商戰制服別國。

《管子》認為市場是一個整體，它說：

「市者，貨之準也。是故，百貨賤，則百利不得；百利不得，則百事治；百事治，則百用節矣。是故，事者生於慮，成於務，失於傲。不慮則不生，不務則不成，不傲則不失，故曰：市者可以知治亂，可以知多寡，而不能為多寡，為之有道。」〔註3〕

〔註2〕趙家祥：《生產方式概念含義的演變》《北京大學學報：哲社版》，2007年第5期，第31頁。

〔註3〕黎翔鳳：《新編諸子集成‧管子校注》，北京：中華書局，2004年6月第1版，第88頁。

這就是說，市場是由商品供求狀況決定的。各種商品價格低廉。商業就不能獲得高利；商業無高利，各項事業就都能搞好，各項需求都能得到適當的滿足。所以說，事情總是產生於謀慮，成功於努力，失敗於驕傲。不謀慮則不能產生，不努力則不能成功，不驕傲則不致失敗；所以說，通過市場，可以通曉社會的治亂，可以通曉物資的多寡。掌握起來，也是有規律的。

春秋時期，齊恒公任用管仲改革：打破井田制，出現大量私田，實行「相地而衰徵」的稅制。就是按土地好壞分等徵收實物稅。在管仲的推動下，齊國建立了國家糧庫，壟斷了鹽鐵批發生意，形成一種國家管理和市場相結合、壟斷和競爭相結合、的經濟體制，使齊國經濟迅速發展，成為春秋五霸之一。

孔子讚揚說：「管仲相桓公，霸諸侯，一匡天下，民到於今受其賜。微管仲，吾其被髮左衽矣。管仲相桓公，霸諸侯，一匡天下，民到於今受其賜。」〔註4〕

## 二、春秋戰國時期哲學家對經濟的論述和抽象思維

春秋戰國時期不僅齊國，其他各告假國也出現了一系列的經濟政治改革。公元前 645 年晉國「作爰田」把公田分配，使用權長期化。公元前 594 年，魯國的「初稅畝」和「用田賦」對私田收稅。公元前 538 年鄭國子產實行「作丘賦」是土地制度改革帶來的軍事賦稅制度配套改革，把軍賦改為按丘計算分派，由新的土地私有主負擔。公元前 408 年，秦國實行了「初租禾」的徵稅方法，即按照田畝的多少來徵收禾租。最顯著的土地變革是商鞅變法，「廢井田，開阡陌，授土於民」。准許民間買賣土地，土地使用權的買賣真正實現。

土地的國家所有權和個人使用權、佔有權的分離，改變了生產關係，鐵器的使用提高了生產力，進一步促進了社會分工。《管子》書中把這種分工概括為士、農、工、商。並做了詳細論述。

戰國時期儒家的孟子也對社會領的分工做了詳細的論述。他說：「夫物之不齊，物之情也。或相倍蓰，或相什百，或相千萬。」「以粟易械器者，不為厲陶冶；陶冶亦以其械器易粟者，豈為厲農夫哉？且許子何不為陶冶，捨皆取諸其宮中而用之？何為紛紛然與百工交易？何許子之不憚煩？」曰：「百工之事，固不可耕且為也。」「然則治天下，獨可耕且為與？有大人之事，有小

---

〔註 4〕楊伯峻：《論語譯注》，北京：中華書局，1982 年 69 月第 8 版，第 151 頁。

人之事。且一人之身而百工之所為備，如必自為而後用之，是率天下而路也。故曰：或勞心，或勞力，勞心者治人，勞力者治於人；治於人者食人，治人者食於人，天下之通義也。」（《滕文公上》）〔註5〕

這實際是把經濟分工推導到政治領域，說明「勞心者治人，勞力者治於人。更極端的是法家韓非，他認為人際關係都是買賣關係，「主賣官爵，臣賣智力」（《外儲說右下》）〔註6〕：父母與子女之間之間「猶用計算成本之心以相等也」（《六反》）〔註7〕

戰國時期七大諸侯國都形成了農業手工業市場經濟，與此同時，民間商人也出現了。司馬遷在《史記‧殖貨列傳》評論了戰國時期商人和他們的活動：說他們「無秩祿之俸、爵邑之人，而樂於之比者，命曰素封。」〔註8〕戰國時期，「除了專營販運貿易的大商人之外，有很多是奕工奕商的大工商業主，他們經營的業務，從採礦、冶煉、鑄造、煮鹽到農、林、畜牧；從列肆販賣到『周流天下』，『貫貨計賈遍郡國』的遠程貿易。」〔註9〕

商業的發展，也使貨幣發生了變化。貝是中國最早的貨幣，商朝以貝作為貨幣。隨著商品交換的發展，海貝已無法滿足人們的需求，商朝人們開始用銅仿製海貝。銅幣是中國古代由自然貨幣向人工貨幣的一次重大演變。春秋戰國時期各國都有自己的貨幣，而且在一個諸侯國內的各個地區也有自鑄貨幣。在各種各樣的貨幣中，趙國的鏟幣、齊國的刀幣、秦國的圓形方孔錢、楚國的蟻鼻錢比較著名。於是各國之間不僅存在著商品流通，而且還存在著貨幣的相互兌換和流通。

哲學思維源於生活，又高於生活，所謂高於生活就是它抽象思維能力。所以春秋戰國的社會大變革：土地有國家所有權和個人使用權、佔有權分離，改變了生產關係，使經濟管理方式發生了變化；商品流通和貨幣的相互兌換加速了各方面流通，促進了市場經濟；變法是以明文法的方式管理社會。這一方面擴大了各階層人的活動範圍，同時也加強了人與人的思想交流。思想的活躍使各種哲學發展起來。

---

〔註5〕楊伯峻：《孟子譯注》，北京：中華書局，1981年6月第5版，第124頁。
〔註6〕《韓非子校注》，江蘇人民出版社，1982年月11月，第479頁。
〔註7〕《韓非子校注》，江蘇人民出版社，1982年月11月，第622頁。
〔註8〕〔漢〕司馬遷：《史記‧貨殖列傳》，北京：中華書局，1985年，第4373頁。
〔註9〕傅築夫：《中國封建社會經濟史》第一卷，北京：人民出版社1981年版，第290頁。

司馬談在《六家要旨》中說：

> 儒者博而寡要，勞而少功，是以其事難盡從，然其序君臣父子
> 之禮，列夫婦長幼之別，不可易也。墨者儉而難遵，是以其事不可
> 遍循，然其強本節用，不可廢也。法家嚴而少恩，然其正君臣上下
> 之分，不可改矣。名家使人儉而善失真，然其正名實，不可不察也。
> 道家使人精神專一，動合無形，贍足萬物。其為術也，因陰陽之大
> 順，採儒墨之善，撮名法之要，與時遷移，應物變化，立俗施事，
> 無所不宜，指約而易操，事少而功多。〔註10〕

孔子和孟子重視君臣父子之禮和夫婦長幼之別，墨子主張兼相愛和強本
節用。他們關心社會現實，最突出的孟子，他利用社會分工說明「勞心者治
人，勞力者治於人」。

從抽象思維的高度說應該是老子，他提出了「道」「氣」「有」「無」一系
列範疇。他說：

> 道生一，一生二，二生三，三生萬物。萬物負陰而抱陽。〔註11〕

這裡，「一」是指元氣，「二」是指二氣，「三」是指陰陽交合。也就是說，
道產生了元氣，元氣產生了陰陽二氣，陰陽交合產生了萬物，所以才說「萬
物負陰而抱陽」。

老子還說：「反者道之動，弱者道之用。天下萬物生於有，有生於無。」
〔註12〕意思是：循環往復是道的運動，柔弱是道的作用。天下萬物生於「有」
（元氣）；「有」生於「無」（道）。

這一系列抽象的概念實際是追究萬物產生的本原，「道」是天道、地道、
人道的總稱。《易傳·說卦》：「立天之道曰陰與陽，立地之道曰柔與剛，立人
之道曰仁與義」。〔註13〕

老子的抽象思維對戰國時代的哲學家產生了很大影響，莊子接著老子的
「天下萬物生於有，有生於無」繼續追問：

> 有始也者，有未始有始也者，有未始有夫未始有始也者。有「有」
> 也者，有「無」也者，有未始有「無」也者，有未始有夫未始有「無」

---

〔註10〕〔漢〕司馬遷：《史記·太史公自序》，北京：中華書局1985年，第5612頁。
〔註11〕盧育三：《老子釋義》第四十二章，天津：古籍出版社，1987年1月，第191頁。
〔註12〕盧育三：《老子釋義》第四十一章，第187頁。
〔註13〕高亨：《周易大傳今注》，山東齊魯書社，1983年，第609頁。

也者。俄爾有「無」矣，而未知有「無」之果孰「有」孰「無」也。
〔註14〕

這段話的意思是說：世界有開始嗎，如果有開始，那麼開始的前面是還沒有開始，沒有開始的前面是沒有開始的沒有開始。世界的本原是「有」嗎？「有」的前面是「無」，「無」的前面是無「無」，無「無」。突然有了「無」，就不知道哪個是「有」，哪個是「無」了。

這種抽象的確思維已經超過古希臘哲學家泰藤勒斯的「水」是萬物本原、阿那克西曼德的「無限者」、赫拉克利特的世界是永恆燃燒的「火」、德謨克里特的「原子」論，因為莊子的抽象思維追求的是永恆性和無限性，並且把永恆與無限結合在一起，儘管他的說法有相對主義詭辯論的因素，但是卻猜測到了微觀的無限可分性。後來的名家惠施說「至大無外」，「至小無內」。無論是宏觀還是微觀都是無限的。

道家和名家也影響了儒家和法家。荀子說：

水火有氣而無生，草木有生而無知，禽獸有知而無義，人有氣有生有知，亦且有義，故最為天下貴。〔註15〕

這是運用同一與差別的方法說明「氣」是無生命之物、有生命的植物、動物和人的共同本原，同時又指出人類與萬物的區別，可以說荀子之後，儒家接受了世界本原論的思維方式。

韓非說：

道者，萬物之所然也，萬理之所稽也。理者，成物之文也；道者，萬物之所以成也。故曰：『道，理之者也。』物有理，不可以相薄；物有理不可以相薄，故理之為物之制。萬物各異理，而道盡稽萬物之理，故不得不化；不得不化，故無常操。〔註16〕

這段話是說，道是萬物總根源，是萬理的總匯。理是萬物構成的條理，道是能使萬物條理化的根據。物各有自己的理，不會相互侵擾。萬物各有條理，道盡萬物之理。萬物之理各不相同，所以道不得不隨具體事物而變化。實際是說明世界總規律（道）與具體事物法則（理）和相互關係。

---

〔註14〕楊柳橋：《莊子譯詁》，上海古籍出版社，1991年，第41頁。
〔註15〕梁啟雄：《荀子簡釋》《王制》，北京，中華書局1981年1月，第109頁。
〔註16〕《韓非子校注》，江蘇人民出版社，1982年月11月，第199～200頁。

## 三、秦漢時期全國統一市場的建立和國家管理

在中央電視臺網站上有一篇文章《秦朝兵工廠標準化生產顯現一個帝國的強盛》，詳細介紹了秦國的兵器生產和管理，我們摘錄主要內容：

> 在陝西驪山秦始皇陵兵馬俑坑中出土了4萬件青銅兵器，有劍、鈹、戈、戟、矛、弩機、箭鏃。這些兵器的生產，有三個特點，第一是：責任落實到人，每件兵器上都刻著工匠的名字，而且還有管理者「大工尹」的名字。第二是：同類兵器標準化，例如同一類型的每支劍相差只有幾毫米。第三是：部件組合，銅弩機由望山、懸刀、牙、栓塞等部件組成。可以在實戰中更換部件。〔註17〕

這裡，我們看到秦國管理方式的全貌，不僅有高超的工藝，更重要的是標準化的生產管理，從邏輯與歷史統一的原則上，我們充分看到經濟管理方式與政治管理方式的統一。經過戰國時代，秦朝奠定的市場經濟的制度和統一管理，在漢代得到了有效利用，國家迅速發展起來。漢初崇尚黃老哲學，採取無為而治的方式。

漢初，曾有「復六國」的各種議論，但是遭到了否定，漢承秦制，堅持了中央集權的郡縣制，這對後來的中國的長期統一起了至關重要的作用，其意義在於維護了統一的全國大市場。統一的國家管理，使一個大國出現在全世界面前。

## 四、董仲舒《春秋繁露》的大統一思想

西漢初年，統治者吸取秦朝速亡的教訓，採取「與民休息」無為而治的黃老之術，出現了「文景之治」。但是到漢武帝時代發生了變化。董仲舒於漢武帝即位五年（公元前140年）作《舉賢良對策》，建議「罷黜百家，獨尊儒術」〔註18〕，以後又作《春秋繁露》。這實際是：經濟的統一（全國的大市場，統一的度量衡）政治的統一（中央集權的管理）必然要求的思想統一。而所謂「獨尊儒術」，並不是只要儒術，而是說，儒術是唯一的正統官方哲學，其他派別也允許存在，但不是正統，所以後來的官方考試，都是以儒家思想為標準，這才是董仲舒受到漢武帝賞識的真正原因。

---

〔註17〕《秦朝兵工廠標準化生產顯現一個帝國的強盛》2008年1月29日。來源：
　　　CCTV.com
〔註18〕張岱年：《中國哲學史史料學》三聯書店1982年版，第106～107頁。

　　董仲舒認為「天」不僅是陰陽、五行、四時的自然變化。而且是「百神之大君」〔註19〕。「天」按照自己的結構創造了人類，所以人的生理結構和生命精神活動與天相似。「天以終歲之數成人之身，故小節三百六十六，副日數也；大節十二，副月數也；內有五臟，副五行之數也；外有四肢，副四時之數也；乍視乍瞑，副晝夜之數也；乍剛乍柔，副冬夏之數也；乍哀乍樂，副陰陽之數也；心有計慮，副度數也；行有倫理，副天地也」〔註20〕。在此基礎上，人的感情慾望以至倫理規範都是天的複製品：「人之形體，化天數而成，人之血氣，化天志而仁；人之德行，化天理而義；人之好惡，化天之暖清；人之喜怒，化天之寒暑；人之受命，化天之四時；人有喜、怒、哀、樂之答，春、秋、冬、夏之類也……天之付在乎人，人之情性有由天者矣。」〔註21〕

　　這種生理、心理、倫理相結合的「人副天數」模式從天地萬物產生的根源說明人性形成的過程，一方面天道陰陽是四時、五行、萬物的根源，另一方面又是人類情慾和道德的來源。這種天人互相感應的關係，成為性三品論的出發點。

　　他把具體的人性分為三類：上品是情慾很少，不教就能為善的聖人之性，中間是有情慾，教化可以為善，不教化就為惡的中民之性，下品是情慾很多，雖教化也難為善的斗筲之性。「中民之性」是大多數人的，因此，董仲舒說：「名性不以上。不以下。以其中名之。」〔註22〕

　　董仲舒的性三品論實際是孟子性善論和荀子性惡論的折衷。他認為孟子所說的人性善，只是從「動之愛父母，善於禽獸」來說的，這並沒有把萬民之性與聖人之性區別開。他主張以三綱五常，忠信博愛作為聖人之善。這實際否定了孟孔以惻隱之心的道德感情為人性的觀點，而以倫理規範作為善的標準。另一方面，董仲舒又認為人先天就有為惡的情慾和為善的道德，這又否定了荀子的後天道德論，把善惡來源都歸於先天性。董仲舒說：「今善善惡惡，好榮憎辱，非人能自生，此天施之在人者也。」〔註23〕這種先天善惡的根源就是「陽仁陰貪」。

〔註19〕蘇輿：《春秋繁露義證》《郊語》北京：中華書局，1996年6月，第398頁。

〔註20〕蘇輿：《春秋繁露義證》《人副天數》北京：中華書局，1996年6月，第356～357頁。

〔註21〕蘇輿：《春秋繁露義證》《為人者天》北京：中華書局，1996年6月，第318～319頁。

〔註22〕蘇輿：《春秋繁露義證》《深察名號》北京：中華書局，1996年6月，第300頁。

〔註23〕蘇輿：《春秋繁露義證》《竹林》，北京：中華書局，1996年6月，第63頁。

董仲舒以天人感應為起點，說明人性三品，進一步講到聖人之性是少數人，為統治者當權做了合法的論證，同時又指出，中民之性是大多數人，應該接受統治者的教化。這些些論證是為了說明：「《春秋》大一統者，天地之常經，古今之通誼也。今師異道，人異論，百家殊方、指意不同，是以上亡以持一統；法制數變，下不知所守，臣愚以為諸不在六藝之科孔子之術者，皆絕其道，勿使並進，邪僻之說滅息，然後統紀可一而法度可明，民知所從矣。」〔註24〕

漢武帝採納了董仲舒的「罷黜百家，獨尊儒術」的建議，這與秦始皇的「焚書坑儒」有很大區別：一方面貶低了其他各家，另一方面樹立了儒家是官方唯一的正統思想。這種思想的作用，我們也可以從「性三品「論中找到根據：聖人是極少數，因此具有統治權；中品的人性是大多數，他們只能接受統治；下品的人性是少數，一方面可以給大多數中品人性一個安慰，讓他們感覺自己是有希望的，另一方面是要說，對少數下品人性的人進行懲戒是必要的。所有這些，既是對春秋戰國到西漢的政治政治統治經驗的理論總結，也再次說明董仲舒思想能被官方接受的真正原因。

西漢董仲舒的性三品論影響了兩漢隋唐的儒家思維方、王充主張氣稟精粗的性三品論，荀悅主張命有三品、韓愈主張性情三品論，他們都是從天人關係推論出人性論，說明心、性、情關係，再通過禮義教化的重要。漢唐儒家心性論極力把天道、天命與人性統一起來，說明人的自我價值即是天道、天命的體現，強調人性的先天差別，其理論特徵表現在以下幾個方面。

### 第一，從宇宙氣化生成萬物說明人的生命精神和道德來源

先秦儒家除孔子、荀子主張先王制定禮義之外，孟子、《中庸》、《易傳》都主張人的自然屬性和道德屬性先天固有，這種先天人性論並沒有進一步追究人性形成過程與宇宙萬物形成過程的關係。雖然荀子的氣化論涉及到人的產生，《易傳》的「一陰一陽之謂道，繼之者善也，成之者性也」，涉及到道德來源，但講得很簡單。漢代儒家吸取了《呂氏春秋》、《淮南子》的形神氣化論，把人的身體生命和精神活動的生理基礎、喜怒哀樂的心理感情和倫理道德的善惡與自然界陰陽、四時、五行的現象進行對比，試圖從氣化生成萬物的過程找出自然屬性和道德屬性的形成過程，於是出現了董仲舒「人副天

---

〔註24〕〔漢〕班固：《漢書卷》卷 56，《董仲舒傳》，北京：中華書局，1980 年，第2523 頁。

數」、「陽仁陰貪」，王充氣稟精粗的性命論，荀悅的「形神為性」、命有三品的理論。唐代韓愈的「生之謂性」，李翱的「天命之謂性」更是直接了當地把人的性情歸結於「天命」。因此「生之謂性」這個古老的命題在漢唐儒家思想中具有特殊的意義，「人性」即「天性」。這樣人性形成的過程具有了宇宙發生論的意義，人的自我價值是天道、天命的體現。這種宇宙本原的人性論為宋明理學把人性提升到宇宙本體奠定了基礎。

### 第二，自然屬性和道德屬性的抽象及先天差別

先秦儒家孟荀從同一與差別的關係說明人的先天同一性和後天差別性的關係。漢代儒家的氣化人性論綜合孟子的性善論和荀子的性惡論把人的自然屬性和道德屬性都提到宇宙發生論的高度加以抽象，認為人性先天就有差別。董仲舒從陽仁陰貪的觀點出發，認為先天的情慾差別決定了道德三品的差別。王充認為氣稟精粗決定了人的智力、才能和性格的心理氣質差別，因此人有道德三品的差別。荀悅的形神為性，把人一生的命運概括為命三品的差別。這樣，董仲舒、王充、荀悅就形成了情慾差別、才智差別、命運差別的三個層次。唐代韓愈的性情三品對應論是以先天道德差別說明先天情慾差別。這些性三品論把人的多樣性差別簡單化，終於被李翱的復性說代替。

### 第三，三綱五常的他律道德理性系統

漢代董仲舒以君為臣綱、父為子綱、夫為妻綱和仁義禮智信建立了一個體現天志的他律道德系統。這個系統不像孟子那樣以道德感情為基礎，而是與情慾相對應的外在道德律令。韓愈的性情三品對應論更強調仁義禮智信五常與喜怒哀懼愛惡欲七情相對應的先天差別。漢唐儒家對欲、情、知的關係比較重視，但仍然是沿襲了荀子心知學禮控制情慾的思維模式，即使提到孟子性善論也沒有分析四端道德感情，只是從羞惡觀念上加以分析。因此董仲舒和韓愈的三綱五常的他律道德系統成為主導思想。

### 第四，性靜情動的心性情關係

漢唐儒家從宇宙氣化生成萬物的過程說明人的生命精神和倫理道德來源，因此進一步涉及性感於物而動產生欲、情、知的過程。對性靜情動分析的最詳細的是漢代的荀悅和唐代的李翱。荀悅提出「情心意志者，皆性動之別名」的觀點，他認為形神之性根據外界條件不同而表現出好惡之情，意志在內心控制感情，由於好惡之情取捨不同，性有時表現為善，有時表現為惡，形成

「性情相應，利害相爭」，這樣就構成一個外界條件引起精神活動的，使感情、意志和善惡行為處於動態變化的心理活動過程。李翱「性善情惡」的復性說以《中庸》的「天命之謂性」融合了孟子的性善論，以《易傳》的「寂然不動，感而遂通」和《中庸》的「發而皆中節」解釋心寂、性靜、情動，並以《大學》的「誠意正心」說明「不思不慮」的「正思」，最後達到「性情兩忘」，進入「至誠」與天地參的精神境界。這種心性論吸取了玄學「聖人無情亦有情」和佛教明心見性的觀點，把儒家的心性情動靜關係提到宇宙觀的高度，為宋明理學程朱學派的「心統性情」奠定了理論基礎。

## 第二節　魏晉隋唐兩宋的市場經濟與玄學、佛教和儒家理學

魏晉之後出現了南北朝時期的分裂狀態，唐以後又出現了五代十國的分裂，到宋代又出現了大一統。

這裡，我們需要注意，魏晉南北朝時期是中國歷史上政權變更最頻繁的時期，在長達 360 多年中出現 30 多個政權，同時在這個時期是玄學興起和佛教傳入的時期，占主導地位的思想並不是儒家，但是到隋朝出現了統一政權，唐朝延續了 289 年，也就是說，起決定作用的並不是儒家大一統思想，既使有唐代韓愈宣傳儒學反對佛教的思想，唐代的社會流行的仍然是佛教和道教。

真正促進統一的決定性力量來自經濟領域，也就是全國性農業手工業市場的力量。因為秦漢時期已經形成了全國性市場，這個市場有利於國計民生，即使出現分裂也會被修復，恢復全國性市場。特別是隋朝開鑿了貫通南北的大運河，促進了南北經濟的一體化。確切地說，南北朝時期，經濟重心由北方向南方轉移，使其經濟逐漸起上北方，最後隨著大運河的開通，實現了南北匯合，而達到唐代的繁榮。五代十國待續的時間只有幾十年，就出現了北宋的統一。所以，唐宋時代是中國歷史上經濟繁榮的時代。

公元 581 年，楊堅在北周稱帝，改國號隋，公元 589 年攻破陳朝，統一了中國。楊堅號稱隋文帝，大行「惠政」。頒布了均田和租調新令，增加了受田數額，由於政策的寬鬆，隋朝的農業手工業有了很大的發展。當時「長安和洛陽等地的倉庫裏積儲著幾百萬石以至千萬石的糧食和布帛各千萬匹。」

河北定州（今定縣）的紡織業很發達、河南相州（今安陽）的綾文細布，非常精美，是貢品。「造船技術也不斷提高，能造四五層的樓船，高 45 尺至百餘尺，……瓷器業也比前代發達。在今河南鞏縣和河北磁縣隋時的青器窯，青器器胎厚重而鈾透明；白瓷器也開始出現，白瓷器已成為日常通用器皿，……與瓷器有關的製茶業，由南向北推廣。……雕刻、漆器等手工業也都有相當發展。」〔註25〕

唐宋時期，瓷器、茶葉相繼成為重要的出口商品。〔註26〕宋代以後，邊疆地區的各民族成為茶葉的消費市場，《文獻通考》說：「凡茶人官以輕估，其出以重估，縣官之利甚博，而商賈轉致於西北以致散於夷狄，其利又特厚。」〔註27〕茶葉在對外貿易中也是主要商品，在阿拉伯伊斯蘭文獻中，最早在851年就提到中國茶，中國茶葉應該在這時就已經販運到了西亞地區。〔註28〕

唐代商業活動頻繁，引起了支付方法的變化，出現了「飛錢」。實際是異地可以兌換的票據，不是紙幣。《宋史・食貨志》說：「會子、交子之法，蓋有取於唐之飛錢。」〔註29〕所以，宋代的會子、交子子才是真正的紙幣。因為，中國漢代產生了造紙術，宋代產生了活版印刷術。這兩項技術。加上繁榮的商業需要，才產生了紙幣。

公元 1008 年前後，四川成都的「16 家富戶，商議共同發行一種固定樣式的票卷：……起名叫『交子』。交子一發行，就極受商家歡迎。」〔註30〕。交子在市場上流通，是民間為了便利貿易。但是經營者常常出現準備金不足或現錢被被挪用的情況，不斷引起訴訟，宋真宗大中祥符末年成都交子鋪被關閉，交子的民辦階段階段結束。仁宗天聖元年益州府薛田與轉運使張若谷聯合上奏「合是交子之法歸於官中」，天聖二年二月開始進入官辦階段〔註31〕但是，南宋政府為了彌補虧空擴大發行紙幣，引起通貨膨脹。

〔註25〕吳慧：《中國商業史》第二卷，北京，中國財政經濟出版社，2006 年 7 月，第5～6頁。

〔註26〕《新唐書》，卷一九六，《隱逸》，中華書局，1975 年版，第 5612 頁。

〔註27〕《文獻通考》卷18《征榷5》，中華書局，2011 年，第 507 頁。

〔註28〕孫洪昇：《唐宋茶業經濟》，北京：社會科學文獻出版社，2001 年版，第 118 頁。

〔註29〕梁太濟：《宋史食貨志補正・會子》，中華書局，2008 年，第 398 頁。

〔註30〕姚朔民：《中國紙幣漫談：歷史上的第一張紙幣什麼樣子》《金融博覽》第 2期，第 68 頁。

〔註31〕吳慧：《中國商業史》第二卷，北京，中國財政經濟出版社，2006 年 7 月，第713～714 頁。

　　公元 1620 年元朝正式發行中統鈔。分為「中統元寶鈔」、「中流元寶鈔」兩種。前 20 年對流通貨幣的管理有嚴格的制度，例如，對製造假幣，嚴懲不怠。《元史》《刑法志》記載：「諸偽造寶鈔，首謀起意，並雕板抄紙，收買顏料，書填字號，窩藏印造，但同情者皆處死，仍沒其家產。兩鄰知而不首者，杖七十七。坊正、主首、社長失覺察，並巡捕軍兵，各笞四十七。捕盜官及鎮守巡捕軍官各三十七，未獲賊徒，依強盜立限緝捕。」「諸父子同造偽鈔者，皆處死。」〔註32〕另外，對破損的紙幣（「昏幣」）的折價兌換，對不能再流通紙幣，也都有嚴格的制度。

　　但是由於戰爭和社會經濟各方面的問題，濫發寶鈔，造成惡性通貨膨脹，加劇元朝的滅亡。

　　如果我們從思維的抽象性來看，紙幣發行，實際意味著交易的抽象性，這有利於大規模的商品流通，但是掌握不好，也容易引發大規模的通貨膨脹，危害經濟。

　　從哲學的抽象思維來看，由於紙幣的發行，形成了經濟管理的抽象方式，引起思維能力的抽象化，兩宋的理學抽象思維確實到了新的高度。其理論特徵表現如下：

　　第一消化玄學、佛教建立儒家的宇宙本體論和心體用論是宋明理學的理論基礎。兩漢、魏晉、隋唐時期儒、道、佛三家相繼成為占統治地位的思想。漢代儒家董仲舒在秦漢之際儒道融合的思潮中，綜合了孟、荀的先天性善論和先天性惡論，吸取了《呂氏春秋》、《淮南子》的宇宙氣化人性論和性三品論的觀點，以「人副天數」的思維模式把人的道德情慾歸結為「陽仁陰貪」，建立了性三品論和心任性情的心性論。魏晉玄學一方面宣揚「以無為本」；另一方面以儒家禮義為用，把儒家思想消融在教名與自然的辯論中。佛教在中國化的過程中，宣揚眾生悉有佛性，並以心體用論的思維方式把佛性與現實結合在一起，成為隋唐思想的主流。宋明理學所面臨的任務就是消化玄學、佛教建立儒家的人性論和心體用論。唐代韓愈和李翱的思想為宋明理學提供了理論思維的教訓和經驗。韓愈提出了儒家的道統說，痛斥佛教不講仁義，但他使用的仍然是兩漢儒家的性三品論。這種理論已無法與玄學、佛教那種抽象思辯的性本體論和心體用論相對抗。因此他的學生李翱放棄了性三品論，採取融合儒道佛的方法，提出了心寂、性靜、情動的思想。

---

〔註32〕《元史》卷一〇五《刑法志》，中華書局，1976 年，第 2667～2668 頁。

第二，宋明理學的宇宙本體論經歷了三個發展階段：理本體論、氣本體論和心本體論。這裡，我們主要分析兩宋理學。也就是從周敦頤的「無極而太極」的宇宙本體論到程頤的理為形而上之道，氣為形而下之器，以及朱熹的以本體言之有理，然後有是氣，形成了理本體論，這是宋明理學本體論的第一個階段。第二個階段是從程顥、陸九淵的心即理。其中的　一個最重要的特點就是：他們都反對道家的無和佛教的空，而主張「有」，所謂「有」是有精神或有物質為宇宙本體。例如，朱熹把周敦頤的「無極而太極」解釋為無形而有理，使人性提升到宇宙本體的高度。

第三，性兩元論發端於周敦頤、經過張載、程頤，完成於朱熹。周敦頤把《易傳》的「無極而太極」，「易無思也，無為也，寂然不動，感而遂通天下之故」與《中庸》的「誠」相結合，使「誠」上升到宇宙本體論，進一步論述仁義禮智信的五常之本。張載發揮《易傳》的「一陰一陽之謂道」提出了「太虛即氣」的本體論。「誠」一方面是太虛之氣的實有性，另一方面又是「仁之本」。程頤、朱熹發揮《易傳》的「形而上者謂之道，形而下者謂之器」，把天理說成是本體，而以氣為生物的材料。由此他們進一步把仁義禮智之理規定為人類共具的「天命之性」，而以氣質清濁、賢愚說明人的心理氣質先天差別性。這就是性兩元論。

第四，陳亮、葉適的功利思想，是直接反對程朱理學的。

陳亮認為事物是宇宙間的真實的客觀存在，任何道理法則都不能脫離具體事物而存在。他反對程朱理學的「理在氣先」、「道在物先」的說法，認為理學家把「理」說成是脫離事物而存在的抽象本體，就是玩心於無形之表」。陳亮認為宇宙中充滿了事物，道體現在具體事物之中，所以人們要認識事物本身的法則，按照客觀規律辦事。他思想最精彩之處，在於與朱熹的王霸義利之辯。

朱熹認為，「三代專以天理行，漢唐專以人慾行」，夏商周三代帝王的心術最好，能以「道心」治天下，所以天理流行，社會上的一切都是美好的、光明的，是王道政治；漢唐以來的帝王心術只用在利益上，所以社會長期陷入混亂、黑暗的局面，是霸道政治。陳亮堅決反對朱熹的歷史退化論。他認為，「義」與「利」或「天理」與「人慾」從來都是並存的，所謂「王道」與「霸道」在歷史上也是交雜並用的，根本就不存在「三代以上」和漢唐以下」的絕對鴻溝。古今的賢君都有他們的功績，區別只在於有的「做得盡」，有的

「做不盡」；有的成功，有的失敗，而不在於主觀動機上。陳亮堅決反對朱熹的歷史退化論。他認為，「義」與「利」或「天理」與「人慾」從來都是並存的，所謂「王道」與「霸道」在歷史上也是交雜並用的，根本就不存在「三代以上」和「漢唐以下」的絕對鴻溝。古今的賢君都有他們的功績，區別只在於有的「做得盡」，有的「做不盡」；有的成功，有的失敗，而不在於主觀動機上。統治者應該用賞罰的手段使為善者得到富貴，官、民、農、商商四者應該互相資助，互通有元，社會才能興旺發達。

葉適說：「自古聖人，中天地而立，因天地而教。道可言，未有於天地之先而言道者。」〔註33〕這實際是反對黨程朱的理在氣先、道在事先。其思想精彩之處是他的治國理財思想。「以天下之財與天下共理之」，具有濃厚的新思想，他反對封建國家控制、干預社會經濟活動，要求給私人進行生產、流通活動更大的自由。葉適的工商管理思想，反映了他對封建社會中產生江在發展著的商品貨幣經濟經濟所持的積極態度。〔註34〕

## 第三節　明清市場經濟的積極性和保守性及哲學思想的新變化

明清時期在經濟上，首先是糧食品種的增加。高粱自宋時代傳入四川，到明清時期擴大到北方。由於耐寒、抗澇，產量高，杆可以作燃料，所以成為實用性很高的農作物。玉蜀黍和蕃薯的原產地是在美洲。十六世紀傳入中國。根據各省地方志的記載，明代的河北、山東、河南、陝西、甘肅、江蘇、安徽、廣東、廣西、雲南等省已經種植了玉蜀黍。〔註35〕蕃薯在明清時期逐漸在福建、雲南、廣東、浙江、江蘇、臺灣、四川、廣西、江西、河北、湖北、山東、河南、湖南、陝西、貴州、山西、安徽等省普遍種植。〔註36〕這兩種糧食的種植，使得過去無法利用的旱地和山地得到了利用，實際上擴大了耕地面積。在經濟作物方面，西漢時期由中亞傳入的棉花、到明清時期已經遍

---

〔註33〕葉適：《習學記言》卷四十七，中華書局，1977年10月，第700頁。
〔註34〕吳慧：《中國商業史》第二卷，北京，中國財政經濟出版社，2006年7月，第887頁。
〔註35〕復旦大學、上海財經大學合編：《中國古代經濟簡史》，上海人民出版社，第164頁。
〔註36〕復旦大學、上海財經大學合編：《中國古代經濟簡史》，上海人民出版社，第164頁。

及全國，並取代中國有古老的歷史蠶桑業的種植，但是在南方的蘇州、杭州、嘉興、湖州和廣州的一些地區仍然是農民的主要事業和國家重要的財賦來源。經濟作物種植的擴大反過來又進一步促進了商品經濟的進一步活躍。〔註37〕

明清時期的手工業技術有了很大的提高，瓷器製作、玻璃製造和絲織技術都很發達。尤其是絲織技術，自從漢代發明了提花織機以後到明代羽絨廣泛使用提花機，當時提花機的花樓高一丈五尺，織匠能手兩人共同提織花樣，織好了幾寸，就要換到另一臺提花機上。衣服上的各色花形，是經過各個機房巧妙地配合而成，分工非常細密。〔註38〕

明清時期的官營手工業和民營手工業出現了新的變化，一方面官營手工業的產量再增加，但趨勢在衰落，因為它主要是供皇室的豪華用品，屬於工部；國家專營的製鹽業屬於戶部。民間的商業發展促進了民營手工業的發展。明代工匠服役分為輪班工匠與住坐工匠，但是到了明代中葉發生了變化，工匠以銀代役。成化二十一年發布了以銀代役的法令。凡願出銀者，可以出銀代役，不願者仍舊當班。這實際是雙軌制。到了正德年間，由於歐洲殖民者東來，中國優良的手工業品不斷運拄歐洲市場。殖民者為了支付與中國的貿易差額，運進了大量的白銀，這就白銀幣的使用較前普遍。到了嘉靖四十一年，全國班匠徵銀的客觀條件已經成熟，政府就廢止了雙軌製辦法，一律以銀代役。〔註39〕

這裡，需要特別注意的是：明清時代，中國仍然是農業手工業市場經濟，但是歐洲一些國家已經建立了資本主義制度正處在向工業商品經濟轉型的時期。隨著中國與歐洲的發展道路不同，拉開了很大差距，並且在1840年被現代工業國家所打敗。這就是中國農業手工業市場經濟的保守性。

第一，農業手工業市場經濟的基礎是農業，手工業是建立在農業基礎上，這種經濟形式，是高度依賴勞動力、高度消耗社會資源的。尤其是興建巨大的工程，消耗了大量的人力和財力。也就是說，在滿足社會生活的基本需要後，商品化的程度有限。

---

〔註37〕復旦大學、上海財經大學合編：《中國古代經濟簡史》，上海人民出版社，第165頁。

〔註38〕復旦大學、上海財經大學合編：《中國古代經濟簡史》，上海人民出版社，第166頁。

〔註39〕復旦大學、上海財經大學合編：《中國古代經濟簡史》，上海人民出版社，第168～169頁。

　　第二，中國從秦漢時期兩千多年的農業手工業市場經濟，雖然經歷過唐宋元明時期的輝煌。到清朝已經由於固步自封走到習慣性的僵化階段，這是最典型的保守性。儘管，在明清之際出現了資本主義萌芽，但是在經濟轉型上，與與西方的差距卻越來越大。

　　明清時代在哲學上，仍然在延續兩宋理學，王陽明明首先對朱熹更深提出了異義。他繼承了南宋陸九淵的心學，提出「知行合一」和「致良知」。劉宗周出了「合心意知乃見意之全體」的觀點。黃宗羲發揚了劉宗周的觀點，以仁義禮智規範、四端道德感情和喜怒哀樂之情相配合，進一步使道德理性感性化。

　　羅欽順反對天命之性和氣質之性的提法，認為理在氣中，性理不是氣，但理在氣中「理一便是天地之性，分殊便是氣質之性」，離開氣質別無天地之性。王廷相認為「人有生氣則性存」。性是生之理，是人們耳目視聽的自然而然之理。值得注意的是：無論王陽明、劉宗周、黃宗羲的心學。還是羅欽順、王廷相、王夫之、顏元、戴震的氣學，都在不同程度上對傳統的孔孟之誕進行了批判。

　　王陽明心學傳入日本影響了「明治維新」的實用儒學。1860～1880 年間，在日本，儒學直接走向了社會實踐：津田真道在談到「實學」與「虛學」的區別時說：「所有學問大致可以分為兩種，高談空洞理論的虛無寂滅，五行性理，或良知良能等說是虛學：根據實象，專論實理，如近代西洋的物理、化學、醫學、經濟、哲學是實學。這種實學如果能普遍流行國內，明達各種道理，就可以說是真正文明。」福澤喻吉在《勸學篇》中也大聲說：「我們應該把遠離實際的學問視為次要，而專心致力於接近人生日用的實際學問。」〔註40〕

　　中國在明清之際（16～17 世紀）出現了明顯的資本主義萌芽，當時的顧炎武、黃宗羲、王夫之、顏元、李塨、戴震、朱之瑜、方以智等學者，掀起了一股經世致用的思潮，儘管他們各自的學術觀點不同，都從不同角度強調視實學、實用。但是，由於清朝的建立仍然沿用傳統的農業手工業市場經濟，並沒有像西方文藝復興（14～17 世紀）那樣，逐步走向近代工業市場經濟，使經世致用的實學淹沒在清王朝的尊崇程朱理學的淥浪潮中。

　　到了清朝末期，西方資本主義侵入中國，特別是鴉片戰爭喚醒了中國知識分子，出現了郭嵩燾、薛福成、沈毓桂、馮桂芬、李鴻章、王韜、張之洞、

---

〔註40〕蘇陽：《日本現代化成功之謎初探》，《中國民航學院學報》，1986 年第 1 期。

馬建忠、鄭觀應等人，他們提出了「變道衛器」、「中學為體，西學為用」，為1898 年的戊戌變法做了充分的思想準備。

從 1901 年到 1919 年五四新文化運動之前，對中國的主要影響是辛亥革命，其根本目標是要建立資產階級的民主共和國，在經濟領域是從農業手工業市場經濟迅速轉化到工業市場經濟，可以說，1901 年到 1919 年五四新文化運動之前實際上一個過渡階段。

最激烈的是 1915 年開始的東西文明比較的論戰，延續十餘年，先後參與者有數百人，發表文章近千篇，專著數十種。在 20 世紀 30 年代的第二次世界經濟危機中，中國是處在農業手工業市場經濟向工業市場經濟轉型的過程中，最有意思的是：30 年代是中國民族資本主義發展的黃金時期。到 1949 年，中國開始轉入現代化的經濟建設。

1919，中國的五四新文化運動使西方各種現代哲學轉入中國，引起了中西哲學的融合，其中馬克思主義、自由主義西化派、現代新儒學成為三大流派。

# 第二章　中國傳統文化中的解釋學

## 第一節　從解釋學和文化哲學看中國文化的形成

　　根據古藉傳說和考古學的地下文物發掘,中國文明已有 5000 多年的歷史,在公元前 3000 年到 2000 年之間,在陝西、山西、河南三省交界處為中心的廣闊地區出現了中原龍山文化。這種文化分布區域與傳說的堯舜禹的活動範圍大致對應,作為中國文化的主體是在華、夏、戎、狄、夷、羌、苗、蠻等部族文化基礎上融合形成的,堯舜禹時代苗蠻被趕出中原地區,所以早期華夏文化有所謂華夷之別。夏、商時代中原的民族自稱華夏,分別將四邊的少數民族稱為蠻、夷、狄、戎,到了周朝所謂華夏,除了周人自身之外,也包括了虞、夏、商三代的後裔在內,甚至有傳說中的黃帝、堯的後裔在內,但是虞、夏、商、周的祖先都不是華夏,孟子說:「舜,東夷之人也;文王西夷之人也。」[註1] 司馬遷說「禹興於西羌。」[註2] 孟子和司馬遷的說法並非無根據之談,虞與夏的分布是一東一西,商與周的分布也是一東一西,可見夏、商、周時代的遷徙和戰爭促進了不同民族之間的政治、經濟和文化的交往,西周時期由虞、夏、商、周四族匯合為華夏諸國,到春秋時期魯、齊、燕、晉等國的王室屬於華夏,而楚、秦、吳、越被看作狄夷,到戰國時期這四個大國也變夷為夏了。

---

〔註1〕楊伯峻:《孟子譯注》《離婁下》,第 184 頁。
〔註2〕〔漢〕司馬遷:《史記·六國年表》。

　　由於中國古代社會是多民族的地域融合過程，而且在這個漫長的過程中各個氏族和部落以及邦國的風俗、經濟、文化都又較大的差異，所以經歷了夏商周三代，到春秋戰國時期仍然存在著一定程度的差異。從文化領域來看，當時有四個主要的文化類型：鄒魯文化、荆楚文化、三晉文化、齊燕文化。〔註3〕

　　春秋時期，中國社會正經歷著一場深刻的大變革，在殷周氏族貴族血關係基礎上建立的等級名分關係和天命神學的禮樂文化受到強烈衝擊，出現了禮崩樂壞的局面，當時的諸子百家代表不同的文化傳統，他們從各自的利益出發為新的社會提出了不同的設計方案，其價值取向是多元的。另一方面這種價值取向又是建立在以農業為經濟基礎的家族血緣關係上的，如何在新舊貴族和庶民之間建立新的等級名分關係，給士、農、工、商以一定的社會地位，並建立與此相適應的文化觀念，成為百家爭鳴的首要問題，發源於不同文化區域的諸子百家提出了不同的學說。

　　鄒魯文化是儒家思想的發源地，周公封於魯國，保存了豐富的西周文物典籍，儒家的經典《詩》、《書》、《禮》、《樂》都是西周數百年文化積累而成的。孔子「刪詩書、定禮樂」整理殷周典籍，建立了仁與禮相結合的禮樂文化，充分表現出說明、解釋、創新的積極性。這種禮樂文化是以血緣家族為組織細胞，以宗法性的倫理為價值標準，說明君君、臣臣、父父、子子的等級名分關係，進一步擴展到夫婦、兄弟、朋友之間，力求建立一種和諧的社會人際關係。正像孔子所說的：「禮之用，和為貴。」〔註4〕同樣源於魯文化的墨子，早年也是個儒者，但是他的人生哲學、道德觀念和政治立場與儒家的「愛有等差」不同，他主張「兼相愛，交相利」，代表了戰國初期的小生產者利益。墨子所提出的兼愛、非攻、強力、非命、尚賢、尚同、明鬼、非樂、節用、節葬等十大主張實際是對儒家的等級名分關係和禮樂文化的否定。

　　源於荆楚文化的老莊道家思想，也對儒家的禮樂文化採取了否定的態度，老子說：「夫禮者，忠信之薄而亂之首」〔註5〕，主張建立一種符合人的自然本性的沒有禮義的小國寡民的社會，希望恢復古代淳樸的血緣關係。如果我們仔細閱讀老子和莊子的著作，就會發現其浪漫主義的文學風格，追究世

---

〔註3〕參看任繼愈《中國哲學發展史》先秦卷，人民出版社1983年第一版，第23頁。
〔註4〕楊伯峻：《論語譯注・學而》，第8頁。
〔註5〕盧育三：《老子釋義》第三十八章，第173頁。

界萬物起源的刨根問底的鮮明特徵，以及不拘禮教的追求個體精神自由，都表現出與儒家截然不同哲理思想。從老子的「道法自然」到莊子的「天地與我並生，萬物與我為一」都表現出一種要超越有限而達到無限的精神自由氣魄。

三晉（韓、趙、魏）文化是法家和名家思潮的發源地。法家是要建立一種新型的等級名分關係，並且把這種關係用法律的形式固定下來。這種新型的等級名分關係是對殷周以來的血緣宗法關係的一種否定，是以人的智力才能和對國家的貢獻來重新確定社會地位和財產關係，目的是發揮人的主觀能動性，為富國強兵做出積極的貢獻。名家思潮是在戰國時期的法律、軍事、外交需要的特定環境下產生的，側重於研究法律條文而被稱為刑名法術之學，專門研究邏輯概念和判斷推理的被稱為名實之學。戰國時期，不僅名家專門研究名實關係，而且儒家、法家、道家、後期墨家都重視對名實之學的研究。田駢、慎到、申不害是以道家思想為主，主張禮法並用，兼採刑名法術之學。名家惠施的合同異與道家莊子的齊物論在相對主義的方法上一脈相通。主張禮法並用的儒家荀子作了《正名》篇。荀子的學生韓非崇尚法家，他又作《解老篇》和《喻老篇》，成為第一個注釋《老子》的思想家，老子的辯證法成為韓非法、術、勢結合的理論基礎，所以名實之辯的解釋學的方法又成為戰國時期各家學派相互滲透的動力。

兼收並蓄的燕齊文化源於齊國稷下學宮而流傳於燕國，儒、墨、道、名、法、陰陽各派思想的代表人物都曾遊歷過稷下學宮並互相交流，在這裡儒家的禮樂文化、道家的人性自然文化，法家的刑名文化，以及墨家的兼愛，名家的合同異、離堅白，陰陽家的陰陽五行思想都充分地交流，產生了一批著名的思想家，例如儒家的代表荀子和道家的宋研、尹文都主張禮法兼用。其學術風格影響了秦漢之際的《呂氏春秋》和《淮南子》。

# 第二節　儒家的解釋學

## 一、先秦儒家的解釋學的創新精神

中國傳統文化源遠流長，先秦儒學是在解釋夏商周三代文化經典，並吸取了春秋戰國百家爭鳴成果的基礎上發展起來的。孔子自稱是「述而不作」，實際上他對於《詩》、《書》、《禮》、《樂》採取了說明、解釋和創新的方法，

他說：「興於詩，立於禮，成於樂。」〔註6〕「誦詩三百，授之以政，不達；使於四方，不能專對，雖多，亦奚以為？」〔註7〕「志於道，據於德，依於仁，游於藝。」〔註8〕這說明他對於文化經典不是停留在字面上的說明和解釋。「誦詩三百，授之以政，不達」，是說對經典文化沒有達到真正理解，即使從政也不能有什麼成就，所以對文化經典的理解在於「志於道，據於德，依於仁，游於藝」。靈活的運用才是真正的理解。正因為這樣，孔子對西周「以德配天」的禮樂文化進行了繼承和創新，一方面宣揚「畏天命，畏聖人，畏大人之言」，另一方面又擴大人的主觀能動性，所謂「天何言哉，四時興焉，百物生焉」，「敬鬼神而遠之」都是提倡人的價值。

　　孟子和荀子繼承孔子所創立的儒家解釋學精神，重視發揚經典文化的義理精神。孟子云：「說詩者，不以文害辭，不以辭害志。」〔註9〕「盡信《書》，則不如無《書》。吾於《武成》，取二三策而已矣。」〔註10〕也就是說在文字、語言、意義三者之間，意義是首要的。荀子認為《詩》、《書》、《禮》、《樂》、《春秋》包含了天下之道、人之道，《詩》表達了聖人的志向，《書》記載了聖人的政事，《禮》記載了聖人的行動，《樂》表達了聖人的情感，《春秋》表達了聖人的微言大義。正是這種創新的解釋學精神，使孟、荀發揚了孔子的仁學，從人性論的高度上說明人的道德來源，並且分別提出了性善論和性惡論。

## 二、兩漢今文經的微言大義與古文經的求實精神

　　在兩漢時期，董仲舒和王充不僅是今文經和古文經的學者而且都是大思想家，他們對先秦的經典文化都有自己獨特的看法。董仲舒認為「《詩》無達詁，《易》無達占，《春秋》無達辭，從變從義，而一以奉人（天）。」〔註11〕也就是說，經典原文沒有固定不變的解釋，人們對其理解是隨著時代的變遷而不斷變化的，但也不能隨意解釋，必須服從天的支配，才能真正理解聖人的「微言大義」。這個原則使董仲舒在《春秋繁露》中充分地發揮了自己的思

---

〔註6〕楊伯峻《論語譯注》《泰伯》，第81頁。
〔註7〕楊伯峻《論語譯注》《子路》，第135頁。
〔註8〕楊伯峻《論語譯注》《述而》，第67頁。
〔註9〕楊伯峻：《孟子譯注》《萬章上》，第215頁。
〔註10〕楊伯峻：《孟子譯注》《盡心下》，第325頁。
〔註11〕蘇輿：《春秋繁露義證》《精華》，第95頁。

想。他認為「《春秋》為學也，道往而明來者也。」〔註12〕解釋和創新的目的是面向未來的，為了面向未來，又要反思過去，所以《春秋》論述的十二世共二百四十二年的歷史的精神實質是「人道浹而王道備」〔註13〕，把它運用於漢代的實際是一套行之有效的方法，所以歷史傳統與現實需要的關係是十分重要的。這就是董仲舒能在西漢五經博士的角逐中奪取勝利成為今文經權威的奧秘，正因為他隨著時代變化而解釋歷史文化，適應現實的需要，所以為漢代今文經學拉開了序幕。王充雖然推崇古文經但他並沒有停留在經典的字面意義上，而是有他自己的一套解釋學的理論和方法，他對儒道兩家的經典做過深入的研究，認為對經典中的言論需加驗證，不符合事實的應該拋棄。他說：「儒者說《五經》，多失其實。前儒不見本末，空生虛說。後儒信前師之言，隨趣述故，滑習辭語。苟名一師之學趣，為師教授，及時蚤仕，汲汲競進，不暇留精用心，考實根核。故虛說傳而不絕，事實沒而不見，《五經》並失其實。」〔註14〕「道家論自然，不知引物事以驗其言行，故自然之說未見信也。」〔註15〕他著重批判了諸子經典的各種虛妄之說，同時又對其中可以為經驗所證明的事實給予肯定，因此他認為傳統經典的各種言論中，能夠驗證的是「實」，不能驗證的是「虛」。如果說董仲舒今文經的《春秋繁露》發揮了先秦儒家思想並帶有天人感應的神學目的論色彩，那麼王充古文經的《論衡》則不僅發揮了儒道兩家的思想精華，而且具有實事求是的精神。所以兩漢經學不僅是今古文的解釋學方法的爭論，更重要的是理論上的創新，要求一種實事求是的創新精神。

# 第三節　道家的解釋學

## 一、道家解釋學的直覺辯證法和自由精神境界

在春秋戰國的百家爭鳴中，道家是僅次於儒家的重要學派，《老子》一書以散文詩的形式論述了天道和人道，氣勢磅礡又帶有悲劇性的風格。如果說孔孟論「道」的主要內容是仁義禮智的人道，那麼老子論「道」的主要內

---

〔註12〕蘇輿：《春秋繁露義證》《玉杯》，第 96 頁。
〔註13〕蘇輿：《春秋繁露正義》《玉杯》，第 32 頁。
〔註14〕北京大學歷史系：《論衡注釋》《正說》，中華書局，1979 年 1 月，第 1582 頁。
〔註15〕北京大學歷史系：《論衡注釋》《自然》，第 1035 頁。

容是自然無為的天道，他對「道」作了抽象的玄想，他說「道大，天大，地大，人亦大。域中有四大，而人居其一焉。人法地，地法天，天法道，道法自然。」〔註16〕作為宇宙萬物本原的「道」具有無名、無形、無為、虛無的特點。

從解釋學的意義上看，老子所說的無名、無形、無為、虛無的「道」，與孔孟的忠恕之道，中庸之道，至誠之道有很大不同，老子的「道」是具有抽象思辨的宇宙萬物本原，孔孟之道是仁義禮智的道德，老子認為：「失道而后德，失德而後仁，失仁而後義，失義而後禮。夫禮者，忠信之薄而禍亂之首。」〔註17〕他主張應該用「致虛極，守靜篤」〔註18〕的方法達到與道同體。

老子以後道家分為兩大派。

在齊國稷下學宮中的宋研、尹文以及田駢、慎到，把道家思想與儒家和法家思想融合起來，宣揚「君道無為，臣道有為」。宋研、尹文認為精氣是具有精神活動的物質，人體為精舍。因此，形神關係是精神活動的生理基礎。人保持著「虛壹而靜」的心理狀態，一方面能達到「一物能化謂之神」，「偏知天下，窮於四極」；另一方面能做到「日新其德」，「善氣迎人，親於兄弟」〔註19〕。宋、尹還認為「禮」與「法」都是「道」的體現，「禮者，謂有理也。理也者，明分以喻義之意也。」「法出乎權，權出乎道」〔註20〕。人們應該在現實社會中應用禮與法為權宜之計。

莊子發揮了老子道生萬物的思想，對「道」、「有」、「無」、「無形」、「無為」等範疇作了新的解釋，他說：「夫道，有情有信，無為無形；可傳，而不可受；可得，而不可見；自本自根，未有天地，自古以固存。神鬼神帝，生天生地。在太極之先，而不為高；在六極之下，而不為深。先天地生，而不為久；長於上古，而不為老。」〔註21〕「有始也者，有未始有始也者，有未始有夫未始有始也者。有有也者，有無也者，有未始有無也者，有未始有夫未始有無也者。俄而有無矣，而未知有無之果孰有孰無。」〔註22〕

〔註16〕盧育三：《老子釋義》第二十五章，第 127 頁。
〔註17〕盧育三：《老子釋義》第三十八章，第 173 頁。
〔註18〕盧育三：《老子釋義》第十六章），第 90 頁。
〔註19〕黎翔鳳：《新編諸子集成·管子校注》，《內業》，第 943 頁。
〔註20〕黎翔鳳：《新編諸子集成·管子校注》，《心術》上，第 770 頁。
〔註21〕楊柳橋：《莊子譯詁》《大宗師》，上海古籍出版社，1991 年 12 月，第 120 頁。
〔註22〕楊柳橋：《莊子譯詁》《齊物論》，第 41 頁。

這種解釋，實際上是從時間和空間的無限性上來說明「道」的超越性，莊子提倡非理性的直覺修養方法，用「心齋」、「坐忘」的方法排除一切感情和欲望，忘掉自己的肢體和精神，去掉一切知識，把生死置之度外，這樣就可以超越「有待」而達到「無待」，進入「獨與天地精神往來」的絕對精神自由境界。

## 二、儒道法融合與學術中心的形成

　　戰國中後期由七大國爭雄趨向政治統一，思想文化也在百家爭鳴中加強了相互之間的融合。這種文化上的融合主要採取了兩種方式：一種是固守本學派的傳統和基本思想，在自己的旗幟下容納各家異說，如荀子標榜仲尼，實際上是兼儒法，而合名墨。《韓非子》和《墨經》也是如此。另一種形式是跳出本學派的圈子，對各家學說進行綜合發揮。這種形式需要各派學者雲集的文化環境和兼收並蓄的文化政策。在戰國到秦漢時期這種文化環境有三次。

　　第一次是齊國的稷下學宮，集合了各諸侯國的大批學者，形成了全國的學術中心。在這種環境下產生的《管子》一書嘗試把荊楚文化、三晉文化、鄒魯文化與齊國傳統文化匯合在一起，形成了新的燕齊文化。《管子》書中有對老莊的「道」與「無為」思想的發揮，有對儒家禮樂仁義的論述，有對法家刑名思想的說明，有對陰陽五行思想的闡釋。書中的《內業》和《心術》上、下是宋研、尹文的道家思想，實際上是儒、道、法三家思想的融合。

　　第二次是在秦國呂不韋門下形成的學術中心裏出現了《呂氏春秋》。司馬遷《史記》中說：「呂不韋乃使其門客，人人著所聞，集論為八覽、六論、十二紀，二十餘萬言」〔註23〕《呂氏春秋》實際是以南方荊楚文化的道家思想為指導，兼採各家學說的一部著作，《不二》篇說：「老耽貴柔，孔子貴仁，墨翟貴廉（兼），關尹貴清，子列子貴虛，陳駢貴齊，陽生貴已，孫臏貴勢，王廖貴先，兒良貴後。此十人者，皆天下之豪士也。」〔註24〕《呂氏春秋》大量引用老子、莊子、孔子、墨子和韓非的言論加以發揮，因為在戰國後期儒家思想還沒有明顯的優勢，諸子文化處於平等的地位，所以在《呂氏春秋》中除了道家思想占理論優勢之外，其他各家的地位不相上下。如果說以《管子》為代表的稷下學宮的燕齊文化是融合鄒魯文化、三晉文化和荊楚文化的

〔註23〕〔漢〕司馬遷：《史記》《呂不韋列傳》，第 2510 頁。
〔註24〕陳奇猷：《呂氏春秋校釋》《不二》，上海學林出版社，第 1123～1124 頁。

產物，反映出戰國時期北方文化的特點，那麼以以《呂氏春秋》為代表的南方文化則是以荊楚文化的道家思想為指導融合了鄒魯文化、三晉文化和燕齊文化。這一點我們可以從出自稷下學宮的荀子和他的學生韓非兼採各家之長的儒家思想和法家思想中看出來，而孔子後學所作的《易傳》也是儒家思想為主兼收並蓄。所以秦漢之際北方文化的特點是儒、法思想佔優勢，兼容各家；南方文化的特點是道家思想為主，兼容各家。這種情況一直延續到漢代劉安的《淮南子》和董仲舒的《春秋繁露》，甚至魏晉玄學也與荊楚文化有淵源聯繫。

第三次文化中心的形成是在西漢時期「黃老之學」盛行的背景下出現的，淮南王劉安聚集賓客方士數千人寫出《淮南子》向王朝獻書。漢初的文帝、景帝和竇太后都崇尚黃老。黃老之學的特點是：博採眾家之長，把儒、墨、道、名、法、陰陽各家的思想融合在一起，試圖建立以道家思想為主體的思想體系，達到究天人之際，通古今之變的目的。當時著名的黃老學者司馬談說：「道家使人精神專一，動合無形，瞻足萬物。其為術也，採儒墨之善，撮名法之要，與時遷移，應物變化，立俗施事，無所不宜，指約而易操，事少而功多。」〔註25〕《淮南子》《要略》說：若劉氏之書，觀天地之象，通古今之變，權事而立制，度形而施宜……以統天下，理萬物，應變化，通殊類。」〔註26〕這與當時黃老之學的宗旨是一致的。淮南王劉安的封國屬楚國舊地，老莊思想影響很大，楚文化傾向於歌頌自然，探索宇宙奧秘，多流行古代傳說，重辭賦文采，這些特點在《淮南子》中都有明顯的影響。《淮南子》在天道觀方面把老莊的自然無為和宋研、尹文的精氣說結合在一起，論述宇宙萬物的生成過程，在人道觀方面把儒家的仁義道德和法家的刑名思想結合在一起宣禮法並用。

## 三、兩漢到魏晉南北朝時期儒道兩家解釋學的相互影響

西漢初期形成了以黃老之學和《淮南子》為代表的道家思想與董仲舒為代表的儒家思想相互爭論的局面，劉安向漢武帝獻《淮南子》是在公元前139年，董仲舒向漢武帝獻《舉賢良對策》是在公元前134年，中間僅相隔五年，

〔註25〕〔漢〕司馬遷：《史記》《太史公自序》，第3289頁。
〔註26〕劉安編著，高誘注：《淮南子》《要略》，上海：古籍出版社，1989年9月，第236頁。

可見當時儒道兩家相爭激烈。但是我們把《淮南子》與董仲舒的《春秋繁露》比較一下，就會發現這兩部分別以道家思想和儒家思想為主體的著作有許多相通之處：在天道觀方面他們都發揮了《老子》的「道生一，一生二，二生三，三生萬物」和《易傳》的「易有太極，是生兩儀，兩儀生四象」的觀點，從宇宙本源的高度詳細描述萬物產生的過程，構造了「道」─「元氣」─「陰陽」─「四時」─「五行」─「萬物」的世界模式。《淮南子》用老子的「無」和莊子的「未始有無」來解釋「道」，董仲舒用儒家的「天命」來解釋「道」，《淮南子》比《春秋繁露》更詳細地描述了道產生萬物的過程，認為「道」經歷了「虛霩」、「宇宙」、「元氣」、「陰陽」、「天地」、「四時」幾個階段才產生萬物〔註27〕，而「未始有有無者」是「天地未剖，陰陽未判，四時未分，萬物未生，汪然平靜，寂然清澄，莫見其形」的階段〔註28〕。在天人關係方面，《淮南子》和《春秋繁露》都有「天人感應」的思想，《淮南子》說：「頭之圓也象天，足之方也象地。天有四時、五行、九解、三百六十六日，人亦有四肢、五臟、九竅、三百六十六節。天有風、雨、寒、暑，人亦有取、與、喜、怒。」〔註29〕《春秋繁露》也有類似的觀點。在人性論方面《淮南子》和《春秋繁露》都有「性三品」的思想，《淮南子》把人性分為三類：一類是「身正性善，發憤而成仁」的少數人；一類是「沉湎耽荒，不可教以道」的少數人；而大多數是「上不及堯舜，下不及商均」的人。這與董仲舒的「聖人之性」、「中民之性」、「斗筲之性」的三品論相似。這說明《淮南子》和《春秋繁露》都是從道生萬物到天人感應和人性三品的思維模式來論述各自的思想，所以「罷黜百家，獨尊儒術」是在儒道合流的基礎上實現的，不能簡單地看成是儒家思想代替了道家思想，同時《淮南子》和《春秋繁露》所表現出來的儒道合流趨勢也為魏晉玄學奠定了基礎。

　　魏晉玄學是由漢末魏初的「清議」和「清談」轉化而來的。「清談」與「清議」有很大的不同，從形式上看，清議表現為社會輿論，清談則是學者之間的辯論；從內容上看，清議是對具體人物的評論，而清談則是探討人才理論和事物的規律。劉紹的《人物志》是從「清議」過渡到「清談」的一部著作，他在說明「清談」理論時認為世界上存在著四種「理」：「若夫天地之氣化，

〔註27〕劉安編著，高誘注：《淮南子》《天文訓》，第265頁。
〔註28〕劉安編著，高誘注：《淮南子》《俶真訓》，第17頁。
〔註29〕劉安編著，高誘注：《淮南子》《精神訓》，第68～69頁。

盈虛損益，道之理也；法制正事，事之理也；禮教宜適，義之理也；人情樞機，情之理也。」「道之理」是指自然規律，「事之理」是指政治法律，「義之理」是指倫理道德，「情之理」是指心理活動。劉紹認為人的材質不同，天然地存在通曉這四種「理」的人。「清談」發展為抽象的理論辯論又被稱為「玄學」，所以魏晉玄學思潮在當時被稱為「清談」、「清言」，或稱為「玄遠之談」、「虛談」、「玄論」。它的特點是善於言談，以辯論取勝。參與這一思潮論辯的士人被譽為「名士」、「名勝」、「名通」、「名達」。

## 第四節 魏晉南北朝時期佛教的解釋學

　　漢魏之際中國傳統文化在思想上發生了一個巨大的變化，這就是魏晉玄學取代了兩漢經學。玄學關於有無、體用、本末的討論為佛教般若學與中國傳統文化，特別是道家文化的融合奠定了基礎。

　　魏晉玄學是在肯定現實世界合理性的基礎上尋求理想與現實相統一的世俗文化思想，它的主題是「名教」與「自然」的關係，其精神境界是「應物而無累於物」的自我超越。它通過探討有無、本末、體用的關係，試圖把「名教」與「自然」有機地結合起來，達到一種既肯定現象，又肯定本體的積極結論。佛教的般若學是以論證現實世界虛幻不實為宗旨的出世間宗教文化思想，它的主題不是「名教」與「自然」的關係，而是世間與出世間的關係，它以俗諦來說明一切法是「有」，以真諦說明一切法皆「空」，達到一種非有非無的消極結論，以顯示一種體用皆「空」，它所追求的精神境界是涅槃寂滅的自我解脫。玄學與佛教的這種差異並沒有阻礙二者的融合，因為佛教要在中國的土地上生根發芽就需要依附中國傳統文化，另一方面玄學關於本體與現象的討論是要為現存的世界尋找一個存在的根據，這個根據，無論是「以無為本」還是「玄冥獨化」，都是既越現存的一切現象，又在現存的一切現象之中的，這就與佛教的超越精神有相通之處，所以玄學的有無之辨為佛教用非有非無解釋「自性空」提供了一種與中國傳統文化相融合的思想方法。在當時，以竺法雅為代表的「格義」方法對佛玄合流和般若學思潮的興起，發揮了極大的促進作用。所謂「格義」就是援引中國傳統思想，特別是魏晉玄學的概念來解釋外來佛教的概念，把兩種不同的文化思想融通。因此「格義」不拘泥於佛經的隻言片語，也不追求完全忠實於的般若學本義，而著重從義理方面融會融合佛教與玄學，探究有無、本末、色空等概念的對應關係。儘管道

安反對格義的方法，但他也是用佛學與玄學相互比附的方法來解釋般若性空思想的。佛玄合流掀起了一股具有中國特色的般若學思潮，同時也把玄學的爭論帶到佛學中來，引起了佛教般若學的內部分化，這就是所謂的六家七宗。

本無宗有道安為代表的本無派和竺法深、竺法汰為代表的本無異派，心無宗的代表人物是支愍度，即色宗的代表人物是支道林，識含宗的代表人物是于法開，幻化宗的代表人物是道壹，緣會宗的代表人物是于道邃。如果我們從西晉永嘉六年（公元 312 年）道安誕生開始計算到東晉義熙十年（公元 414 年），其間有 112 年，也就是說從六家七宗的形成到僧肇的總結，中間不過只有七八十年左右的時間。實際上六家七宗在兩晉時期幾乎是同時出現，很難找出一個層次分明的時間順序。在六家七宗中影響最大的是本無、心無、即色三大宗派，僧肇在《不真空論》對這三派都有所批判，也有所繼承，這對於我們瞭解玄學的有無之辨與般若佛學對性空的理解有重要意義。

僧肇的《不真空論》在評論心無宗時說：「心無者，無心於萬物，萬物未嘗無。此得在於神靜，失在於物虛」〔註30〕。「心無義」就是空心不空色，「不空色」就是「萬物未嘗無」。心無宗的這種觀點與郭象的思想很接近，郭象認為「萬有」之上沒有一個「無」，作為它的「有」是唯一的存在，而其存在的根據就是「物各有性」，因此聖人無心而順有就能隨變所適。心無宗的「空心不空色」就是「無心於萬物，萬物未嘗無」，實際上承認了現象界的「有」。般若學屬於大乘空宗，它要用「破相顯性的方法來闡明「性空」。也就是說，不能直接去描繪本體，肯定本體為絕對真實，而應該通過闡明現象無自性的方法來間接地顯現本體。按照這種思路，「性空」的本體就寓於無自性的現象之中；無自性的現象本身就包含著「性空」的本體。如果把本體執著為實在，它就轉化為有自性的東西。般若「空性」的究竟義是：既無現象，也無本體，性相不存在，萬法皆空。「有」非真有，「無」非真無，非有非無，即有即無。道安和支愍度並沒有掌握般若「性空」的本義。道安認為般若經典所謂「空」是「一切諸法，本性空寂」，重點是否定物質現象。而心無宗認為所謂「空」是「欲令心體虛妄不執」，重點是否定精神現象。而按照般若經典的本義，則是既否定物質現象，又否定精神現象，只有達到了一切皆空的境界，才能破除「異想」，不起「執心」。但是本無宗只達到了「色無」卻沒有達到「心無」，

---

〔註30〕〔東晉〕僧肇著，胡春波校釋：《肇論校釋》《不真空論》，北京：中華書局，
　　　　2010 年 7 月，第 39 頁。

心無宗達到了「心無」，卻沒有達到「色無」。所以僧肇認為本無宗之得在於否定了現象，所失在於執著於本體；心無宗在精神上達到了空，卻沒有否定外物的存在。

僧肇在《不真空論》中評論即色宗時說：「即色者，明色不自色，故雖色而非色也。夫言色者，當色即色，豈待色色而後為色哉？此直語色不自色，未領色之非色也。〔註 31〕」也就是說，即色宗能夠看到「色」無自性，任何現象的本性都是虛假不真的，這是其優點。但是他們並不明白「當色即色」的道理。其實直接說色的本性是「空」就可以了，用不著等到因緣條件而形成物體，才說它不過是一種假有之「色」。正確的理解是「色即是空，空即是色」，即色宗只說到「色即是空」，沒有說到「空即是色」。

僧肇的《不真空論》在評論本無宗時說：「本無者，情尚於無多，觸言以賓無。故非無，有即無，非無，無即無。尋無立文之本旨者，直以非有非真有，非無非真無。」〔註 32〕所以《不真空論》把「不真即空」比喻為影中「幻化人」，非無幻化人，幻化人非真人。〔註 33〕

魏晉時期的名教自然之辨是在儒家的倫理綱常遭到嚴重的破壞的前景下發生的，玄學家崇尚「自然」，但又不願意放棄作為封建社會立足之本的「名教」，因此希望用「名教出於自然」或「名教即自然」把二者調和起來。所謂「名教」是指封建社會的政治秩序和倫理規範，所謂「自然」是指自然之道和人的自然之性。所以調和「名教」與「自然」在一定程度上是調和儒家的禮樂文化與道家的人性自然文化。道家的人性自然文化本來是反對儒家的禮義道德的，所以要調和儒家的禮樂文化與道家的人性自然文化，就需要對儒家的禮義道德進行改造，把維護社會秩序的倫理道德說成是合乎人性自然的「名教」，同時又要把道家的自然無為改造為能容納包括倫理道德在內的萬事萬物的「自然」，才能達到「名教出於自然」的目的。王弼首先從「以無為本」提出了「名教出於自然」的思想。他認為天地萬物皆「以無為本」，「無」即是「自然」，「自然」無形無為，卻可以「成濟萬物」，包括「名教」在內的萬事萬物比的從自然而來，充分體現了「自然」的原則。所以，王弼一方面認為「名教」的存在是合理的，另一方面又強調「名教」應該合乎「自然」的

---

〔註31〕〔東晉〕僧肇著，胡春波校釋：《不真空論》，第 40 頁。
〔註32〕〔東晉〕僧肇著，胡春波校釋：《不真空論》，第 41 頁。
〔註33〕〔東晉〕僧肇著，胡春波校釋：《不真空論》，第 56 頁。

原則。聖人與官長的作用就在於使「名教」合乎「自然」，「行無為之事」，只有體現「自然」的「名教」社會才是理想的社會。王弼之後，竹林七賢的阮藉、嵇康為反對司馬氏虛偽的「以孝治天下」，提出了「越名教而任自然」的口號，儘管他們的「任自然」不是任情縱慾，他們的思想深處還是希望以合乎「自然」的「名教」社會作為理想，但是「任自然」的口號成為一些人「放蕩形骸」的藉口，尚虛談的風氣日盛，於是裴頠以《崇有論》來強調「名教」自身存在的合理性，又有郭象以「玄冥獨化」論證「名教即自然」。因此儒道合流的魏晉玄學，雖然標榜「崇尚自然」，但對社會的看法，還是以儒家的禮教為本位，這就反映了中國傳統文化思想對人倫關係的重視。另一方面在儒道合流的同時，外來的佛教文化思想也極力利用中國傳統的儒家思想和道家思想，以求達到儒道佛合流。如果說儒道合流產生了玄學的名教自然之辨，那麼儒道佛合流則產生了佛法名教之辨。

　　佛教自傳入中國之始，就面臨著出世解脫與入世生活、修持佛法和信奉名教的矛盾。當人們對佛教出家修行、見人無跪拜之禮提出異議和責難時，佛教徒就一方面以「苟有大德，不拘於小」來為自己辯護，另一方面又強調「堯舜周孔修世事也，佛與老子無為志也」，佛教的出家修行，「亦得無為，福流後世」，「至於成佛，父母兄弟皆得度世，是不為孝，是不為仁，孰為仁孝哉！」〔註34〕佛教為了在中國的土地上生根、發芽以求發展，便不斷地與儒家禮教進行妥協。其基本方法是把儒家與佛教的觀念相互比附，例如以《周易》的「四德」（元、亨、利、貞）比附佛教的「四德」（常、樂、我、淨）；以「五常」（仁、義、理、智、信）比附佛教的「五戒」（不殺生、不偷盜、不邪淫、不飲酒、不妄語）。甚至不惜改變佛教的內容，在佛教思想體系中加入儒家禮教的內容，例如把「孝」說成是儒佛共同尊奉的宗旨，進而論證佛儒一致，都有利於帝王的教化。東晉名僧慧遠在《答恒太尉書》和《沙門不敬王者論》中把佛教的義理與維護名教的傳統思想有機地結合起來，宣揚「孝」是佛教的世俗要求。

　　佛教與道家玄學及儒學的融合，是以玄學的有無之辨解釋佛教的「自性空」，以儒家的道德解釋持戒修行，這種相互融通的方法不僅在魏晉南北朝時期的佛教中盛行，而且在隋唐佛教中也有一定影響。禪宗的代表人物慧能曾明確地說：「此教門立無念為宗，世人離見，不起於念，若無有念，無念亦不

〔註34〕《欽定四庫全書子部》《弘明集》卷一，牟子《理惑論》文淵閣本，第13頁。

立，無者無何事？念者念何物？無者，離二相諸塵勞；真如是念之體，念是真如之用。自性起念，雖即見聞覺知，不染萬物境，而常自在。」〔註35〕這就是說，佛法和菩提存在於世間，求解脫只能在人的現實生活之中；如果離開世間求佛法解脫，是不可能的。只有在「即世間」才能求得「出世間」，在現實生活中就要遵守社會倫理和綱常名教，這比「持戒」、「修禪」更重要。

作為中國文化的組成部分，玄學和佛教通過不同的途徑肯定了名教社會的合理性。玄學大談「名教出於自然」，佛教大談「佛法在世間」，但是玄學與佛教對人生理想的看法不同。玄學對社會人生的看法，除了以儒家的禮教為標準之外，還吸取了道家的人性自然觀點，強調必須以「自然」為本，「名教」符合「自然」才能作為評價善惡的標準。所以玄學「至善」的人格，不僅有人倫之善，還必須「至真」。玄學的理想人格是治國平天下的「聖王」與自然無為的「至人」的結合，其最終目的是建立和諧的社會秩序和人倫關係。佛教雖然也宣揚「出世間即世間」，「佛法在世間」，但它主張在現世現實的生命過程中擺脫一切煩惱而達到一種自我解脫的精神境界，所謂修行不違孝道，「即世間」要遵守禮教，不過是為了在「即世間」求得「出世間」，以眾生與佛不二，人從本來是佛，來建立佛教的天國。所以「世間法則佛法，佛法則世間法」並不是要建立玄學家理想的封建社會秩序。東晉時期宣揚涅槃佛性說的竺道生提出了一切眾生皆有佛性和頓悟成佛的觀點。他沿用了玄學的體用關係，從本體論的意義上講佛性，佛性被說成是人的本體存在，而人的具體存在便是現象。人的本體存在被稱為「無我」，人的具體存在稱為「色我」。所謂「無我」就是佛性「真我」，「無我」和「色我」是體用關係。這並不是說色相等同於佛性，而是說作為本體存在的「真我」與現象的「色我」是體用相即的關係。道生強調佛性的「自然」、「自在」、「無為」、「如如」顯然是受到玄學的影響。在他看來佛性是自然自在的，眾生只要順應本來的樣子就能成佛。佛性是人人本有的，只要見性，就能成佛。佛性無形，是不生不滅的永恆本體，既不能見聞知覺，也不能用理智分析的方法來求得，成佛的方法只能是「頓悟」。這種「頓悟」的方法，正如玄學的「得意則忘象」一樣，是一種直覺的把握整體的方法。道生的「佛性我」已經有「即心即佛」的思想，「真我」和「色我」的體用關係，也透露出心有體用的思想。

---

〔註35〕〔唐〕慧能著，郭朋校釋《壇經》，北京：中華書局，2012年，第32頁。

# 第五節　唐代儒家對佛教解釋學的批判和利用

## 一、韓愈的道統說和性情三品論

　　韓愈（公元 768～824 年）是唐代反佛鬥爭的一個積極人物，他以孔孟之道作為反佛鬥爭的武器，提出了道統說和性情三品對應論，對宋明理學的形成產生了深刻的影響。

### （一）仁義為定名道德為虛位

　　韓愈為了恢復儒家的權威，表示自己學有本源，仿照佛教世襲傳法的法統，建立了儒家聖人傳道的道統。他認為儒家之道，是「堯以是傳之禹，禹以是傳之湯，湯以是傳之文武周公，文武周公傳之傳孔子，孔子之傳孟軻，軻死不得其傳焉。」〔註 36〕他以孔孟的繼承人自居，表示要發揚光大儒家傳統。

　　韓愈說：「博愛之謂仁，行而宜之之謂義，由是而之焉之謂道，足乎己無待於外之謂德。仁義為定名，道德為虛位。」〔註 37〕他從概念的外延和內涵入手，指出「道」和「德」是兩個最大的概念，各種學派都可以在「道」與「德」這兩個概念中充實不同的內容。老子的「道」和「德」是「無」和「無為」，而儒家的「道德」是「仁義」。但是韓愈並沒有進一步看到「仁」與「義」對於道德是定名，而作為儒墨兩家共同使用的概念，又是虛位概念。儒家的「仁」是愛有等差，「義」與「利」對立，而墨家認為「兼相愛，交相利」就是仁義。雖然韓愈也批評了墨家思想，但主張「博愛之謂仁」與儒家的愛有等差的「仁者愛人」意義並不完全相同，卻帶有墨家「兼愛」的色彩。

　　韓愈不僅從儒家的倫理道德觀念上批判了佛道兩家，並且從人性論上總結了儒家思想。他認為，孟子的性善論，荀子的性惡論以及楊雄的善惡混都是在上、中、下三品人性中「得其一而失其二者」〔註 38〕，至於佛老兩家乃是異端雜言。

　　韓愈大講「仁義為定名」和性三品是為了宣揚儒家道統，這種「定名」方法與董仲舒的「名性不以上，不以下，而以其中」的方法相同。雖然魏晉玄學已經從本體論的高度論述了心性關係。但是韓愈的心性思想並沒有達到

---

〔註 36〕　〔唐〕韓愈：《原道》《韓昌黎集》，上海商務印書館 1938 年排印本，第 63 頁。
〔註 37〕　〔唐〕韓愈：《原道》《韓昌黎集》，第 60 頁。
〔註 38〕　〔唐〕韓愈：《原性》《韓昌黎集》，第 64 頁。

本體論的高度。他看不到玄學的自我超越是超越情慾和仁義道德，佛教的自我超越是超越社會的一切物質和精神現象。他只是從佛道兩家不講仁義道德這一點上對其批判，這種批判沒有達到本體論的理論思維高度，因此韓愈的心性論仍然停留在董仲舒性三品的思維模式中。

### （二）性情三品對應論

韓愈的性情三品對應論是對兩漢性三品思想的總結，董仲舒以天道陰陽為起點，提出「陽仁陰貪」的人性生成論和性三品論，以及三綱五常的他律道德系統。王充以氣稟厚薄為起點，提出才性三品和正命、遭命的觀點。荀悅以氣化形神為起點提出形神為性，命有三品的觀點。韓愈不像兩漢儒家那樣詳細地說明宇宙氣化生成人性的過程，而是直接從「生之謂性」出發，說明性情三品對應關係和五常之道的他律道德。他說：「性也者，與生俱生也，情也者，接於物而生也。」性的內容是仁、義、禮、智、信五德，這是人先天固有的，但是每個人又有差異，上品的人性「主於一而行於四」，以一德為主，通於其他四德；中品的人性對於某一德有所不足，對於其他四德或有不符合的情況。下品的人性「反於一而背於四」對於一德違反，對於其他四德也不符合。情的具體內容是喜、怒、哀、懼、愛、惡、欲。與人性的三品相對應，情也有三品：上品的人情「動而處其中」，中品的人情發動有過而不及，下品的人任情而行，不符合道德標準。〔註 39〕這裡韓愈採取了生理、心理和倫理相結合的方法制定了一個性情三品對應論的他律道德系統。在七情中，欲主要是生理欲望，喜怒哀懼愛惡是心理感情，仁義禮智信是倫理道德。韓愈根據道德的先天差別說明情的先天差別，這與董仲舒、王充那種由情慾、才質的先天差別說明道德先天差別的方法不同，而是利用了性發為情的觀點，進一步強調道德對情慾的超越性和決定性。同時，韓愈也詳細分析了道德差別中五性相互配合的差別，以及感情發作是否合乎節度的問題，這顯然比董仲舒」心性情」的抑惡於內、揚善於外的觀點更細緻。

## 二、李翱的心寂性靜情動和復性說

李翱（公元 772～841 年）繼承了韓愈的性發為情觀點，揚棄了性情三品的思維模式，對心性情的關係作了新解釋。他把《中庸》的「天命之謂性」

---

〔註39〕〔唐〕韓愈：《原性》《韓昌黎集》，第 64 頁。

與孟子的性善論、《易傳》的寂感神通和《大學》的「格物致知」融合在一起，吸取了玄學的「聖人有情亦塢有」和佛教的「自性清靜心」，提出了心寂、性靜、情動和復性的新觀點。

### （一）誠靜之性與心寂情動

李翱說：「昔者之注解《中庸》者……以事解也，我以心通也。」〔註40〕所謂「心通」就是「明誠」。李翱把「誠」的道德意志抽象為天與人的共同本性。他說：「誠者，聖人之性也，寂然不動，廣大清明，照乎天地，感而遂通天下之故，行止語默無不處也。」〔註41〕」人生而靜，天之性也。性者，天命也。「率性之謂道」何謂也？曰：率，循也。循其源而反其性者，道也。道也者，至誠也。……誠者，定也，不動也。」〔註42〕中李翱吸取了漢代「人生而靜天之性」和《易傳》的寂感神通解釋《中庸》的「天命之謂性」，使「誠」不僅具有天人共同本性的意義，而且有了寂然不動和感而遂通的意義。所謂「寂然不動」是說「誠」作為天人共同本性具有定和靜的本性。例如「由（冉求）也非好勇而無懼也，其心寂然不動」〔註43〕，就是說道德意志之「誠」堅持而不動搖。所謂「感而遂通」，是說天下至誠為能化，行止語默無不處於極也。這些解釋雖然沒有使用本體範疇，卻已經透露出本體論的思想萌芽。

李翱還從感覺的視聽和心的思維來說明心的動靜關係。《易傳》的「寂然不動，感而遂通」本來是說「易」生生變化的過程，講的是天道。李翱用這些話說明天人的共同本性——「誠」，使誠具有宇宙論的意義。同時又用來說明人的主觀精神，他認為心本來是「無思」、「無為」、「寂然不動」的，但是由於感覺與外界接觸產生了視聽思慮，因此要保持心的寂然不動，「動靜皆離」的狀態，就必須「明辨焉，而不應於物」〔註44〕。這實際是莊子和玄學家所說的心如明鏡，照物而不應於物，佛教所說的「不著於物」。這種「不應於物」的心理狀態就是誠意、正心，因此心的寂然不動實際就是超越感覺和理智以直覺與「天命之性」相通。另一方面性的感而遂通又通過心表現出來，心有

---

〔註40〕〔唐〕李翱：《復性說》中，《中國哲學史資料簡編》，北京：中華書局，1963年4月，第555頁。
〔註41〕〔唐〕李翱：《復性書》上，《中國哲學史資料簡編》，第551頁。
〔註42〕〔唐〕李翱：《復性書》中，《中國哲學史資料簡編》，第554～555頁。
〔註43〕〔唐〕李翱：《復性書》上，《中國哲學史資料簡編》，第552頁。
〔註44〕〔唐〕李翱：《復性書》中，《中國哲學史資料簡編》，第554頁。

思有慮，動靜不息，是乃情也」，〔註45〕「情有善有不善」〔註46〕。李翱所說的「心」一方面是寂然不動與性相通，另一方面又感而遂通表現為情。雖然他沒有明確「性具於心」，也沒有使用體用範疇，但其觀點已經吸取玄學佛教帶有心體用論的色彩。

### （二）性與情不相無和性善情昏

李翱揚棄了漢唐儒家性三品論的觀點，提出了性善情昏的「性與情不相無」的觀點。他說：「人之所以為聖人者，性也；人之所以惑其性者，情也。喜怒哀懼愛惡欲七者，皆性之所為也。情既昏，性斯匿矣。非性之過也，七情循環而交來，故性不能充也。……性與情不相無也。雖然無性則情無所生矣。是情由性而生，情不自情，因性而情，性不自性，由情以明。」〔註47〕這裡，李翱看到了性與情的對立統一關係，一方面「性而生情」，「無性則情無所生」；另一方面「情為性之動」，「性不自性，由情以明」。情是性的表現，作為表現性的情，可以與性一致，也可以與性不一致。

李翱認為「凡人之性猶聖人之性」，「桀紂之性猶堯舜之性也，其所以不覩性者，嗜欲好惡之所昏也，非性之罪也」。「情有善有不善，而性無不善也」〔註48〕。也就是說聖人與凡人在先天性善上是平等的，其區別在於後天嗜欲好惡不同，因此有聖人之情和凡人之性的區別。

聖人是先覺者，「聖人者寂然不動，不往而到，不言而神，不耀而光，制作參乎天地，變化合乎陰陽，雖有情也，未嘗有情也。」〔註49〕這是因為聖人能保持寂然不動的心理狀態堅持道德意志的誠，使喜怒哀樂之情「動而中禮」〔註50〕。因此聖人雖有情而未常有情，這是性情一致的善。凡人被七情昏蔽，就像「水之渾也，其流不清；火之煙也，其光不明」〔註51〕，因此掩蓋了善性，情與性不一致，所以不善。

李翱還認為，情是性的表現，言行即是「人之文」，他根據能否「中節」把「人之文」劃分為四等：「出言居乎中者，聖人之文也；倚乎中者，希聖人

---

〔註45〕〔唐〕李翱：《復性書》中，《中國哲學史資料簡編》，第553頁。
〔註46〕〔唐〕李翱：《復性書》中，《中國哲學史資料簡編》，第556頁。
〔註47〕〔唐〕李翱：《復性書》上，《中國哲學史資料簡編》，第550～551頁。
〔註48〕〔唐〕李翱：《復性書》中，《中國哲學史資料簡編》，第555～556頁。
〔註49〕〔唐〕李翱：《復性書》上，《中國哲學史資料簡編》，第551頁。
〔註50〕〔唐〕李翱：《復性書》上，《中國哲學史資料簡編》，第551頁。
〔註51〕〔唐〕李翱：《復性書》上，《中國哲學史資料簡編》，第550頁。

之文也；近乎中者，賢人之文也；背而走者，蓋庸人之文也。」〔註52〕這種劃分也是對後天具體人的劃分。雖然不是先天等級差別，但還帶有簡單化的缺點，不能說明具體人的多樣性，也就是說仍有漢唐性三品論的殘餘。

### （三）無思、心寂、至誠的復性說

李翱認為，聖人之性與情一致，表現為善，而凡人被七情昏蔽掩蓋了善性，因此要恢復本來的善性。他把「復性」分為兩個階段。第一個階段是由「弗思弗慮情不生」進入「無慮無思」的「正思」境界，這是「齋戒其心」的虛靜狀態。「正思」尚未擺脫「思」，「猶未離於靜」〔註53〕動靜不息，仍然有情，還不能復性。第二個階段是「知本無有思，動靜皆離，是至誠也」〔註54〕。到了這個階段就「性情兩忘」見聞而不動心，「明辨焉而不應於物」，「是知之至也」。這才能去掉妄情，而恢復善良本性。

李翱的這套復性說，實際是運用了莊子「心齋」、「坐忘」、「反其性」與道同體的直覺方法。他講的由「弗思弗慮」的「正思」階段進入「動靜皆離」、「性情兩忘」的「至誠」階段與佛教由漸悟到頓悟的修持方法差不多。現代新儒家唐君毅說：「李翱言滅息妄情，由情復性，以性其情，其用語類似莊子、淮南、何、王之言，不可諱也」，「至於習之言『誠而不息則虛，虛而不息則明』，固不同於《中庸》之誠明並言之。謂誠不息則虛，蓋謂唯誠不息而後不滯不執，此中固有虛義。虛則能容能照，而有明義。此固非不可說。亦未嘗不可於佛家所謂不滯不執之義，或空我執法執以去障之旨者」。〔註55〕

由此可見，李翱的心寂、性靜、情動和復性說帶有儒、釋、道融合的色彩，雖然他沒有明確使用「性本體」和「性具於心」、「心有體用」的概念、命題，但是他對心的寂感神通的宇宙論的分析，已經透露出心性本體論的初步思想。可以說，李翱是漢唐儒家向宋明理學過渡的一個中間人物。

〔註52〕〔唐〕李翱：《雜說》。
〔註53〕〔唐〕李翱：《復性書》，《中國哲學史資料簡編》，第553頁。
〔註54〕〔唐〕李翱：《復性書》，《中國哲學史資料簡編》，第553～554頁。
〔註55〕唐君毅：《中國哲學原論‧原性篇》，香港新亞研究所1968年版，第389頁。

# 第二編　融合儒道佛的宋明理學

# 第一章　儒道佛三教合一的宋明理學

　　宋明理學是中國封建社會儒家思想發展的最高階段，它融合了先秦兩漢儒家心性思想和玄學的性本體論、佛教的心性本體論，把人性提到宇宙本體的高度，以心體用論的思維方法說明道德理性的主體性，充分體現了儒家心性論的自我超越性。

## 第一節　從解釋學看儒道佛三教合一

　　漢代「罷黜百家獨尊儒術」結束了春秋戰國「百家爭鳴」的局面，完成了中華民族思想文化的內部大融合，而所謂「漢學」在狹義上是指兩漢經學，在廣義是指漢代以來的中國傳統文化。在當今世界上，國外一些研究中國文化的專家常被稱為漢學家，在某種意義上就是源於漢代以來中華民族形成了統一的文化體系。當我們說漢代形成了中國文化統一的基礎時，並不是僅僅說「罷黜百家獨尊儒術」以後的兩漢經學，因為所謂「罷黜百家獨尊儒術」，只是起到了儒學成為主導思想的作用，並不能排斥其他學派的存在。兩漢、魏晉、隋唐時期出現了儒學、玄學、佛教三家並立的局面，使中國哲學發展到新的理論高度。

　　兩漢、魏晉、隋唐是中外文化交流的高潮時期，在東方中國的文化傳到了朝鮮和日本，影響較大的有儒學與佛教。在西方有著名的絲綢之路成為中國與中亞、南亞和歐洲交流的通道。印度文化和佛教、羅馬（大秦國）的基督教（景教）阿拉伯文化和伊斯蘭教、相繼在漢唐時期傳入中國，然而卻是佛教在唐代的興盛，甚至出現玄奘不遠萬里到印度取經的行動。為什麼佛教

會在中國發生如此重大的影響？古印度的梵文與中國語言差別是顯而易見的，中印兩國的高僧所付出的辛苦幾乎是令人難想像的，但是佛教終於在中國文學地傳播開了，這裡我們不得不從思維方式上尋找內在原因。從文化哲學和解釋學的意義來看，印度佛教是一種外來的文化，它如何與中國文化，特別是兩漢儒學、魏晉玄學相融合確實是一個難題。根據現存的史料記載，佛教從西漢中期就已經傳入了中國，但在當時它是被看作神仙方術一類的東西，並沒引起廣泛的影響，這正是中國傳統文化與外來文化衝突的一面。經歷了200 多年，在魏晉玄學興起以後，佛教終於廣泛流傳，以至在唐朝出現了玄奘到印度取經的故事。為什麼佛教能這樣廣泛被當時的思想界所接受呢？除了統治者的提倡之外，更重要的是它終於找到與中國傳統文化融合的途徑。我們知道儒學是提倡現實的人具有道德理想主義而成為聖賢，這與佛教那種超脫人世間的煩惱、進入成佛境界的精神境界是格格不入的。但是道家所提倡的超越情慾和儒家禮教，追求與無為而無不為的精神自由境界，卻佛教有相通之處，所以在魏晉時代「無」常常被一些人用來解釋佛教的「空」，當時以解釋《般若經》而形成的所謂「六家七宗」大體上沿著這個思路。但是，佛教的「空」並不是道家玄學所說的「無」，直到鳩摩羅什來到中國以後這個問題才得到了糾正，他的大弟子僧肇在《不真空論》中，把「空」規定為「非有非無，即有即無」，這很合乎「自性空」的本義。因此佛教並不是簡單地把世界說成是「無」，而是說世界的一切都是虛幻的現象，沒有本質的依據，幻象是存在的，但它不是真實的，所以從根本上說是「非有」，另一方面又不能說世界是「無」，「無」也是一種存在，「無」也沒有根據，因為世界上還存在著種種假象。從「假象」存在上說是「即有」，從假象不真實上又可以說「即無」。所以世界就像皮影戲中的幻化人，而幻化人非真人。這一番抽象的思辯從本體論的意義上看確實超過了兩漢儒學和魏晉玄學，但另一方面由於借助了玄學的「崇本息末」，又使佛教中國化了，產生了唐代佛教的四大宗派。到了宋代一些中國的思想家又吸取了魏晉玄學和隋唐佛教的抽象思辯的本體論，把儒家的心性論提高到宇宙本體論的高度，終於完成了儒道佛的三教合一，形成了宋明理學。如果我們從理論思維的角度來看，儒道佛的三教合一，又是有其相通之處的。

# 第二節　玄學佛教對宋明理學的理論影響

宋明理學能夠達到儒道佛三家思想的融合就在於儒學、玄學、佛教都具有自我超越的共同特徵，同時又各有其特點。漢代儒家人性思想以宇宙氣化的人性論說明性三品和性靜情動，主張聖人教導民眾學習禮義超越情慾。魏晉玄學提出「以無為本」的性本體說明自然與名教、性與情的體用關係，強調「聖人體沖和以通無」，聖人有情亦無情。唐代佛教以心體用論說明自然和社會的一切現象都是真如佛性的顯現，號召人們用漸悟、頓悟的方法超越世俗，達到神聖的佛性。這樣，三家的心性論就形成了超越情慾實現道德，超越情慾、道德實現本體「無」，超越世俗世界實現「自性清靜心」三個層面。這三個層面表現著本原論向本體論、心體用論發展的趨勢，同時又相互影響。這裡，我們僅從理論思維方式上說明儒、道、佛心性論的相互影響及其對宋明理學發展所起的作用。

第一，兩漢儒家宇宙本原的氣化人性論為魏晉玄學的性本體論和般若佛學的佛性論奠定了理論基礎。

秦漢之際儒道融合的《呂氏春秋》和《淮南子》已經開始從宇宙氣化說明人性產生的過程。漢代董仲舒以「人副天數」的思維方式說明人的形神、道德、情慾來源於天地本原——陰陽二氣。王充的氣稟厚薄產生才、性、命先天差別的觀點，以及荀悅氣化、形神之性，命有三品的觀點都具有宇宙本原人性論的意義。這就為魏晉玄學進一步把人性提升為宇宙本體奠定了基礎。本原論與本體論是既有區別又有聯繫的：本原論強調宇宙氣化生成萬物的過程，本體論強調宇宙本體與現象（本末）的關係。本原論發展為本體論，而本體論又攝涵著本原論。就玄學來說，體用、本末、有無的本體論攝涵著先秦道家無生有的本原論。魏晉玄學一方面以本體論發展了先秦道家的無為之性，提出了「以無為本」的性本體論，另一方面又揚棄了老莊那種排斥儒家禮義道德的簡單化缺點，提出了以禮義道德為用，這就是「自然」與「名教」的關係。王弼的「名教出於自然」，嵇康的「越名教而任自然」，郭象的「名教即自然」，阮籍的「折衷名教與自然」，都是從體用關係的不同角度說明道家自然無為本性與儒家禮教的關係。玄學在心性情關係上也受到漢代心智控制情慾的思想影響。

王弼說：「聖人茂於神明，一於人者五情也。神明茂，故能體沖和以能無；五情同，故不能無哀樂以應物。然則聖人之情，應物而無累於物也。」〔註1〕郭象說：聖人「雖在廟堂之上，然則其心無異於山林之中。」〔註2〕都是主張既超越情慾而又以情慾為用，不為物累。這種既超越又不受情慾限制的觀點，顯然與儒家用道德超越情慾，又控制的情慾觀點相通。不過，玄學家不是主張以禮節欲，而是用「無」的自然無為本性超越道德和情慾，又以道德情慾為用，這是從「以無為本」的性本體論出發對儒家思想的超越和利用。

玄學「以無為本」的心性論為佛教般若學在中國的流行奠定了理論基礎。魏晉南北朝般若學的「六家七宗」都在不同程度上受到了玄學的影響，其中「本無」、「心無」「本無異」三家尤其受到玄學「以無為本」思想的深刻影響。本無派的道安、慧遠都借助「以無為本」來解釋佛教的「性空」、「法性」。這種情況直到鳩摩羅什來華以後指出慧遠的「至極不變為性，得性體極為宗」不合佛教的「法無自性」的「性空」〔註3〕，才有了轉機。僧肇以「非有非無」，「諸法無自性」〔註4〕辯明了「性空」的意義。般若學在中國的流傳主要吸取了玄學，同時對儒家的形神氣化人性論進行了批評，這就是慧遠的「形盡神不滅論」和「三報論」。直到梁武帝時代形神關係仍然是佛教與中國傳統思想爭論的重要問題。因此般若佛學是以玄學的「無」解釋「性空」，同時又吸取漢代儒家的形神觀，宣揚神不滅論，真神論。這就是兩漢形神氣化人性論與玄學「以無為本」和般若佛學「性空」之學的相互影響。

第二，儒家人性善惡論使佛教在中國化的過程中突出了佛性論和眾生悉有佛性的理論特點。

在中國傳統思想中，先秦儒家孟荀的人性論，無論是主張先天性善還是先天性惡，都在抽象的可能性上承認聖凡平等，而在具體的現實性上認為有君子小人之別。漢代董仲舒綜合孟荀觀點提出了性三品論，主張有聖人之性、中民之性和斗筲之性。這種三品論反映了漢代門閥貴族處於動盪不安的局面之中，他們既要醉生夢死，又要用封建禮教維護其特權，於是出現了儒道融

---

〔註1〕《三國志‧魏志‧鍾會傳》。
〔註2〕郭慶潘《莊子集解》《逍遙遊注》，中華書局 1961 年排印本。
〔註3〕《高僧傳‧釋慧遠傳》，參看《漢魏南北朝佛教史》，中華書局 1955 年排印本。
〔註4〕〔東晉〕僧肇：《不真空論》，參看《漢—唐佛教論集》，三聯書店 1963 年排印本。

合的魏晉玄學，提出了「以無為本」、「聖人有情而無累」、「名教出於自然」的人性本體論。但是這種「無為之性」的思想沒有持續多久，就被佛教的般若佛性和涅槃佛性所代替，把人們從現實引向未來，從地上引向天國。佛教作為外來宗教要在中國的土地上生根、發芽、成長，就不能不顧及中國的傳統。般若佛性是主張「一闡提人不得成佛」的，這與兩漢性三品論所說的下品人性不可教化的觀點有相似之處。但是，漢唐時期的農民起義使平等的思想日益深入人心，宣傳下等人不可教化和宣傳一闡提人不得成佛，都不利於爭取廣大的民眾，正是在這種歷史條件下，出現了竺道生的「眾生悉有佛性」說。這種觀點，立刻受到了眾僧的詆毀，直到北涼曇無讖譯出北本《涅槃經》才平息下去，道生被尊為「涅槃聖」。這裡固然有道生的機敏和歷史事件的偶然因素，但是「眾生悉有佛性」終於被中國佛教界所承認，並廣為流傳是有深刻背景的。唐代佛教的四大宗派，除了法相宗的「五種性」之外，天台、華嚴、禪宗都承認眾生悉有佛性。

如果從先秦人皆可為堯舜到漢唐性三品論和佛教眾生是否可以成佛的爭論來看宋明理學，就可以看出佛教眾生悉有佛性的思想主流是對漢唐儒家性三品論的否定，為宋明理學在新的高度上說明人通過心性修養皆可為聖賢，恢復先秦儒家的觀點起了否定之否定的作用。

第三，佛教的心體用論超越了漢代儒家的心智控制情慾和玄學的「以無為本」，為宋明理學的心性本體論提供了新的理論思維形式。

在中國傳統思想中，「心」是思維器官，有喜怒哀樂的心理感情和理智、直覺的功能，這就是知覺靈明之心。儒家心性論所說的「心」除了知覺的意義之外，還有道德的意義，孟子的心之善端就是道德感情之心。《中庸》、《大學》、荀子的「誠意」、「誠心守仁」也帶有道德心的意義，但不像孟子那樣突出明顯。漢代董仲舒的「心栣性情」是說心的揚善抑惡作用，但主要突出了理智之心對禮的認識。道家老莊的「滌除玄覽」、「心齋」、「坐忘」和玄學家的「以無心順有」都突出了直覺的作用。這些觀點都沒有把「心」提到本體論的高度。玄學雖然從以無為本講體用關係，但仍然宣揚「聖人體沖和以通無」的直覺體驗，並沒有說明「心」有體有用。佛教宣揚人們應該超越現實的此岸世界進入神聖的彼岸世界，為了溝通兩個世界的關係，提出了心體用論，把佛性說成是心之本體，把現實世界說成是本體顯現的心之用。這樣，佛教的心性本體論就超越了儒家用道德控制情慾和玄學以無為本的思維方式，

達到了新的理論高度。

魏晉般若佛學沿襲了玄學「聖人無心」的直覺方法，教人們通過「宅心本無」（道安），「冥神絕境」（慧遠），「無心於萬物」（支愍度）「空洞其懷」（僧肇）來獲得般若智，因此仍然沒有把「心」提升到佛性本體的高度。

在中國佛教史上，首先明確提出心體用論的是南北朝時期的梁武帝蕭衍。他說：「心為體用，本一而殊，殊用處有興廢，一本之性不移，一本者即無明神明也。」〔註5〕「明」與「無明」是「真神」隨緣各異，其本性不變，故為無明神明。雖然生滅各殊而異用，但神明本性不變，「成佛之理皎然」。這樣，蕭衍用心神的體用關係說明涅槃佛性與生滅關係，比慧遠「火之傳異薪，猶神之傳異形」的神不滅論，更富於抽象性思辨性，為中國佛性論開闢了心體用論的先河。唐代天台、華嚴、禪宗都是以心體用論說明他們的佛性思想。天台宗的智顗用妙有解釋佛性，以「心性為一」論述「三諦圓融」、「一念三千」和三因佛性。一切眾生無不具有正因、了因、緣因三因佛性，而三因互具，同居一念。非空非有之「中」為正因，「假」為緣因，「空」為了因。空假中三諦圓融無礙，相即互具。這種三因互具，三諦圓融的關係是由於心：「具有一切性」〔註6〕，「自性清靜心，即是正因，為佛性」〔註7〕。所以排除一切感情慾望，無染無著的「自性清靜心」就是「心體」，一切生滅變化都是「心用」。華嚴宗把緣起之心與本體之心作了區別，宣揚一切「自心所現」，「從本以來，性自滿足，處染不垢，修治不淨，故自性清靜，性體遍照，無由不燭，故曰圓明」。〔註8〕法藏通過體用、性相、理事、能所等範疇，論證性體是超越現象世界又顯現於現象的「湛然常住」之心體。禪宗的「明心見性」更直接了當地宣揚「心生種種法生，心滅種種法滅。我心自有佛，何處求真佛」〔註9〕。

佛教的心體用論不僅把佛性提升為宇宙本體，而且使主觀精神也具有體用論的意義，這就為宋明理學融合儒、道、佛形成心體用論提供了新的思維模式。先秦孟子的盡心、知性、知天，荀子的心知學禮控制情慾為儒家心性

〔註5〕《立神成佛義記》參看《漢魏南北朝佛教史》，中華書局 1955 年排印本。
〔註6〕《訶摩止觀》卷五，參看《漢—唐佛教論集》，三聯書店 1963 年排印本。
〔註7〕《法華玄義》卷二上，參看《漢—唐佛教論集》，三聯書店 1963 年排印本。
〔註8〕《修華嚴奧旨妄盡還願觀》，參看《漢—唐佛教論集》，三聯書店 1963 年排印本。
〔註9〕《壇經·咐囑品》，參看《漢—唐佛教論集》，三聯書店 1963 年排印本。

修養論奠定了兩種基本的思維方式，但都不是心體用論。漢唐儒家基本上沿用了荀子心知學控制情慾的思維方式，佛教心體用論的出現，使儒家這兩種基本的思維方式上升為朱熹的「心統性情」和王陽明的「致吾心之良知於事事物物」的心體用論的思維方式，達到儒家心性論的理論高峰。正是這種心體用論的思維方式，使宋明理學能夠在更廣的範圍內，把先秦、兩漢儒家心性論的各種觀點融為一體，加以發揮。

第四，佛教的漸修頓悟的修養方法，為宋明理學提供了豐富的內容。

先秦儒家心性論帶有強烈的感情色彩。孔、孟、荀《中庸》、《易傳》、《大學》強調超越耳目感官的欲望和喜怒哀樂的心理感情達到仁義道德的自我價值實現，提出了養心寡欲、養氣集義、反身而誠的直覺體驗方法，以道德意志控制喜怒哀樂之情的中和方法，學禮養心並用的方法，具有生動活潑的氣息。但是漢唐儒家的性三品論的思維模式，提倡聖人教導民眾學禮控制情慾從心性情關係上直接推出禮義政教，窒息了先秦儒家那種生動活潑的氣息，使心性修養簡單化、教條化。魏晉玄學的「聖人體沖和以通無」也沒有超出老莊那種直覺與道同體的修養方法。因此漢唐儒學、玄學的修養方法顯得簡單、直接、缺少豐富的內容。

佛教為了宣揚人人皆可成佛，要人們超越世俗的此岸世界達到神聖的彼岸世界，就需要徹底否定現實世界，把一切現象都說成是虛幻不清，由此對人們的生理欲望、心理感情、認識活動、倫理道德進行了詳細的心理分析。特別是法相宗的「八識」，以歪曲的形式對各種心理活動的分析不厭其詳。通過對現實世界的分析，以反證的邏輯說明一切感覺和理智都是妄念，只有非邏輯的直覺才是永恆的佛性真如本體。佛教的所謂漸修，是要人們逐步破除對待、有執，進入直覺；頓悟是要人們直接運用直覺破除對待、有執。對於這兩種方法，佛教運用了大量的理論分析，既繁瑣又內容豐富。這就為宋明理學心性本體論的修養方法提供了豐富的內容。

程朱主張在喜怒哀樂之情未發之際採取「涵養須用敬」的方法使感情發而中節，同時採取「格物致知」的理性認識逐步認識天理，直到「豁然貫通」的直覺頓悟而達到「心與理一」。這實際是吸取了佛教的漸修、頓悟的心性修養方法，陸王的「明心見性」、「知行合一」、「致良知」是的孟子的盡心知性與佛教的頓悟相結合，提倡直覺頓悟。程朱陸王內容豐富的心性修養方法超

過了先秦儒家，這不能不說與佛教的漸修、頓悟有密切的關係。

以上我們分析了兩漢、魏晉、隋唐時期儒、道、佛心性論的相互影響，主要是從先秦兩漢儒家對玄學、佛教和玄學、佛教對宋明理學的影響來說明三家的關係。這裡，我們要進一步指出唐代的李翱是一個融合儒、道、佛三家心性論的先驅者。他雖然沒有明確地使用心性本體和體用論的範疇，但他那種融合孟子、《中庸》、《易傳》、《大學》的觀點解釋「誠」的寂感神通的觀點，以及心寂性靜情動的觀點，透露出心性本體率的初步思想，他的弗思弗慮的「正思」和性情兩忘動靜皆離的「至誠」吸取了道家的「心齋」、玄學的「有情無累」和佛教漸修頓悟的方法。這些思想預示著宋明理學心性本體論的發展趨勢。因此，我們可以說，李翱的思想是先秦兩漢儒家心性論經過玄學佛教心性本體論向宋明理學過渡的中間環節。

## 第三節　宋明理學的學術風格和理論特徵

宋明理學融合了先秦、兩漢儒家心性思想和玄學的性本體論、佛教的心性本體論，把人性提到宇宙本體的高度，以心體用論的思維方法說明道德理性的主體性，充分體現了儒家心性論的自我超越性，其理論特徵表現如下〔註10〕：

第一，消化玄學、佛教建立儒家的宇宙本體論和心體用論是宋明理學的理論基礎。兩漢、魏晉、隋唐時期儒、道、佛三家相繼成為占統治地位的思想。因此宋明理學所面臨的任務就是消化玄學、佛教建立儒家的宇宙本體論論和心體用論。

從周敦頤的「無極而太極」的宇宙本體論到程頤的理為形而上之道，氣為形而下之器，以及朱熹的以本體言之有理，然後有是氣，形成了理本體論，這是宋明理學本體論的第一個階段。

第二個階段是從程顥、陸九淵的心即理到王陽明的心外無理、心外無物的心本體論。

第三個階段是從張載王廷相、羅欽順、王夫之、顏元、戴震的氣本體論。

這三個階段實際上是把客觀精神、主觀精神或物質的氣抽象為宇宙本體。其中的一個最重要的特點就是：他們都反對道家的無和佛教的空，而主張「有」，

---

〔註10〕宋明理學的理論理論特徵，曾作為階段性成果發表。請參看《中國傳統文化上的解釋學》，《南開學報》第 76 頁。

所謂「有」是有精神或有物質為宇宙本體。例如，朱熹把周敦頤的「無極而太極」解釋為無形而有理，使人性提到宇宙本體的高度，使道德理性和自然規律合而為一成為宇宙本體，同時採取心體用論的方式說明道德與欲情知的體用關係。

第二，宋明儒家心性論與理本體論、心本體論、氣本體論相適應經歷了性兩元論、心性一元論、性氣一元論三個發展階段。性兩元論發端於周敦頤、張載，完成於程頤、朱熹；心性一元論發端於程顥，完成於陸王，潰瘍於劉宗周、黃宗羲；性氣一元論發端於羅欽順、王廷相，完成於王夫之、顏元、戴震。

第三，生理、心理、倫理和認識論相結合的心性情體用動靜關係是宋明理學的重要內容。

朱熹的提出以生理知覺為心體流行的觀點，得出了已發為心，未發為性的結論，這就是「中和舊說」。以後朱熹又仔細研究程頤未發、已發的各種說法，提出了「思慮未萌為未發」、「思慮既萌為已發」的觀點。以知覺不昧的心理狀態與寂然不動的未發之性相對應，以思慮既萌與感而遂通的已發之情相對應。這樣，「涵養須用靜，進學在致知」的心性修養論也與未發和已發相對應，這就是「中和新說」。後來朱熹又提出了「心統性情」的理論。

陸王看到程朱抽象思辨的繁瑣性，力求簡易地解決這個問題。因此，他們發揮孟子四端道德感情的心性合一論，一方面把良知道德感情提升為天理本體，另一方面又極力為道德感情尋求生理心理的現實基礎，因此他們主張體用相即。這種心即理的觀點取消了程朱天理的客觀性而直接成為主觀天理。

羅欽順、王廷相、王夫之通過對程朱陸王的批判，把心性情體用動靜關係建立在唯物主義基礎上，揚棄了心本體論的唯心主義觀點。

第四，概括道德理性與生理欲望的「道心」與「人心」。

先秦兩漢儒家從先天人性或宇宙氣化過程說明人的自然屬性和道德來源，直接用「義利之辨」說明人慾與道德的關係。宋明理學家把人的道德規範或道德感情抽象為宇宙本體，把人的生理心理素質抽象為氣質之性。程朱認為性即理具於心發為情，生理欲望來源於氣質之性。王陽明認為生理欲望和喜怒哀樂之情為良知本體之用。這種心體用論的思維方式把道德與利益的關係概括為天理與人慾，並且進一步移入主體精神中，成為道心與人心的關

係。天理人慾的說法來源於漢代儒家的《樂記》和道家的《淮南子》。宋代張載首先從天命之謂性與氣質之性的關係上說明天理與人慾的關係。他認為天理是指性命之理，也就是天地之性，人欲來自氣質之性。程顥根據《尚書・大禹謨「人心惟危，道心惟微」進一步發揮，把天理人慾問題引申為道心與人心的關係。

二程都認為道心是天理，人心是人慾，天理是公心，人慾是私心，天理人慾之分是公私之分。因此主張存天理滅人慾，消除人心保持道心。

朱熹不同意二程的觀點。他認為道心生於義理，人心生於血氣，都是人的知覺之心。人心只有一個心」覺於理者，道心也，覺於欲者，人心也」。道心人心都是已發之心，四端道德感情是道心，喜怒哀樂之情是人心，人心聽命於道心。

陸九淵反對朱熹道心人心的觀點，他認為本心即是道心，也是人心，只有一個心。所謂人心即是道德意識，「仁，人心也」。人的意念有正邪之分，邪念即是私欲。這樣，陸九淵就把道德意識的良知與生理欲望對立起來。其觀點類似於孟子的大體與小體的分別。

王陽明像程顥那樣以道心為天理，人心為人慾。他認為只有一個心，但有正偽之分。道心即體即用，既是未發又是已發，「道心本是無聲無臭，故曰微，依著人心行去，便有許多不安微處，便是微」。這種說法又類似於陸九淵物慾之私影響本心之明，但王陽明承認物慾為人心，這又類似程朱。

劉宗周從心性合一論說明道心和人心。他認為人心來源於氣質，道心是人心所當然之道，道心離不開人心，「氣質義理只是一性」，「離卻人心別無道心」，而且「理欲合一」，「人慾正當處，即天理」。這樣，他就降低了程朱陸王道德意識的超越意義，使道德與利益統一起來。

羅欽順把道心、人心與性情結合起來，認為「道心性也，人心情也。心一也，而兩言之者，動靜之分體用之別也。」〔註11〕人心是主觀精神，道心是心中之性，人心是心中之情，道心常明，發為人心，則有昏明。這種道心為體人心為用的觀點與朱熹道心人心都是已發之心的觀點不同。

王廷相認為人人天賦同具道心、人心。道心是道德良知，人心是物慾之心，二者的關係類似於孟子的四端之心與耳目之欲。

王夫之以「心統性情」的觀點說明道心和人心。他認為「覺於性者為道

---

〔註11〕〔明〕羅欽順：《困知記》卷上，中華書局，1991 年排印本，第 3 頁。

心，覺於情者為人心」，道心藏於性，性藏於情，「故曰道心統性情」。道心、人心其實只是一個心，心有未發已發之分，性情有體用之別，但未發已發不具有體用意義，只是以心理活動反映性藏於情和情表現性的關係。

　　真正批判「存天理去人慾」的是清初學者戴震，他以「備氣心知之自然」為人性，有欲才有理，心知的理性使人的自然欲望合乎義理。這種「理欲合一」的觀點，帶有近代啟蒙主義的進步意義。

# 第二章　理本體論與性氣二元論

## 第一節　周敦頤的誠體神用和主靜無欲

　　周敦頤（公元 1017～1073 年）被譽為宋明理學的開山祖，其思想特點是以《易傳》解釋道教的《太極先天圖》，以《中庸》的「誠」與《易傳》的「太極」和寂感神通相結合，提出了「誠」為性本體，剛柔善惡中為心理氣質的人性論，以「主靜無欲」的心性修養論達到「至誠无妄」的精神境界。

### 一、誠——天人合德的宇宙本體

　　宇宙本體論是宋明理學的理論基礎，作為儒道佛三教合一的宋明理學正是從這個問題開始的。先秦儒家的孔孟大講人倫道德的人心善性，只是從天命觀上強調道德的先天性。《易傳》、《中庸》開始從「繼善成性」、「天命之謂性」的意義上尋求其本原，而荀子則從氣化萬物的角度上說明「惡」的來源和「善」的（學禮）的後天性。兩漢董仲舒的「陽仁陰貪」，王充的才性氣稟、荀悅的命有三品也是從宇宙氣化的本原論意義上說明人性的問題。真正從體用、本末的本體論的意義上說明人性的是魏晉玄學，然後是佛教的心性本體論。這種本體論從理論思維的水平上顯然大大高於先秦兩漢的人性本原論。但是正如韓愈所說的那樣，佛道兩家是排斥仁義道德的，道德對於玄學家來說只是「名教出於自然」，不過是本體」無」的顯現，作為禮教的「有」是不能永恆的，而在佛教的超世俗的「性空」學說中，幾乎沒有仁義道德的地位，因為世間的一切都是虛幻的。這樣擺在宋明理學家面前的首要問題，就是如

何把儒家的仁心善性提高到宇宙本體論的高度，由此才能戰勝佛道兩家，同時又能發揮從孔孟、《中庸》、《易傳》到韓愈的「道統」。李翱利用了《易傳》的「易無思也，無為也，寂然不動，感而遂通天下之故」和《大學》的「格物致知」以及《中庸》的「誠者天之道」，提出了誠靜之性與心寂情動的觀點，已朝著本體論的方向邁進。但真正達到本體論高度的是宋明理學家周敦頤，他利用了道士陳摶的《無極圖》，制定了《太極圖》，並寫了《太極圖說》，從「無極而太極」的宇宙本體論和「立人極」的天人之道上說明「人極」就是「太極」，二者是「天人合德」的「誠」性本體，使「誠」具有宇宙本體論的意義。《太極圖說》可以看作是宋明理學的宇宙本體論和心性本體論的基本綱領，它影響著程顥的「天人一本」，張載、程頤、朱熹的「天命之性」和「氣質之性」的性兩元論。

周敦頤在《太極圖說》中一氣呵成描繪了天人合德的宇宙本體論。他說：「無極而太極，太極動而生陽，動極而靜，靜而生陰，靜極復動。一動一靜，互為其根。分陰分陽，兩儀立焉。陽變陰合，而生水火木金土，五氣順布四時行焉。五行一陰陽也，陰陽一太極也，太極本無極也。五行之生，各一其性，無極之真，二五之精，妙合而凝。乾道成男，坤道成女，二氣交感，化生萬物。萬物生生，而變化無窮焉，惟人得其秀最靈。形既生矣，神發知矣，五性感動，而善惡分；萬事出矣，聖人定之以中正仁義而主靜（自注：無欲故靜），立人極焉。故聖人與天地合其德。」〔註1〕

這裡，「無極而太極」一句，朱熹解釋為「無形而有理」，陸九淵加以反對，認為「太極」本身就是無形，不必加「無極」二字。朱熹在玉山見到盧洪景所編修的《國史》有濂溪、程、張傳，其中《太極圖說》首句是「自無極而為太極」。臨江楊立所得九江故家傳本《通書》中的《太極圖說》首句是「無極而生太極」，與《國史》濂溪傳的「自無極而為太極」意思有差別。據此，有些學者認為應該以《國史》濂溪傳的「自無極而為太極」為準，解釋為「無極而生太極」或「自無而為有」。〔註2〕實際上這些爭論表明周敦頤《太極圖說》中語言使用的不嚴密，容易引起不同的理解和解釋。但通觀周敦頤

---

〔註1〕〔宋〕周敦頤：《周子通書》，《太極圖說》上海古籍出版社，2000年排印本，第48頁。

〔註2〕侯外廬：《宋明理學史》上卷，人民出版社1984年第1版，第59～61頁。
張立文：《宋明理學研究》中國人民大學出版社1985年7月第1版，第121～125頁。

的思想體系，他並沒有對「無極」加以論述，而是論述「太極」，也沒有明顯地說「自無而有」。《太極圖說》中：「五行一陰陽也，陰陽一太極也，太極本無極也。五行之生，各一其性，無極之真，二五之精，妙合而凝。乾道成男，坤道成女」，這段話的「無極」是說「太極」本來無形，「無極之真」即是「太極」，表明五行中蘊含著陰陽，陰陽來自太極，太極無形。這與《通書》所說的「二氣五行，化生萬物。五殊二實，二本則一」意思相通。因此「無極」、「太極」和「一」經常通用。另外《太極圖說》提出立「人極」，這顯然不是以「無」為人極。竇克勤在《通書》首章注中說「章首唱一誠字，以明無極而太極」，基本符合周敦頤立太極為人極的思想。

　　《太極圖說》的前一部分描繪了宇宙的生成過程：「太極—陰陽—五行—四時—萬物（人得其透為靈者）」。這與漢代董仲舒的「元氣—陰陽—五行—四時—萬物」的宇宙生成論相似。後半部分講了人的形神生理基礎和氣質善惡來源於陰陽五行，提出了聖人定之以中正仁義的立人極觀點。這實際是從宇宙發生論說明人性的來源，又把「立人極」的道德提升為宇宙本體。

## 二、立人極的誠體神用

　　周敦頤在《通書》裏進一步說明了「立人極」的詳細內容，提出了誠體神用幾微的道德本體。他認為「誠」是聖人之本」、「萬物資始」、「性命之源」，它是純粹至善的，貫穿在萬物化生的元、亨、利、貞各個階段中。「誠」又是倫理道德仁義禮智信的「五常之本，百行之源」，並且貫穿在人們的思維和道德修養中〔註3〕因此他又說：「誠無為，幾善惡。德：愛曰仁，宜曰義，理曰禮，通曰智，守曰信。性焉安焉之謂聖，復焉執焉之謂賢。發微不可見，充周不可窮之謂神。〔註4〕這樣，周敦頤就以「誠」的道德意志為宇宙和人性的共同本體，一方面說明乾道變化的元亨利貞，另一方面說明道德的仁義禮智信和氣質善惡來源，建立了一個由天道到人道的他律道德系統。

　　周敦頤的道德本體論是誠體神用，他說：「寂然不動者，誠也，感而遂通者，神也，動而未形，有無之間者，幾也。精誠故明，神應故妙，幾微故幽。誠、神、幾，曰聖人。」〔註5〕誠之本體是寂然不動，「無思」、「無為」、「虛

---

〔註3〕〔宋〕周敦頤：《周子通書》，《誠上》第一，《誠下》第二，第29～32頁。
〔註4〕〔宋〕周敦頤：《周子通書》《誠・幾德》第三，第32頁。
〔註5〕〔宋〕周敦頤：《周子通書》《聖・第四》，第33頁。

靜」，誠之用是「感而遂通之神」，其特點是「動而無動，靜而無靜」，萬物是「動而無靜，靜而無動」的被動式運動。神的感通作用一方面可以妙萬物，另一方面可以「思微」、「通幾」。「幾」是動之微，處於「動而未形，有無之間」，是思慮萌芽，吉凶善惡的端倪，是幽微的〔註6〕。誠、神、幾的關係是「誠」純粹至善，本體為寂然不動、無思無為，「神」為感而遂通之用，「幾」是有無、動靜、思維的端倪，神通過「知幾」可以達到「無思不通」的精神境界。

## 三、從道德本性到心理氣質之性

周敦頤以「太極」（誠）為本體，一方面推出仁義禮智信的道德屬性，另一方面從陰陽五行中推出人的形神和氣質善惡之性。他在《通書》裏，對人的氣質之性作了進一步論述：「性者，剛柔善惡中而已。不達，曰：剛善，為義，為直，為斷，為嚴毅、為幹固；剛惡，為猛，為隘，為強梁。柔善，為慈，為順，為巽；（柔）惡，為懦弱，為無斷，為邪佞。唯中也者，和也，中節也，天下之達道也，聖人之事也。故聖人立教，俾人自易其惡，自至其中而止矣。故先覺覺後覺，暗者求明，而師道立矣。」〔註7〕

這裡，周敦頤把《中庸》「致中和」的心理控制方法引申到人性善惡關係上，把性分為剛善、柔善、剛惡、柔惡和中五種，實際是善、惡、中三等，這與漢唐的性三品論有相似之處，但這五等並不是先天三等或五等，而是從各方面的心理氣質、性格說人為善惡的表現。剛善、柔善所表現出來的義、直、斷、嚴毅、慈、順是心理素質，而不是簡單的具體行動；剛惡、柔惡所表現的猛、隘、強梁、懦弱、無斷、邪佞也是人的心理素質和某些惡劣習慣。要達到中節為和，就必須依靠自己的覺悟。覺悟有先後，但最終要達到「中」，自易其惡，改變惡劣的習慣。這種心性論是從人的心理素質入手，而不是簡單的從人的善惡行為入手，顯然更深入了一步。「自易其惡」也就是後來張載所說的「變化氣質」。

## 四、主靜無欲的直覺修養方法

周敦頤的他律道德系統是由「誠」體演化出仁義禮智信的倫理規範，因此要達到對「誠」的認識和覺悟就採取了「主靜無欲」的直覺方法。「主靜無

---

〔註6〕〔宋〕周敦頤：《周子通書》《思》第九、《動靜》第十六，第35頁、第37頁。
〔註7〕〔宋〕周敦頤：《周子通書》《師道》第七，第34頁。

欲」和孟子的「養心寡欲」有所不同，「主靜」是道家的直覺方法。周敦頤說：
「無欲則靜虛動直。靜虛則明，明則通；動直則公，公則溥。明通公溥，庶
矣乎！」〔註8〕這實際是老子「無欲以靜，天下將自定」和莊子「虛靜恬淡，
寂莫無為」的「體道」方法。他把這種方法與孟子的養心寡欲相結合，認為
「養心不止守寡而存目，蓋寡至於無，無則誠立，明通」〔註9〕。達到了徹底
的無欲，就不生「妄心」，沒有「不善之動」，就可以做到「誠心」〔註10〕。
周敦頤一方面主張用直覺的方法體驗「誠」，另一方面又主張用禮義教化節制
情慾，他說：「聖人之法天，以政養萬民，肅之以刑。民之盛也，欲動情勝，
利害相攻，不止則賊滅無倫焉，故得刑以治。」〔註11〕這實際是漢代禮義政
教的觀點。周敦頤的心性論思想是從宇宙生化與人倫道德一體奠定了宋明理
學的心性本體論。他的太極—陰陽—五行—四時—萬物（人）的產生過程及
人的剛柔善惡中的劃分都帶有兩漢陰陽五行生成萬物和人類性三品的痕跡。
但是，他以「無極而太極」、「寂然不動」的「誠」體和「感而遂通」的「神」
用改造了漢代的氣化人性論，使宇宙本體和人性統一於「純粹至善」的「誠」，
並且進一步把人的心理素質劃分為剛、柔、善、惡、中，這就為性兩元論奠
定了理論基礎。「誠」即是張載所說的「天地之性」，而剛柔善惡中即是張載
所說的「氣質之性」。但是周敦頤的道德修養論仍帶有道家「主靜無欲」的色
彩，對於儒家《中庸》、孟子的心性修養方法並沒有展開詳細的論述。

## 第二節　張載太虛即氣的宇宙本體和心性二重論

　　張載（公元 1020～1077 年）是繼周敦頤之後有重要影響的北宋哲學家。
他發揮了《易傳》、《中庸》、《孟子》的思想，提出了「太虛即氣」的宇宙本
體論，以及天地之性（「誠」）和氣質之性、聞見之知和德性之知的心性二重
論思想。

### 一、太虛即氣的本體論與「誠」的二重性

　　張載的宇宙本體論與周敦頤的「無極而太極」有所不同。周敦頤的「無

---

〔註8〕〔宋〕周敦頤：《周子通書》《聖學》第二十，第38頁。
〔註9〕〔宋〕周敦頤：《養心亭說》。
〔註10〕〔宋〕周敦頤：《周子通書》《家人睽復无妄》第二十三，第40頁。
〔註11〕〔宋〕周敦頤：《周子通書》《刑》第十六，第42頁。

極而太極」實質上是「無形而有理」，以「誠」為「太極」和「人極」的共同本體。張載則把「太虛」和「太極」解釋為「氣」。「太虛」一詞出自《莊子》，是指宇宙空間，後來《呂氏春秋》和《淮南子》的「虛廓生宇宙」正是此意。但是，道家是以「無」為本。張載提出了「知太虛即氣則無無」，他利用了《易傳》「一陰一陽之謂道」「陰陽不測之謂神」的思想，把宇宙萬物的產生和消亡過程看成是氣的聚散過程。太虛作為「氣之本體」，是虛與實的統一。從自然狀態上說，無形的太虛之氣可以聚為有形的萬物，有形的萬物可以散而為太虛之氣。這種由無形到有形，由有形到無形的過程好比是水結成冰，冰又化為水。太虛的這種實有性就是「誠」（後來王夫之明確把「誠」規定為「實有」）。所以，「誠」是太虛的本性。

但是這裡必須注意，「誠」是指本體的性質，並不完全等於「太虛」的氣本體。張載說過：「由太虛有天之名，由氣化有道之名，和虛與氣有性之名」，「性與天道合一存乎誠」〔註 12〕因此「誠」是太虛氣化過程（道）的根本性質。

在張載的本體論中「誠」既是氣本體的實有，又是道德的來源。「誠則實也，太虛者，天之實也，萬物取足於太虛，人亦出自於太虛。太虛者，心之實也。誠者虛中求出實。虛者仁之原，忠恕者與仁俱生，禮義者仁之用。敦厚虛靜，仁之本，敬和接物，仁之用。」〔註 13〕這裡，「萬物取足於太虛」不僅是說由無形到有形，而且是說天道的規律在於太虛之實。「誠」是天道和人道的共同本性：萬物的聚散是「誠性」的體現，人的精神（心）和道德（仁）也是「誠性」的體現。因此張載又說：「陰陽、剛柔、仁義所謂性命之理」〔註 14〕，「誠明者，性與天道不見乎大小之別也，義命合一存乎理，仁智合一存乎聖，動靜合一存乎神，陰陽合一存乎道，性與天道合一存乎誠。」〔註 15〕按照張載「一物兩體」的辯證統一的觀點，天、地、人的性命之理是乾坤之道，表現於天是陰陽相感，表現於地是剛柔相感，而天地與人又是相感的，這就是「兼三才故兩之「的「三才之道」，所以人應該效法天地、陰陽、剛柔之道，而有仁義禮智的性命之理。「誠」就是乾坤相感之性，包含著陰陽、

〔註 12〕 〔宋〕張載：《張載集》《正蒙篇》、《誠明篇》，中華書局 1978 年排印本，第 9 頁、第 20 頁。

〔註 13〕 〔宋〕張載：《張載集》《張子語錄》第 234～235 頁。

〔註 14〕 〔宋〕張載：《張載集》《橫渠易說‧說卦》，第 35 頁。

〔註 15〕 〔宋〕張載：《張載集》《誠明篇》，第 20 頁。

剛柔和仁義，因此說，「性與天道合一存乎誠」。「誠」作為太虛實有的本性，一方面是自然天道氣化的性質，另一方面又是仁義道德的性命之理，這完全合乎張載「一物兩體」的思想。

從自然觀上說，「誠」出於陰陽之「正」是「天道」、「天性」的陰陽相感之性。這種陰陽相感的作用和表現是微妙的，也就是《易傳》所說的「陰陽不測之謂神」。在張載的本體論思想中，太虛有「虛」與「實」的兩重性，「誠」有天道與人道的兩重性，「神」也有自然規律和人的精神的兩重性。這種兩重性是通過「感」來實現的，因此說：「感者性之神，性者感之體，在天在人，其究也一」〔註 16〕。神感的兩重性，一方面表現為屈伸、動靜、妙萬物的神化作用，「天之動，神之鼓也」〔註 17〕，成為天地陰陽和一切事物的內在發展動力；另一方面「神」又具有人的精神活動的意義。張載說：「太虛為清，清則無礙，無礙故神，反清為濁，濁則礙，礙則形」，「天地法象皆神化之糟粕」〔註 18〕，這種說法把形體與精神歸結為氣，形體是濁氣，精神是清氣。「神」不僅是人的精神，更重要的是「神明」，「虛明照鑒，神之明也」〔註 19〕，「神明之德通於萬殊，萬物之情類於形器」〔註 20〕。這種「神明」顯然是心之直覺。

張載太虛即氣的本體論，是以「誠」為實有的本性，不僅說明了物質性的氣為實有，而且說明了天道陰陽和仁義道德的實有。「誠」的本性是陰陽相感，自然規律是效法陰陽剛柔，人類道德也是效法陰陽剛柔。一方面「神」妙萬物，是事物發展的內在動力，另一方面「神」是人的精神和心的直覺作用。這樣張載就通過宇宙本體的太虛把「誠體神用「抽象為人性道德本體和精神作用。

## 二、性兩元論和心的兩重性

張載從「太虛即氣」的本體論推出心性論，他說：「由太虛有天之名，由氣化有道之名，合虛與氣有性之名，合性與知覺有心之名。」〔註 21〕這段話

〔註 16〕〔宋〕張載：《張載集》《乾稱篇》，第 63 贈。
〔註 17〕〔宋〕張載：《張載集》《神化篇》，第 16 頁。
〔註 18〕〔宋〕張載：《張載集》《太和篇》，第 9 頁。
〔註 19〕〔宋〕張載：《張載集》《神化篇》，第 16 頁。
〔註 20〕〔宋〕張載：《張載集》《橫渠易說·繫辭下》，第 211 頁。
〔註 21〕〔宋〕張載：《張載集》《太和篇》，第 9 頁。

是從太虛氣化的過程講心性的根源。「天」是包括天地在內的自然界，天地是陰陽剛柔，是太虛一物兩體的分化，因此說：「由太虛有天之名」。氣化的過程是「道」。「合虛與氣有性之名」，是說人性包含著太虛的本然之性和氣質之性。」合性與知覺有心之名」，是說「性」和「知覺」，「性」有天地之性與氣質之性的分別，「知」有「德性之知」與「聞見之知」的分別。因此「性」與「心」都是帶有兩重性的範疇。

張載認為人的壽夭貴賤和仁義禮智都來源自天，「天授於人則為命（自注：亦可謂性），人受於天則為性（自注：亦可謂命）」〔註22〕。人性包含著天地之性與氣質之性，是絕對普遍性和具體相對性的統一。

太虛之氣的本體性賦予人就是「天地之性」。一方面是天道性命：「聚亦吾體，散亦吾體，知死之亡者不可以言性矣」〔註23〕，另一方面是道德性命「道德性命是長生不死之物也，已身則死，此則常在」。這種永恆存在的天地之性就是「誠」，作為自然規律的乾坤之性和效法天地陰陽的仁義道德都是常在的，不因具體人物而消亡，天地之性是至善的，其特點是「和」與「樂」，「和樂，道之端乎，和則可大，樂則可久，天地之性久大而已」〔註24〕。

氣質之性是萬物和人在氣化過程中所得的氣稟清濁之性。張載說：「天下謂之性者，如言金性剛，火性熱，牛之性，馬之性也，莫非固有。凡物莫不有氣性，由通蔽開塞，所以有人物之別，由蔽有厚薄，故有智愚之別。」〔註25〕自然物性、動物性、人性由於氣稟厚薄、開塞不同而有區別。人的氣稟有偏正、清濁不同，因此「人之氣質美惡與貴賤夭壽之理，皆是所受定分」〔註26〕，人的剛柔、緩急、才與不才的氣質是有差別的〔註27〕。

張載的性兩元論把人性分為兩個層次，一是來源於太虛本體的天地之性，一是來源於氣化形成的氣質之性。前者表示道德理性的超越，後者表示人的感性存在。二者的統一就是絕對的普遍性寓於相對的具體性之中。這樣，先秦儒家先天同一性和後天差別性的人性論，漢唐儒家先天差別的人性論都被張載消化在道德本體的先天同一性和氣稟清濁的先天差別性之中。這種同一

---

〔註22〕〔宋〕張載：《張載集》《張子語錄》中，第324頁。
〔註23〕〔宋〕張載：《張載集》《太和篇》，第7頁。
〔註24〕〔宋〕張載：《張載集》《誠明篇》，第24頁。
〔註25〕〔宋〕張載：《張載集》《性理拾遺》，第374頁。
〔註26〕〔宋〕張載：《張載集》《經學理窟‧氣質》，第26頁。
〔註27〕〔宋〕張載：《張載集》《誠明篇》，第23頁。

寓於差別之中的人性論表現了張載的辯證法觀點，既消融了先秦儒家那種先天善惡的爭論，又克服了漢唐儒家性三品的簡單化觀點，表現了具體人性的多樣性。張載還把性兩元論抽象為天理與人慾的關係，天理是性命之理，也就是天命之性，人慾來自生理需要的「氣之欲」。這樣，先秦兩漢儒家道德與利益的義利之辯就轉化為宋明理學的理欲之辯。

心的兩重性主要是聞見之知與德性之知以及心統性情，這是客觀性進入主觀性呈現的豐富內容。張載說「合性與知覺有心之名」，他所說的「心」是一個從不同角度上分析的多層次範疇。從一般認識論上說，是感性經驗、理性和直覺。從認識論與道德的關係上說，是內心直覺體驗天道、天理、和道德理性的「德性所知」高於耳目感覺和推知外物的「聞見之知」。從心理活動與道德的關係上說，是心理感情和道德意識的關係，即心統性情。

張載認為「見聞之知乃交物而知」，是有限的。眼睛可以看見日光，耳朵可以聽到雷聲，但無法知道天有幾萬里高遠。天下之物無窮無盡，從耳目上類推也不能窮盡萬物之理和道德之理，必須依靠「大其心」的「德性所知」才能「體天下之物」做到知性知天，「合天心」。見聞之知雖不如德性所知，但作為聯繫耳目感覺通向內心思考仍有啟迪作用。德性所知是不萌於見聞的內心直覺，直接盡心知性知天〔註28〕。張載區別聞見之知和德性之知的目的，在於說明宇宙本體的認識與一般現象的認識不同。他的宇宙本體論包含自然界的根本規律和道德理性，因此德性之知又分為認識天道陰陽的「窮神知化」和認識道德理性的「窮理盡性以至於命」。這樣張載一方面從現象與本體的關係上區別了自然認識與道德理性的不同；另一方面又從本體論上把自然規律的認識和道德理性的體驗都歸結為直覺認識，抹煞了邏輯推理對自然規律的認識作用，誇大了道德理性直覺的意義。

心的兩重性還表現為「心統性情」，張載說：「心統性情者也，有形則有體，有性則有情，發於性見於情，發於情則見於色，以類相應也。」〔註29〕「孟子之言性情也一，亦觀文勢如何。情未必惡，喜怒哀樂發而皆中節謂之和，不中節則惡。」〔註30〕這就是說，心兼有性情，情是性的表現。這裡的性是指天地之性，喜怒哀樂之情發而中節合乎禮義就是善，不中節為惡。

---

〔註28〕〔宋〕張載：《張載集》《大心篇》、《張子語錄》下，第 24 頁。
〔註29〕〔宋〕張載：《張載集》《性理拾遺》，第 373 頁。
〔註30〕〔宋〕張載：《張載集》《張子語錄》中，第 323～324 頁。

## 三、「大其心」和「窮神知化」「窮理盡性」

張載的心性修養論把孟子「盡心知性知天」與《中庸》的「至誠」、「盡性」和《易傳》的「窮神知化」「窮理盡性以至於命」融為一體，提出「大其心」的直覺方法。孟子的「盡心」要求人們排斥「物交物」的感性認識，發揮良知和善端，把惻隱、羞惡、辭讓、是非的道德感情擴張為仁義禮智道德，達到知性、知天。張載的「大其心」是認識天道陰陽變化規律和天性、天命，他認為「德性所知」超出「物交物」的「聞見之知」，但又以耳目聞見為啟要。因此「大其心」是以直覺體驗為主，感性經驗和理智推理為輔助。大其心的具體方法是「窮神知化」和「窮理盡性以至於命」。

「窮神知化」就是努力探微索隱，知彰知微，窮盡「天神」，達到天人合一的精神境界。「神化」即是「天德」，德為體，推行有漸，在人則表現為智義利用，虛明照鑒。神化是天的本性，不是人力能夠助長的，也不是理智思維能把握的。因此人要保持虛明順應變化，掌握「時中」的原則，「大」和「崇德」才能做到「知微知彰。不捨而繼其善，然後可以成人之性也。」〔註31〕。張載的這種窮神知化、虛明照鑒的直覺主要是對天道陰陽變化的認識，也包含對仁義道德的體驗。

「窮理盡性以至於命」主要是變化氣質，至誠盡性上達天命，分為三個階段：

第一階段是「窮理」，主要方式是學習，「窮理即是學也，所觀所求皆學也」〔註32〕「學者當須立人之性。仁者人也，當辨其人之所謂人，學者學所以為人，為學大益在於自求變化氣質」。〔註33〕學的目的是為了變化氣質，學習的主要對象是禮義道德，方法是讀書知新義，通義理。

第二階段是「盡性」。「至誠，天性，不息，天命也。人能至誠則性盡神可窮矣，不息則命行而化可知矣。學未至化，非真得也。有無虛實通為一物者，性也，不能為一，非盡性也。」〔註34〕這就是說，人要以心盡性，盡得自身之性就可以盡人之性和萬物之性。「天性」即是「誠」，「至誠」就可以「盡性」「知命」、「知化」。

---

〔註31〕〔宋〕張載：《張載集》《神化篇》，第 17 頁。
〔註32〕〔宋〕張載：《張載集》《張子語錄》下，第 330 頁。
〔註33〕〔宋〕張載：《張載集》《張子語錄》中，第 321 頁。
〔註34〕〔宋〕張載：《張載集》《乾稱篇》，第 63 頁。

　　張載認為「窮理盡性」和「盡性窮理」是兩種不同的認識方法。他引用孔子的「生而知之」和「學而知之」比喻「自誠明」和「自明誠」。自誠明是先盡性而後窮理，直接體驗天性，然後再窮理，這是發揮天德良知的作用。自明誠是由做學問而推達天理，這是通過學禮變化氣質而達到天地之性〔註35〕。

　　第三階段是通過窮理盡性而達到的「至於命」。「即窮物理，又盡人性，然後能至於命」，「知與至為道殊遠，盡性然後至於命，不可謂一；不窮理盡性是戕賊，不可至於命。然至於命者止能保全天之所稟賦」。〔註36〕這就是說「知」是窮理的學問，而「至於命」是保全天之所稟賦，不窮理盡性就不能達到至於命，但必須達到至於命才能上達天性、天命。張載還認為，在整個窮理盡性的過程中必須排除「意、必、固、我」的主觀偏見，才能達到至誠盡善、無思無慮、無私無欲，與天地同流的最高境界——「中正」〔註37〕。

　　張載把人的一生道德修養過程概括為：從「胎教」到「十五有志於學」，「三十而立」，學會禮義、變化氣質。四十歲開始」精義致用，時措而不疑」，達到「窮神知化」。五十歲「窮理盡性」還沒有達到「至於命」，因此叫做「知」。六十歲「盡人物之性，聲入心通」。七十歲「與天地同德，從容中道」的最高境界——「至於命」〔註38〕。

　　總起來看，張載的心性論是以太虛之「誠」的本體性和神用的兩重性為起點，說明自然規律的本性和神妙萬物，人的道德本體性和神明作用。由氣化過程說明天地之性的同一性寓於氣質之性的差別之中，進一步把性與知覺合一的「心」展開，分為聞見之知和德性所知並結合為心統性情，然後以窮神知化的直覺方法認識天道陰陽的微妙變化，以窮理盡性以至於命的見聞學習上升到理性直覺的方法體驗道德本體，達到與天命相通。

# 第三節　程頤的天理本體和性兩元論

　　程頤（公元 1033～1107 年）繼承了周敦頤的太極本體論和張載的性兩元論，建立了以理氣觀為基礎的心性情理論，他提出了「性即理」、「性為心之體，情為性之動」的心體用論，為朱熹的「心統性情」奠定了理論基礎。

---

〔註35〕〔宋〕張載：《張載集》《張子語錄》下第 330 頁。
〔註36〕〔宋〕張載：《張載集》《橫渠易說・說卦》第 234 頁。
〔註37〕〔宋〕張載：《張載集》《中正篇》第 28 頁。
〔註38〕〔宋〕張載：《張載集》《三十篇》第 40 頁。

## 一、程頤體用一源的天理觀

　　程頤 18 歲遊太學，作《顏子所好何學論》，胡瑗「得此論大驚異之，即請相見，遂以先生以學職。」〔註39〕這篇論文表明了程頤早期的心性思想。

　　程頤說：「天地儲精，得五行之秀者為人，其本也真而靜，其未發也五性具焉，曰仁義禮智信。形既生矣，外物觸其形而動於中矣。其中動而七情出焉，曰喜怒哀樂愛惡欲。情既熾而益蕩，其性鑿矣，是故覺者約其情使合其中，正其心，養其性，故曰性其情。愚者則不知制之，縱其情而至於邪僻，其性而亡之，故曰情其性。凡學之道，正其心，養其性而已。中正而誠，則聖矣。」〔註40〕

　　程頤的這些觀點與周敦頤的《太極圖說》相似：

　　　　無極而太極，太極動而生陽，動極而靜，靜而生陰，靜極復動。一動一靜，互為其根。分陰分陽，兩儀立焉。陽變陰合，而生水火木金土，五氣順布四時行焉。五行一陰陽也，陰陽一太極也，太極本無極也。五行之生，各一其性，無極之真，二五之精，妙合而凝。乾道成男，坤道成女，二氣交感，化生萬物。萬物生生，而變化無窮焉，惟人得其秀最靈。形既生矣，神發知矣，五性感動，而善惡分；萬事出矣，聖人定之以中正仁義而主靜（自注：無欲故靜），立人極焉。故聖人與天地合其德。〔註41〕

　　這說明，程頤還沒有成熟到理氣心性的本體論高度。當時，程頤才 18 歲，當然不能和思想成熟的周敦頤相比，但是一個 18 歲的青年能用自己的話說出與周敦頤相似的觀點，也是讓人吃驚的，所以，他受到胡瑗的重視。

　　元豐二十八年（公元 1079 年）呂大臨到河南扶溝縣從學於程頤、程顥，全面記載了二程的理氣觀，心性論以及對王安石新學，張載關學和佛學的評論。這正是二程思想成熟的階段。

　　程頤認為，理與氣是形而上之道和形而下之器的關係，性即理具於心是客觀理性轉化為主觀理性的過程。程顥主張道器同體，心即理，他說：「《繫辭》曰：『形而上者謂之道，形而下者謂之器』。又曰：『立天之道曰陰與陽』立地之道曰剛與柔，立人之道曰仁與義』。又曰：『一陰一陽之謂道』，陰陽亦

---

〔註39〕〔宋〕程顥、程頤：《河南程氏文集》卷八，《二程集》，第 577 頁。
〔註40〕〔宋〕程顥、程頤：《河南程氏文集》卷八，《二程集》，第 577～578 頁。
〔註41〕〔宋〕周敦頤：《周子通書》，《太極圖說》，第 48 頁。

形而下者也。而曰道者，惟此語截得上下最分明。元來只是道。要在人默而
識之也。」徹上徹下不過如此，形而上為道，形而下為器。須著此說，器亦
道，道亦器。但得道在，不繫今與後，己與人。〔註42〕

　　程頤發揮《易傳「形而上者謂之道，形而下者謂之器」的觀點，嚴格區
分理與氣，道與器的形而上和形而下，認為「所以陰陽是道也，陰陽是氣也，
氣是形而下者，道是形而上者。形而上者則是密也。」〔註43〕他反對老子「虛
而生氣」的觀點，主張「陰陽開合，本無先後」〔註44〕，「有理則有氣」〔註45〕
「體用一源，顯微無間」。〔註46〕但他又認為「凡物之散，其氣遂盡，無復歸
本原之理」〔註47〕，實際上承認理常在而氣有生滅。程頤的理氣觀既是理體
氣用、體用一源的本體論，又是氣化生萬物，理在其中的本原論。

## 二、天命之性與氣質之性

　　戰國時期，孟子的「性善」論，告子的「性無善惡」論，兩漢時期揚雄
的「善惡混」論，董仲舒的性三品，王充的氣稟厚薄的三品論，都是從本原
上說人的先天性。從理體氣用的本體論出發，程頤要把孟子的性善論提升到
宇宙本體的高度。他說：「孟子言人性善是也。雖荀、揚亦不知性。孟子所以
獨出儒者，以能明性也。性無不善，而不善者才也。性即是理，理則自堯舜
至於塗人，一也。才稟於氣，氣有清濁。稟其清者為賢人，稟其濁者為愚。……
孔子謂上智與下愚不移，然有可移之理，惟自暴自棄者不移也。」〔註48〕這
就是說人性善性是普遍的超越原則，「性即是理」，因此人皆有善性，而具體
的人性則有不善，這是人的氣稟才質不同而造成的。但是人的才質智愚又不
是不可改變的，只有自暴自棄的人才不可改變，程頤實際上是突出了孟子的
性善論，同時又利用了王充氣稟之性，把告子、荀子、揚雄的人性論貶低為
氣質之性。程頤所說的「性即是理」已經超越了孟子的善端（「惻隱之心，仁
之端也；羞惡之心，義之端也；辭讓之心，禮之端也；是非之心，智之端也」），

〔註42〕〔宋〕程顥、程頤：《河南程氏遺書》卷十一，《二程集》中華書局1981年排
　　　　印本，《二程集》，第118頁。
〔註43〕〔宋〕程顥、程頤：《河南程氏遺書》卷十五，《二程集》，第162頁。
〔註44〕〔宋〕程顥、程頤：《河南程氏遺書》卷十五，《二程集》，第160頁。
〔註45〕〔宋〕程顥、程頤：《河南程氏易說》《二程集》，第1030頁。
〔註46〕〔宋〕程顥、程頤：《易傳序》《二程集》，第582頁。
〔註47〕〔宋〕程顥、程頤：《河南程氏遺書》卷十五，《二程集》，第163頁。
〔註48〕〔宋〕程顥、程頤：《河南程氏遺書》卷十八，《二程集》，第204頁。

成為仁義禮智的天理，是外在他律道德法則。「天理」具有形而上的絕對意義，氣質之性是氣稟清濁的形而下者。

因此程頤又說：「生之謂性，止訓稟受也。天命之謂性，此言性之理也。今人言天性柔緩，天性剛急，俗言天成，皆生來如此，引訓所稟受也。」〔註49〕「在天為命，在人為性，論其所主為心，其實只是一個道」〔註50〕這樣程頤通過宇宙氣化的發生論，把道德理性從宇宙本體轉化為人性主體，使理與氣的形而上與形而下關係，轉化為「性即理」的天命之性和急緩、剛急的氣質之性。從邏輯上看，理體氣用的宇宙觀和天命為體、氣質為用的人性論保持一致。

這種性兩元論比周敦頤的誠體神用，剛柔善惡中的氣質之性，張載太虛之誠的天地之性與剛柔智愚的氣質之性更加突出了道德本體的形而上意義，並且把「誠」的道德意志轉化為道德法則的「天理」，更鮮明地突出了他律道德的客觀本體論意義。

## 三、由客體性到主體性的心性情體用動靜關係

程頤的性即理是形而上的道德本體，氣稟之性的智愚、剛柔、緩急是心理素質。按照體用一源，顯微無間的觀點，道德理性為體，心理活動為用，因此隨著人生氣稟客觀理性就轉化為心的體用動靜關係」性為心之體，情為心之用，性靜情動。這就構成了由客觀到主觀的一系列精神活動。

在程顥、程頤之前，周敦頤和張載已經利用《易傳》建立了他們各自的本體論，這種方法被二程所繼承，利用「形而上者謂之道，形而下者謂之器」建立了本體論。同時程頤更進了一步，開始把《中庸》「天命之謂性，率性之謂道，修道之謂教。……喜怒哀樂之未發，謂之中；發而皆中節，謂之和。中也者，天下之大本也；和也者，天下之達道也。」與《大學》的「八條目——格物、致知、誠意、正心、修身、齊家、治國、平天下」聯繫起來，試圖解決心性修養（涵養須用敬）到認識天理（進學在致知）的過程。這裡，先說「涵養須用敬」的心性修養，表現出三個特點。

### 第一，性具於心，由客體性到主體性

程頤首先從人生稟受理氣說明性具於心而發為情。他認為，心、性、天

---

〔註49〕〔宋〕程顥、程頤：《河南程氏遺書》卷二十四，《二程集》，第313頁。
〔註50〕〔宋〕程顥、程頤：《河南程氏遺書》卷十八，《二程集》，第204頁。

只是一理「自理言之謂天，自稟受言之謂性，自存諸人言之謂心」〔註 51〕。
從氣化形成人的身體來看，心是人的生理器官和思維器官，因此有形之心是
有限的，而心的思維功能是無限的。這種無限性主要表現是「心即性也。在
天為命，在人為性，論其所主為心，其實只是一個道……天下更無性外之物」
〔註 52〕。道德客體賦予人成為道德主體，而具有主觀精神性，天下沒有性外
之物，因此心體的主觀精神「通之以道」也是無限的。本體原來就是善的，「發
於思慮則有善有不善。若既發，則可謂之情，不可謂之心。」〔註 53〕這裡程
頤又把道德性與心理感情加以區別，他認為孟子所說的「惻隱固是愛也，愛
自是情，仁自是性，豈可專以愛為仁？」〔註 54〕。這種說法與孟子四端道德
感情擴張為仁義禮智的自律道德觀點有所不同，是以他律道德法則為人的本
心之性，由性發為道德感情和喜怒哀樂之情。這種由客觀理性到人的主觀心
理活動的說法，是程頤心性情體用動靜關係的理論基礎。

### 第二，性為心之體，情為心之用，性靜情動

程頤以前有張載心統性情的說法，提出性發為喜怒哀樂之情和中節為善
的觀點，但並沒有從心的體用動靜關係上加以展開。程頤明確提出：「心一
也，有指體而言者，寂然不動是也」有指用而言者，感而遂通天下之故是也。」
〔註 55〕他認為，喜怒哀樂未發之中的「中」就是「寂然不動者」，發而皆中節
的「和」就是「感而遂通者」〔註 56〕。人的「本心元無過與不及」，所取準則
以為中者，「由是發出，無有不合，故謂之和」〔註 57〕。因此道德本心既有寂
然不動、無過與不及的意義，又有準則的意義，「發而皆中節」既有感而遂通
的意義，又有合乎準則的意義。這種心性情體用動靜關係要求人們保持道德
準則而不動搖，同時又從心理活動上控制感情的發用，使之合乎準則。

### 第三，未發與已發的三種說法

程頤的性即理、心性情體用動靜關係，一方面要說明性具於心而發為情

---

〔註 51〕〔宋〕程顥、程頤：《河南程氏遺書》卷二十二上，《二程集》，第 296 頁。
〔註 52〕〔宋〕程顥、程頤：《河南程氏遺書》卷十八，《二程集》，第 204 頁。
〔註 53〕〔宋〕程顥、程頤：《河南程氏遺書》卷十八，《二程集》，第 204 頁。
〔註 54〕〔宋〕程顥、程頤：《河南程氏遺書》卷十八，《二程集》，第 182 頁。
〔註 55〕〔宋〕程顥、程頤：《與呂大臨論中書》《河南程氏文集》卷九，《二程集》，
　　　　第 609 頁。
〔註 56〕〔宋〕程顥、程頤：《河南程氏遺書》卷二十五，《二程集》，第 319 頁。
〔註 57〕〔宋〕程顥、程頤：《中庸解》《河南程氏經說》卷八，《二程集》，第 1152 頁。

的形而上到形而下的過程，另一方面是要把知覺、思慮和感情變化的心理活動過程與心性情體用動靜關係協調起來。這就是未發和已發的關係問題。對於這個問題在程頤有三種說法：

一種是：「在天為命，在義為理，在人為性，主於身為心，其實一也。心本善，發於思慮則有不善。若既發，則可謂之情，不可謂之心。」〔註58〕這是以思慮來劃定未發、已發，而且是說，「已發」是情，不可謂之心。

第二種是：在與呂大臨討論「中和」和「未發」「已發」時，開始程頤認為「中者狀性之體段」，「中」只能言「性」，而不能言「心」。「心」只能說已發，在情感發用的時候顯現，而呂大臨認為「未發」的時候，心也是存在的，「未發之前，心體昭昭具在，已發乃心之用也。」〔註59〕這時，程頤又說未發是「中」接近於性，心只能說是「已發」

第三種說法是程頤與呂大臨討論時說：「凡言心者，皆指已發而言，此固未當，心一也，有指體言而言之者，寂然不動是也。有指用者而言者，感而遂通天下之故是也。……又如前論『中即性也』，已是分而為二，不若謂之性中。」〔註60〕

程頤的這三種說法，相互矛盾，所以他在與呂大臨的辯論中顯得動搖不定。問題的關鍵在於弄清生理知覺與思維感覺變化的聯繫和區別，劃分出心理平靜和活動兩種狀態與性靜情動的未發、已發形成對應關係。其實，他已經走到了解決問題的大門口：在第一種說法中，他以思慮來劃分「未發」「已發」是對的，但是他沒有意識到這是兩種心理狀態。這是程頤和他的學生楊時以及後來的李侗都沒有解決的難題。真正解決問題的是李侗的學生朱熹。

他37歲（乾道二年丙辰）提出「心為已發，性為未發」的思想。這一思想被稱為「丙戌之悟」或「中和舊說」。「心為已發，性為未發」的思想。這一思想被稱為「丙戌之悟」或「中和舊說」。這還是程頤的第二種觀點：「凡言心者，皆指已發。朱熹曾多次致信張栻談自己的感想，其中有四封信專門討論「未發」，「已發」問題，被後人稱為「人自有生四書」。

後來經過長期研究，朱熹40歲（乾道己丑）與友人蔡季通「言未發之旨」，問辨之際，忽然自疑，遂作《已發未發說》，這就是「己丑之悟」，即「中和

---

〔註58〕〔宋〕程顥、程頤：《河南程氏遺書》卷十八，《二程集》，第204頁。
〔註59〕〔宋〕程顥、程頤：《河南程氏文集》卷九，《二程集》，第608頁。
〔註60〕〔宋〕程顥、程頤：《河南程氏文集》卷九，《二程集》，第609頁。

新說」。朱熹在給張栻的信中說：「然一人之身，知覺運用，莫非心之所為，則心固所以主乎身，而無動靜語默之間也。然方其靜也，事物未至，思慮未萌，而一性渾然，道義全具，其所謂中，是乃心之所以為體，而寂然不動者也。及其動也，事物交至，思慮萌焉，七情迭用，各有攸主，其所謂和，是乃心之所以為用，感而遂通者也。」〔註61〕這表明他看到了生理知覺與思慮活動的聯繫和區別，分別出心理活動的相對平靜和運動兩種狀態，並與性靜情動體用論的未發、已發形成對應關係。使心性情體用動靜論有了堅實的生理、心理、倫理和認識論相結合的基礎。

## 四、「涵養須用敬，進學在致知」的內外雙向循環的心性修養方法

程頤的心性修養論以「存天理、滅人慾」為宗旨，一方面要求人們於喜怒哀樂未發之時，保持內心的涵養，另一方面用理智進行格物致知，達到豁然貫通，體認天理。這是感性直覺、理智認識和理性直覺並用的心性修養方法。

程頤說：「敬而無失，便是喜怒哀樂未發之謂中也。敬不可謂之中，但敬而無失，既所以中也。」〔註62〕「中和若只於人分上言之，則喜怒哀樂未發既發之謂也。若致中和，則是達天理，便是見得天尊地卑，萬物化育之道，只是致知也。」〔註63〕這就是說「敬」是內心涵養，使情發而中節，「致知」是向外追求天理，內外結合才能使人的行為符合道德。

程頤認為「涵養須用敬」是用意志來控制心理活動。「敬」是「定心」而不是「靜」，「靜」是佛教的說法，儒家用「敬」字〔註64〕。「敬」就是有誠意，態度莊重嚴肅，他說：「人多思慮不能自寧，只是作他心主不定。要作得心主定，惟是止於事，為人君止於仁之類。」〔註65〕程頤「主靜」的心性修養方法與周敦頤的「主靜」不同，周敦頤是用道家絕對排斥情慾的「寡欲至無」的直覺方法。程頤的主敬、定心是用意志控制心理活動，使之莊重嚴肅。

程頤把「主敬」的具體方法概括為「主一」，「持中」，「敬以直內，義以方外。」所謂「主一」是誠意，保持專一，控制容貌和思慮，心不二用，用

---

〔註61〕〔宋〕程顥、程頤：《答張欽夫》第十八書《朱熹集》卷三十二，第2947頁。
〔註62〕〔宋〕程顥、程頤：《河南程氏遺書》卷二上，《二程集》，第44頁。
〔註63〕〔宋〕程顥、程頤：《河南程氏遺書》卷十五，《二程集》，第160頁。
〔註64〕〔宋〕程顥、程頤：《河南程氏遺書》卷十八，《二程集》，第201～202頁。
〔註65〕〔宋〕程顥、程頤：《河南程氏遺書》卷十五，《二程集》，第144頁。

於一事，排除干擾〔註 66〕。所謂「持中」就是「不之西，不之東，如是只是中」〔註67〕。最根本的方法是「直內」，做到「養心莫善於寡欲，欲寡則心自誠」〔註 68〕，「率氣者在志，養志者在直內」〔註 69〕。「敬以直內」就可以做到「義以方外。」由「持己之道」轉化為順理而行的道德行為。程頤贊成張載「德性之知，不假聞見」的說法，他又認為「窮理盡性至命，只是一事。才窮理，便盡性，才盡性，便至命。」〔註 70〕他不像張載那樣把「窮理盡性以至於命」與《中庸》的「自誠明」和「自明誠」相結合，而是按照「性即理」、具於心、發為情的性靜情動理論發揮《大學》的格物致知，誠意正心觀點。

關於「格物」程頤有兩種解釋：「格，猶窮也，物，猶理也，猶曰窮其理而已也。」〔註 71〕「格，至也。物，事也。事皆有理，至其理，乃格物也。」〔註 72〕兩種說法，基本一致。格物致知的具體方法是：凡一物上有一理，須是窮致其理。窮理亦多端，或讀書講明義理；或論古今人物，別其是非；或應事接物而處其當，皆窮理也。……須是今日格一件，明日又格一件，積習既多，然後自有豁然貫通處。」〔註 73〕致知「要落實到篤行，因此知先行後，「須是知在所行之先，譬如行路，須得光照」〔註 74〕，「君子以識為本，行次之」〔註 75〕，因此知為行之本。程頤強調格物致知的目的是誠意正心，存天理去人慾。他說：「不知格物而先欲意誠正心修身者，未能中乎理者。」「致知在格物，非由外鑠也，我固有之也。因物有遷，迷而不知，則天理滅矣，故聖人慾格之。」〔註 76〕經過格物致知、誠意正心，就可以修身齊家治國平天下。

程頤的「涵養須用敬，進學在致知」的心性修養論與心性情論組成了兩個內外雙向循環的倫理道德心性修養系統。一方面客觀理性通過人生氣稟具

---

〔註66〕〔宋〕程顥、程頤：《河南程氏遺書》卷十五，《二程集》，第 149 頁。
〔註67〕〔宋〕程顥、程頤：《河南程氏遺書》卷二上，《二程集》，第 149 頁。
〔註68〕〔宋〕程顥、程頤：《河南程氏遺書》卷二上，《二程集》，第 18 頁。
〔註69〕〔宋〕程顥、程頤：《河南程氏遺書》卷十八，《二程集》，第 1 頁。
〔註70〕〔宋〕程顥、程頤：《河南程氏遺書》卷十八，《二程集》，第 193 頁。
〔註71〕〔宋〕程顥、程頤：《河南程氏遺書》卷二十五，《二程集》，第 316 頁。
〔註72〕〔宋〕程顥、程頤：《河南程氏外書》卷二，《二程集》，第 316 頁。
〔註73〕〔宋〕程顥、程頤：《河南程氏遺書》卷十八，《二程集》，第 188 頁。
〔註74〕〔宋〕程顥、程頤：《河南程氏遺書》卷三，《二程集》，第 67 頁。
〔註75〕〔宋〕程顥、程頤：《河南程氏遺書》卷二十五，《二程集》，第 310 頁。
〔註76〕〔宋〕程顥、程頤：《河南程氏遺書》卷二十五，《二程集》，第 316 頁。

於心，由客體性轉化為主體性，在喜怒哀樂之情未發之時要保持內心的嚴肅莊重，採取「涵養須用敬」的感性直覺方法整容貌，正思慮，專意於誠，在喜怒哀樂之情發動時要運用省察的格物致知方法體認天理，使心與理一，保證感情的發動和行為都符合天理。這樣由客觀天理轉為人的主觀精神活動再達到主客體的「心與理一」，成為一個內外結合的大循環。另一方面涵養是內心修養，致知是向外體認天理，二者互相配合又形成一個內外結合的小循環。涵養是為了養心中之理，致知窮理是為了明心外之理，只涵養不致知就「遺外」，只致知不涵養就「遺內」。合內外之道才能做到心與理一，這是理智與直覺的相互滲透的心性修養方法。程頤的心性論是從形而上之理與形而下之氣的體用關係推出性即理的天命之性寓於氣質之中的人性論，通過性具於心把客觀理性移入人的主觀神精中，建立性為心之體，情為心之用的心體用論，以涵養須用敬，進學在致知的心性修養方法完成主客體的統一，達到存天理去人慾，實現成聖成賢的理想人格。

## 第四節　朱熹的理本體和心統性情

朱熹（公元 1130～1200 年）19 歲登進士第，24 歲從學於李侗。37 歲提出「心為已發，性為未發」的「中和舊說」。40 歲提出「思慮未萌為未發，思慮已萌為已發」的「中和新說」。43 歲作《中和舊說序》、《仁說》總結「心主性情」的理論。45 歲作《大學章句》草稿，系統地說明「格物致知」的思想。46 歲至 60 歲先後與陳亮、陸九淵辯，提出「理在氣先」的系統理論。這樣，朱熹就由心性論入手，逐步完成了「格物致知」的認識論和理在氣先的宇宙觀，形成了龐大的思想體系。「心統性情」是朱熹思想的重要組成部分，是與理在氣先的本體論相互滲透的新思想。

### 一、新舊「中和」說與心主性情

朱熹 24 歲從學於李侗，至 34 歲。這中間有幾次討論人物理氣同異和喜怒哀樂之情的問題。

朱熹說：「人之所以為人而異乎禽獸者，先生不以為然。熹因以先生之言思之而得其說，敢復其正於左右。熹竊謂天地生物本乎一源，人與禽獸、草木之生，莫不有此理。其一體之中，即無絲毫欠簡陋剩，其一氣之運，所謂仁也。但氣有清濁，故稟有偏正。惟人得其正，故能知其本，具此理而存之，

而見其仁，物得其偏，故雖具此理而不自知，則無以為仁。」〔註77〕李侗主張「驗夫於喜怒哀樂未發之前氣象如何」，「默坐澄心，體認天理」。朱熹沒有接受李侗的觀點，經過三年反覆思考，於 37 歲（乾道二年丙辰）提出「心為已發，性為未發」的思想。這一思想被稱為「丙戌之悟」或「中和舊說」。主要內容如下：

第一，「大本」是「天命流行，生生不已之機」。「日用流行者為已發」，「凡感之而通，觸之而覺，蓋有應物不窮者」，因此，「寂然之本體，則未嘗不寂然也」。那麼究竟是以本體」暫而休息不與事物接之際為未發」呢？還是「別有一物，限於一時，拘於一處，而可謂中」？既然如此，又如何理解程頤的涵養於未發之時呢？

第二，心體流行，不容間斷。人有生命，有知覺，自幼至死，無論語默動靜，還是睡眠狀態，精神活動不會有頃刻停息，心一直處於已發狀態，心為「天機活潑」，不可能寂然不動，因此朱熹認為程頤、楊時、李侗把心體劃分為：「未發之前」、「未發之際」、「未發之時」與「已發」就是將前後截為兩截。他認為，心體流行，「渾然無分段時節可言」。

第三，「蓋天下只是一個天機活潑」，「流行發用無間容息，據其已發而指其未發者，則已發者人心，而凡未發者皆其性也」。太極、誠體可以說是寂然不動的未發之性，而心體流行無息靜止，只可說是已發為心。〔註78〕

朱熹「中和舊說」試圖在理論上總結程頤心性情體用動靜思想。但從心理學的意義來看，生理知覺、思慮活動、喜怒哀樂之情和道德感情屬於四個層次，朱熹沒有劃清四個層次，而是用生理知覺無論動靜語默片刻不息來說明心體流行，因此得出」已發為心，未發為性」的結論。這個結論與胡宏《知言》中的「未發只可言性，已發乃可言心」意思相近。因此，朱熹 38 歲前往譚州看到胡宏《知言》，印證了自己的觀點，更加自信。但是，朱熹並沒有看到程頤的性具於心發為情與胡宏性體心用論的根本區別在於「心」有體用論意義。因此「中和舊說」只論述心體流行的發用意義，沒有涉及性具於心的本體意義。

於 37 歲（乾道二年丙戌）提出「心為已發，性為未發」的觀點。這一觀點被稱為「丙戌之悟」或「中和舊說」。「中和舊說」試圖在理論上總結程頤

〔註77〕〔宋〕朱熹：《延平問答·辛巳八月 7 日書》《朱子全書》，上海古籍出版社，2003 年，335 頁。
〔註78〕參看〔宋〕朱熹：《朱子全書》卷三十《與張欽夫》，第 1315～1318 頁。

的靜思想，但是他還沒有弄清程頤未發、已發思想的中的矛盾。他從知覺意義上說「心體流行不容間斷」，他還沒有弄清楚程頤關於思慮在未發與已發兩種狀態的作用問題。

朱熹 40 歲（乾道五年己丑）與友人蔡季通信，討論「未發之旨」，問辨之際，忽然自疑，作《已發未發說》，這就是「己丑之悟」，即「中和新說」。他在《與湖南諸公論中和第一書》中談了自己的思想轉變。朱熹說，心體流行與程頤「凡言心者皆指已發而言」一致，「遂曰心為已發，性為未發」，但仔細看程頤之書有許多不合〔註 79〕「直以心為已發」的觀點無法察識未發端倪，少了「平日涵養一段工夫」〔註 80〕。

朱熹在給張栻的信中說：「然一人之身，知覺運用，莫非心之所為，則心固所以主乎身，而無動靜語默之間也。……未發之前是敬也，又常行乎省察之間。方其存也，思慮未萌，而知覺不昧，是則靜中之動，復之所見天地之心也。及其察也，事物紛糾，而品節不差，是則動中靜，艮之所以不獲其身，不見其人也。有以主乎靜中之動，是以寂然而未嘗不感。……寂而常感，感而常寂，此心之所以周流貫徹，而無一息之不仁也。」〔註 81〕

朱熹「中和新說」的理論意義，就在於他修改了「中和舊說」知覺為心之動的觀點，看到了生理知覺與思慮活動的聯繫和區別，分別出心理活動的相對平靜和運動兩種狀態，並與性靜情動體用論的未發、已發形成對應關係。使心性情體用動靜論有了堅實的生理、心理、倫理和認識論相結合的基礎。一方面提高了心體用論的意義，另一方面又與心理活動融為一體，並且進一步融合了「涵養須用敬，進學在致知」的心性修養方法。

朱熹 41 歲（乾道六年）與張栻、呂祖謙討論胡宏的《知言》。次年編成《知言疑義》。朱熹初步提出「心主性情」的觀點。

## 二、人物理氣同異與性兩元論

朱熹繼承了程頤的性兩元論。但是他對人與萬物稟受理氣同異的問題有三次變化。

朱熹 32 歲與李侗討論人物之性的同異關係時，認為仁是心之理，人有仁理為性，而禽獸「不得與」。李侗強調人物之異在於氣質。朱熹覆信接受了李

〔註 79〕〔宋〕朱熹：《與湖南諸公論中和第一書》《朱子全書》卷六十四，第 3130 頁。
〔註 80〕〔宋〕朱熹：《與湖南諸公論中和第一書》《朱子全書》卷六十四，第 3130 頁。
〔註 81〕〔宋〕朱熹：《答張欽夫》第十八書《朱子全書》卷三十二，1419 頁。

侗的觀點，認為人與禽獸草木莫不有理，「其一體中既無絲毫見剩」，「但氣有清濁，故稟有偏正……伊川夫子言理一分殊」〔註82〕。這種觀點一直持繼到朱熹 41 歲作《知言疑義》。這說明朱熹「中和舊說」與「新說」的心性情論是以人物理同氣異的觀點為基礎的。

朱熹 43 歲作《仁說》、44 歲作《太極圖說》時觀點發生了變化，他認為人與萬物各具一太極，但人稟氣之秀，心為最靈，得性之全。這已經透露出人與萬物氣稟之異而理有異的觀點。他 48 歲作《孟子譯注集注》時，明確說出，人物氣稟不同，知覺運動不同，故得仁義禮智之理不同，唯人得而全〔註83〕。這就表明他的心主性情思想是建立在人與物氣稟有異而理異的觀點上。

朱熹 60 歲以後確定了理體氣用，論本原理在氣先，論構成理隨氣具的宇宙本體論。他一方面更明確了「人與物性之異，由於氣稟不同，但究其所以然者，卻是因氣稟不同，所賦之理固有異」〔註84〕另一方面又提出了先有性之理，而後有理與氣雜之的氣質之性。朱熹說：「論天地之性，則專指理言論氣質之性，則以理與氣雜之而言之。未有此氣，已有此性。氣有以不存，而性卻常在，雖其方在氣，然氣自是氣，性自是性，亦不相雜。」〔註85〕

這種性兩元論思想已經與程頤的理為天命之性，氣稟清濁為氣質之性的觀點不同。朱熹強調氣質之性是理與氣雜之。所謂「理與氣雜」，並不是混同，而是不相離。他常常用油與水、珠寶與水的關係來比喻理氣不相離又不相雜的關係。這也就是朱熹所說的理因氣質，似人跨馬上。

朱熹的理為天命之性，理與氣雜為氣質之性的性兩元論，為他進一步論述心統性情奠定了理論基礎。他說：「先有知覺之理，理未知覺，氣聚成形，理與氣合，便能知覺」，「所覺者心之理也，能覺者心之靈也」，「理不離知覺，知覺不離理」。「程子云：『心譬如穀種，其中生之理便是性，陽氣發生處便是情』推而論物物皆然。」〔註86〕這就是說心具理氣，是天命之性與氣稟之靈的結合體，心通過氣之靈顯現性之理，性發為情。這樣朱熹就把客觀的理本體通過氣之靈移入心的主體中，心被分成形而上之理和形而下之知覺。有人

---

〔註82〕〔宋〕朱熹：《延平問答·辛巳八月 7 日書》《朱子全書》，第 335 頁。
〔註83〕〔宋〕朱熹：《孟子譯注集注》，上海：商務印書館，1935 年，第 150 頁。
〔註84〕〔宋〕朱熹：《答嚴時亨書》，《朱子全書》卷六十一，第 2968 頁。
〔註85〕〔宋〕朱熹：《語類》卷四，劉道夫錄，第 67 頁。
〔註86〕黎敬德編：《朱子語類》卷五，陳淳、甘節、田螢錄，第 85 頁、第 95 頁。

問朱熹心是形而上者還是形而下者？朱熹說：「心比性，則微有跡，比氣，則自然又靈。」〔註87〕這就是說，不能簡單地把心歸結為形而上者或形而下者，心處於形而上與形而下之間，既包含性之理，又包含氣之靈，是「一而二、二而一」的關係。這種關係就是心統性情的心體用論。因此，朱熹又說：「性對情言，心對性情言。合如此是性，動處是情，主宰是心。」〔註88〕這樣，體用一源，顯無間就由宇宙本體論轉化為心體用論，使心統性情有了堅實的理論基礎。

### 三、心統性情與人心聽命於道心

朱熹「心統性情」說，一是心兼有性情，一是心主性情。用「統」字有時是指「兼」義，有時是指「主宰」義。例如：「心統性情，統猶兼也」〔註89〕。「心者兼性情而言，包乎性情也」〔註90〕。這就是心「兼有」包括性情，「性是體，情是用，性情皆出乎心，故心能統之。統如統兵之統。」〔註91〕這是說心主宰性情。如用「主」字，則專指主宰義。例如：「性是心之道理，心是主宰於身者。四端便是情，是心之發見處。」〔註92〕

朱熹的「心統性情」思想堅持了《仁說》以仁義禮智為性，仁貫四德：惻隱、羞惡、辭讓、是非為情，惻隱貫四端的思想。這在他的《孟子譯注集注》、《大學或問》等著作中說得十分明確。由於朱熹基本上分清了生理知覺，心理感情（喜怒哀樂），道德感情（惻隱、羞惡、辭讓、是非），倫理規範（仁義禮智信）的相互關係，所以他又進一步提出了「道心」主宰「人心」的修養方法，說明道德感情對情慾的控制作用。朱熹對「道心」與「人心」的說法與程頤不同。程頤以天理為道心，人慾為人心。朱熹認為人心不全是私欲，合理的欲望是正當的。道心全善、人心則有善有不善。首先，從人的知覺運用來看，知覺中合乎義理的是道心，知覺中的欲望是人心，這不是兩個心，而是一個知覺心向兩方面的運用。其次，道心、人心都是已發之心。道心是惻隱、羞惡、辭讓、是非的道德感情，「指其發於義理之公而言」，「人心生於

〔註87〕黎敬德編：《朱子語類》卷五，廖謙錄，第87頁。
〔註88〕黎敬德編：《朱子語類》卷五鄭可學錄，第89頁。
〔註89〕黎敬德編：《朱子語類》卷九十八，黃昇卿錄，第2513頁。
〔註90〕黎敬德編：《朱子語類》卷二十黃瑩錄，第475頁。
〔註91〕黎敬德編：《朱子語類》卷九十八，黃卓錄，第2513頁。
〔註92〕黎敬德編：《朱子語類》卷五，劉道夫錄，第90頁。

形氣之私，如饑飽寒暖之類」〔註93〕。所謂「私」是指個人的生理欲望，並不是說都不好，而說欲望要合理，超出了理的限度，就是惡。最後，人心聽命於道心，「存天理，去人慾」。「去人慾」是去掉不合理的欲望，而不是去掉一切欲望，如飲食是為了充其飽，但有可食，又有不可食，必須合理。

經過這樣的分析，朱熹把生理、心理、倫理和認識論相結合的方法充分運用於心統性情的理論。性即理具於心而為心之體，性發為情為心之用，體用結合即是心統性情。情有四端道德感情和喜怒哀樂之情，「才」是情發用的程度，「志」是情發動的意向，「意」是情之私，知控制情的發動符合天理，因此說心為性情主宰。情發於義理是道心，發於形氣之私是人心，人心聽命於道心。這種多層次的分析和組合展開了心統性情的豐富內容。

## 四、主敬持一和格物致知的心性修養

朱熹繼承了程頤「涵養須用敬，進學在致知」的心性修養方法，並在心統性情的基礎上有所發展。他說：「未見端倪發見時，且得恭敬涵養，有個端倪發見，直是窮格去。亦不是鑿空尋事物去格。」「涵養於未發見之先，窮格於已發見之後。」〔註94〕這種說法比程頤更明確。程頤由於對未發之前、未發之際、未發之時的界限難以確定，只是籠統地說涵養須用敬，進學在致知。朱熹以思慮未萌和已萌確定了未發與已發的界限。所謂「端倪」是指思慮萌發，這種心理狀態與感情運用過程和認識過程的心理活動是既有聯繫又有區別的，它只是一個起點。因此，朱熹要人們未見端倪時涵養，端倪發見時格物致知以保證感情沿著正確方向發展，而不是在感情發展起來後再格物致知。這是朱熹比程頤更精細之處。

朱熹的「涵養須用敬，進學在致知」的心性修養是與「心統性情」緊密相聯的。從道德的善惡觀念來看，涵養的工夫「近情近用」，從體認道德天理的認識論來看，致知工夫近性、近體。這種體用結合正是「心統性情」的兩個方面：致知是由思慮向客觀天理的體認，進一步明確心中之理。「誠意」是發揮心中之理向外形成感情和行為。因此，朱熹又說：「今之學者只說操存，而不知講明義理，則此心憒憒，何事於操存也。某嘗謂誠意一節是聖凡別關隘處」，「致知、誠意以上工夫較省，逐旋開去，至於治國、平天下愈闊，卻

〔註93〕〔宋〕朱熹：《大禹謨》《朱子全書》卷六十五，3180頁。
〔註94〕黎靖德編：《朱子語類》卷十八廖德明錄，第403頁。

須照顧到。」〔註95〕這就是說「誠意」是涵養、致知轉化為外在行為的關節點。通過這個關節點心統性情的修養論才能達到治國平天下的內聖外王之道。

---

〔註95〕黎敬德編：《朱子語類》卷十五，周漠、萬人傑錄，299頁。

# 第三章　心本體論與心性一元論

## 第一節　程顥「天人一本」的心本體論

程顥（1032～1085）是宋明理學心性一元論的首倡者。他以「天人一本」，提出「心即理」，「性即氣」，「性無內外」的心性論，強調「內外兩忘」的定心方法，進而做到「學者先識仁，仁者與萬物同體」的內心直覺，完成天人一本。

### 一、天人一本的「心即理」思想

程顥說：「吾學雖有所授，天理二字，卻是自家體貼出來。」〔註1〕「理」作為哲學概念在戰國時代的儒家、道家著作中已經出現。一般有四種意義：第一是指禮義。《荀子》：「禮之理誠深。」第二是指條理。《孟子譯注·萬章「始條理者智之事也，終條理者聖之事也。」第三是指事物的常則或規律。《韓非·解老》：「萬物各異理，而道盡稽萬物之理。」第四是指天道自然規律。《莊子·養生主》：「依乎天理。」《易傳·說卦》：「窮理盡性以至於命。」在先秦兩漢時期，「理」一般是指具體事物的條理或規律，有時也指天理或禮義，而作為自然和社會的根本規律，一般用「道」這個範疇來表示。宋代張載的《正蒙》中「理」與「道」已可互見，不過仍然是「道得之同，理得之異」。在二程著作中「道」與「理」基本上通用，宇宙本體論常以理氣關係來表示。因此，把「理」作為宇宙本體論的「天理」，確實是二程的創見。

---

〔註1〕〔宋〕程顥、程頤：《河南程氏外書》卷十二，《二程集》，中華書局1981年排印本，第424頁。

　　二程所說的「天理」具有宇宙根本規律與人類倫理道德合一的本體論意義。他們把人的自我價值性提升為天人合一的宇宙本體，建立了嚴密的道德形上學體系。二程由宇宙本體論建立人性論和心體用論，使儒家心性論進入了抽象思辨的新階段。但是，二程對理與氣、道與器、心與理的關係有不同的觀點，這又進一步擴大了他們的人性論和心性修養論的差別。

　　程顥認為道與器有形而上與形而下的區別，陰陽亦是形而下者，但他不像程頤那樣把形而上與形而下對立起來，而是主張「道亦器，器亦道」。他從易的生化流行過程中推出道、理、性作為形而上的本體，而以神、器、陰陽為易的生化流行作用。這種觀點類似於周敦頤的誠體神用。但是，他的「道器同體」，卻有體用相即的意義，他所說的「但得道在，不繫今與後，己與人」。又是天人一體的觀點。

　　程顥認為：「天本無二，不必言合。」〔註 2〕「合天人是為不知者引而致之。天人無間。」〔註 3〕「以誠包心」，或「以心包誠」的說法也都是天人二本的觀點。從「天人一本」。「天人無間」的觀點來看，天地萬物，道德天理與人的主觀精神一體，不必言合。因此，程顥又說：「只心便是天，盡之便知性，知性便知天，當處認取。」〔註 4〕「曾子易簀之意，心是理，理是心，聲為律。身為度也。」〔註 5〕「心與理一，而人不能會之為一。」〔註 6〕這種「心即理」的觀點實際上是以心為宇宙本體。

　　程顥的天人一本主要強調「心即理」，他雖然也談到自然的「天之氣」，人性氣稟，但並沒有形成程頤那樣的理氣觀，他講的更多的是具有倫理精神意義的「志氣」，「浩然之氣」。例如：「人必有仁義之心，然後仁與義之氣睟然達於外，故不得於心，勿求於氣，可也。」〔註 7〕「浩然之氣，乃吾氣也。」〔註 8〕這種「仁義之氣」、「吾氣」顯然是發揮了心即理的觀點。

　　程顥的「心即理」還包含著倫理規範，他說：「仁、義、禮、智、信、五者，皆性也。仁者，全體。四者，四支。仁，體也。義，宜也。禮，別也。

---

〔註 2〕〔宋〕程顥、程頤：《河南程氏遺書》卷六，《二程集》，第 81 頁。
〔註 3〕〔宋〕程顥、程頤：《河南程氏遺書》卷二，《二程集》，第 33 頁。
〔註 4〕〔宋〕程顥、程頤：《河南程氏遺書》卷二，《二程集》，第 15 頁。
〔註 5〕〔宋〕程顥、程頤：《河南程氏遺書》卷十三，《二程集》，第 139 頁。
〔註 6〕〔宋〕程顥、程頤：《河南程氏遺書》卷五，《二程集》，第 76 頁。
〔註 7〕〔宋〕程顥、程頤：《河南程氏遺書》卷四，《二程集》，第 70 頁。
〔註 8〕〔清〕黃宗羲：《宋元學案》卷十三《明道學案》，中華書局 1985 年排印本。

智，知也。信，實也。學者全體此心。學雖未盡，若事物之來，不可不應，但隨分限應之。雖不中，不遠矣，學者敬守此心。不可急迫。」〔註9〕這就是說，仁義禮智信就是性，仁為性之本體，就像人有頭顱一樣，義禮智信就像四肢一樣。道德在人的主觀精神之中，學者要認識這個道理，既使認識不全面也要應付事物，根據事物差別應付的不準確，也不會離得太遠。因此學者要敬守此心，不可急迫。程顥的這種說法實際上建立了一個心即理的自律道德系統，把人的自我價值提到宇宙本體高度。

## 二、性無內外的性一元論

　　二程都說：「論性不論氣，不備，論氣不論性，不明。」〔註10〕但是他們的觀點不同。程頤主張「性即理」為天命之理，氣稟清濁為氣質之性的性兩元論。程顥主張「性即氣，氣即性」，「性外無道，道外無性」的性一元論。他說：「『生之謂性』，性即氣，氣即性，生之謂也。人生氣稟，理有善惡，睟然不是性中原有此兩物相對而生也。有自幼而善，有自幼而惡，是氣稟有然也，善固性也。然惡亦不可不謂之性也。蓋『生之謂性』，『人生而靜』以上不容說，才說性時，便已不是性也。凡人說性，只是說『繼之者善也』，孟子言人性善是也。夫所謂『繼之者善』也者，猶水之就下也。……清濁雖不同，然不可以濁者不為水也。」〔註11〕程顥利用告子「生之謂性」的命題把孟子的性善論，《易傳》的「繼善成性」，《中庸》的「天命之謂性」都融合進來，說明天人一本的性本體，他認為，從天命賦予人之性到人的氣稟清濁具體情況不同，都是「生之謂性」，因此說，「性即氣，氣即性」，天命之性即在氣稟之性中，但要說「人生而靜以上」之道，則不容說，才說性時，已經是天命之性與氣稟相結合的「生之謂性」，而不是道本體了，因為「上天之載，無聲無臭，其體則謂之易，其理則謂之道，其用則謂之神，其命於人則謂之性。」〔註12〕天理之道命於人才叫做性，因此才說性時，已經不是純粹的「理」了。道不離器，器不離道，所以「道即性」，不能「性外尋道」或「道外尋性」〔註13〕。

---

〔註9〕〔宋〕程顥、程頤：《河南程氏遺書》卷二上《二程集》，第14頁。
〔註10〕〔宋〕程顥、程頤：《河南程氏遺書》卷六，《二程集》，第81頁。
〔註11〕〔宋〕程顥、程頤：《河南程氏遺書》卷一，《二程集》，第10～11頁。
〔註12〕〔宋〕程顥、程頤：《河南程氏遺書》卷一，《二程集》，第4頁。
〔註13〕〔宋〕程顥、程頤：《河南程氏遺書》卷一《二程集》，第1頁。

程顥認為，人受天命之性是至善的，但在氣稟過程中有清濁不同，固有善惡不同，這也是符合天道生生不已的流行之理，而不是說性中原有善惡兩物。天賦予人的本性像水一樣清澈，但在流行過程中有清濁不同。「有自幼而善，有自幼而惡」，惡是可以改變的，「惡者非本惡，但或過或不及便如此」〔註14〕。惡只是清水中混進了泥沙，去掉泥沙自然復其清澈本性，而不是以清水換濁水，天賦予人的本性原來就像清水一樣。

程顥這種「人生氣稟，理有善惡」，「惡者本非惡」的觀點，類似於天台宗正因佛性無染淨善惡，了因佛性有染淨善惡的觀點。他以道之生理為善，以道體與人生氣稟相結合的流動狀態為人性有清濁善惡。這與張載、程頤所說的氣稟清濁造成人有智愚、剛柔、急緩心理氣質先天差別的觀點不同。程顥主要是從道德行為善惡的價值判斷來說明道體在人生氣稟過程中造成的先天差別，最終是要人們恢復天命本性之善。

程顥的「性即氣，氣即性」，「性外無道，道外無性」的性一元論與「心是理，理是心」，「只心便是天，盡心便知性」的天人一本論，實際上構成了心性一元論的初步思想。但是他還沒有提出心體用論的思想，只提出了「心即理」的心本體論觀點。

## 三、「以覺識仁」的心性修養論

程顥早期的「天人一本」思想，主張「性無內外」，「明覺自然」帶有道家玄學直覺體道的色彩，當他提出「心是理」、「道即性」的天人一本論時，又提出了「以覺識仁」的直覺方法。所謂「以覺知仁」就是把仁當作感性直覺，自然而然地做到「仁者，以天地萬物為一體」，如果沒有真實的體驗，就是「仁不屬己」，像醫書上說的手腳麻木不仁一樣。「仁者，混然與物同體，義禮智信皆仁也。得此理，不須防檢，不須窮索」。要敬守此心，不能急迫，像栽花一樣，既不要把它忘了不澆水，不施肥，也不能操之過急，揠苗助長。這種自然而然的方法，就是孟子所說的「必有事焉而勿正，心勿忘，勿助長」〔註15〕。

心要隨物應之，但要恰如其分，不能有私意。要以誠實之心保持自己的良知良能。「以心知天」就像身居京師要到長安一樣，如果一心只想著出西門

---

〔註14〕 〔宋〕程顥、程頤：《河南程氏遺書》卷一，《二程集》，第 10 頁。
〔註15〕 〔宋〕程顥、程頤：《河南程氏遺書》卷二上，《二程集》，第 17 頁。

便可到長安，就是把京師與長安分為兩處，這就是「以心外求長安」，陷入了檢防、窮索之中，把「道」與「物」對立起來。如果用誠實之心，只在京師便是到長安，這就是「只心便是天，盡之便知性。知性便知天」，只能當下認取，不可外求，所以，窮理盡性以至於命三事一時並了，沒有什麼先後次序。這就是孟子所說的萬物皆備於我，反身而誠，樂莫大焉，也就是「仁者，以天地萬物為一體」的精神。

程顥這種「以覺識仁」當下認取的感性直覺方法類似於禪宗的當下即是，「明心見性」「渾然與物同體」又是發揮了莊子「天地與我並生，萬物與我為一」的精神自由觀點，他用佛教、玄學的直覺修養方法解釋孟子的盡心知性知天，以感性直覺把仁義禮智信的道德規範感性化，這是他「天人一本」思想的特點。但是，他還沒有抓住孟子四端道德感情為心性的基本思想。只是從盡心知性，反身而誠的修養上加以發揮，使感覺與仁相融合，仍帶有道德法則為天理的意義。因此他只能提出心即理的心本體論，而不能進一步發揮出心體用論。

# 第二節　陸九淵的「宇宙心」和「自存本心」

陸九淵（公元 1139～1193 年）提出了「心即理」和「自存本心」的心性本體論，他的心性一元論與程頤、朱熹的性兩元論主要區別在於：程朱的性即理的本體論是客觀精神的他律道德。由客觀理性通過人生氣稟具於心，轉化為心性情的主觀精神，再通過「涵養須用敬，進學在致知」的心性修養達到主客觀合一。陸九淵的心即理是主觀精神的自律道德。由自存本心的簡易工夫使道德理性感情化。實現主觀精神的自我擴張。

## 一、「宇宙即是吾心」的本體論

陸九淵把人的主觀精神（心）作為宇宙本體，他所說的「心」是知覺靈明和道德理性兩方面內容的統一：「人心至靈。此理至明。人皆有是心，心皆具是理。心即理也。」〔註16〕從這種心本體論出發，他認為朱熹的理學思想繁瑣支離。因此，他說：「看晦翁書，但是糊塗，沒得理會，坦然明白。吾所明之理，天下正理、實理、常理、公理。……天下止理，不容有二。」〔註17〕

〔註16〕〔宋〕陸九淵：《雜著》《陸象山全集》卷二十二，中國書店 1992 年排印本，第 173 頁。
〔註17〕〔宋〕陸九淵：《與陶贊仲》《陸象山全集》卷十五，第 124 頁。

所謂「正理」是儒家之理，非佛道之理「常理」是「萬世不變之理」，「公理」是人與自然所共有之理。「實理」是封建倫理、君臣父子之道〔註18〕。陸九淵還認為：「天地與人並立，而為三級」〔註19〕，太極為一，分陰陽為二，有二必有中，故為三，天地人各有太極之理。「在天曰陰陽，在地曰剛柔，在人曰仁義。故仁義者，人之木心也。」〔註20〕這些都是從不同角度說明「理」的內容，因此他又說：「宇宙便是吾心，吾心便是宇宙。千萬世之前有聖人出焉。同此心同此理也。千萬世之後，有聖人出焉。同此心同此理也。東南西北海有聖人出焉，同此心同此理也。近世尚同之說甚非。理之所在，安有不同？」〔註21〕這樣，陸九淵發展了程顥天人一本的思想，把理規定為人的本心。強調「心即理」在時間和空間上的永恆性，比程顥的「仁者，以天地萬物為一體」更加明確。陸九淵還從心物關係上提出心為主、物為客的思想。他認為：「理本天與我者，非外鑠。明得此理，便是主宰。」用不著外求，否則就是反客為主〔註22〕。這種主客關係，實質上是心體物用。

陸九淵的「理」兼有宇宙本體和人的本心雙重意義。他在同朱熹辯論「無極而太極」時，反對以太極為形而上之理，陰陽為形而下之器的觀點，他主張太極即陰陽，道器同體，這種觀點的進一步發展就是道德感情的心性合一論。朱熹的心統性情是由形而上的性即理具於心發展為道德感情和形而下的喜怒哀樂之情。陸九淵是發揮孟子的心性合一論把道德感情向上提升為宇宙本體的天理，主張「心即理」。這實際是把道德理性感情化。這正是朱、陸心性論區別的關鍵問題。

## 二、朱陸之辨——理在心外與理在心中

陸九淵不僅明確提出「心即理」，而且明確提出了「心即性」的心性本體論。他與朱熹的分歧不僅在於「無極而太極」，「尊德性道學問」，更重要的是心性論觀點的分歧。

第一，朱熹的「性即理」是以理體氣用或理在氣先推出人的天命之性和氣質之性，「論天命之性專指理而言，論氣質之性則理與雜之」。理除了具有

〔註18〕〔宋〕陸九淵：《雜說》、《陸象山全集》卷二十一，第176頁。
〔註19〕〔宋〕陸九淵：《與朱濟道》《陸象山全集》卷十一，第90頁。
〔註20〕〔宋〕陸九淵：《與趙監》、《陸象山全集》卷一，第6頁。
〔註21〕〔宋〕陸九淵：《雜著》《陸象山全集》卷二十二，第173頁。
〔註22〕〔宋〕陸九淵：《與曾宅之》《陸象山全集》卷一，第3頁。

宇宙本體意義之外，是指仁義禮智之理。陸九淵的「心即理」把人的道德感情說成是理，是性善，而對於人生氣稟則說得含糊不清。他說：「孟子當來只是發出人有是四端，以明人性善，不可自暴自棄，苟此心之存，則此理自明，當惻隱處自惻隱，當羞惡，當辭遜，是非在前，自能辨。」〔註23〕這是發揮孟子思想把四端道德感情說成是本心善性。他還認為，人生天地間氣有清濁，因此具體人有智愚、賢和不肖的差別，但氣稟與這種心理素質差別沒有必然聯繫，「乃有大不然者」〔註24〕。因此，陸九淵的人性論主要是道德感情的心性合一論。

第二，朱熹「心統性情」之心，雖有體用動靜意義，但心不是宇宙本體，理先於心而存在，先有知覺之理，理隨氣具而有知覺之心，性即理具於心，性為心之體，情為心之用，未發為性，已發為情。情包括四端之情與喜怒哀樂，這是以《易傳》、《中庸》解釋孟子，把孟子心之善端擴張為仁義禮智的自律道德，變成仁義「理智之理」發為四端道德感情的他律道德。陸九淵直接發揮孟子的心性合一思想，認為「心、性、情、才都只是一般物事言偶不同耳」〔註25〕，惻隱、羞惡、辭讓、是非、愛、敬等道德感情就是良知，良能，「此吾之本心也」〔註26〕。這種思想與孟子的自律道德觀點基本一致。但孟子所說的四端、良知的本心是指先天性。不具有本體論意義，而陸九淵的「心即理」把四端、良知說成宇宙本體，「心之體甚至大，若能盡我之心，便與天同」〔註27〕。陸九淵強調心體自然發出道德感情和行為，而不像朱熹那樣用心之未發，已發說明性靜情動的體用關係。

第三，朱熹把知覺之心區別為道心和人心，認為「心只是這一個心，知覺去耳目上去，便是人心，知覺從義理上去，便是道心。」〔註28〕陸九淵也認為人心只是一個心，但他認為天理、人慾的劃分違背天人一本，性靜情動的劃分是把「動」排斥在性外，道心、人心的劃分是把一心分為二心。他主張「道心」即是仁義。但又認為知覺意念有正邪之分。

〔註23〕〔宋〕陸九淵：《語錄》《陸象山全集》卷三十四，第252頁。
〔註24〕〔宋〕陸九淵：《與包詳道》《陸象山全集》卷六，第52頁。
〔註25〕〔宋〕陸九淵：《語錄》《陸象山全集》卷三十五，第288頁。
〔註26〕〔宋〕陸九淵：《與曾宅之》《陸象山全集》卷一，第3頁。
〔註27〕〔宋〕陸九淵：《語錄》《陸象山全集》卷三十五，第288頁。
〔註28〕黎敬德編：《朱子語類》卷七十八，第2009頁。

陸九淵按照孟子大體、小體的觀點，把心之官能思的良知說成是「四端即此心也，天之所與我者，即此心也。人皆有是心，心皆具是理，心即理也」〔註29〕，他認為「耳目之官不思而蔽於物。流浪展轉，戕賊淊溺之端不可勝窮。最大害事...其實乃物慾之大者。」〔註30〕由此他又進一步認為心之靈受蒙蔽產生邪念，被聲色貨利引誘，產生了奸詐狡猾的邪念，本心之理不明，就是心之病。這樣天理與物慾的對立就轉化為人心念慮的正邪之分。思慮之正是公理、道心，為人心所固有。邪念是物慾，是耳目之官不思隨物流轉引起的，應該擯棄。因此陸九淵又說：「私意與公理，利欲與道義，從其大體與小體亦在人耳。」〔註31〕

第四，朱熹的格物致知是向外求天理，通過對物理的逐步認識，推理至極，達到豁然貫通的直覺，使吾心之全體大用無不明。陸九淵也講格物致知，但主張直覺頓悟。他認為「明明德於天下是《大學》下手處。《中庸》言博學、審問、慎思、明辨是格物之方。讀書親師友是學，思則在己」〔註32〕。這實際是格心中之理。陸九淵不像朱熹那樣主張「理一分殊」，今日格一物，明日格一物，而是認為「天下事事物物只有一理，無有二理，須到其至一處」，「一是即皆是，一明一切明」〔註33〕，這是一種直接了悟整體的內心直覺頓悟。

陸九淵又有「格物」即是「減擔」的說法：「聖人之言自明白，且如弟子入則孝，出則弟，是分明說與你入便孝，出便弟，何須得傳注、學者疲精神於此，是以擔子越重，到某這裡，只是與他減擔，只此便是格物。」〔註34〕這種減擔的方法實際是減少向外認識，而發揮內心固有的良知。「當惻隱時即惻隱，當羞惡時即羞惡，當辭讓時即辭讓，是非至前，自能辨之。」〔註35〕這種道德感情的自然論帶有知行合一的因素。在知行觀上，陸九淵仍主張知先行後，認為只有先「心之明」、「知之理」，再去踐履，才不會犯「適越而北轅」的錯誤〔註36〕。

---

〔註29〕〔宋〕陸九淵：《與李宰》《陸象山全集》卷十一，第95頁。

〔註30〕〔宋〕陸九淵：《與徐子宜》《陸象山全集》卷五，第43頁。

〔註31〕〔宋〕陸九淵：《與包詳道》《陸象山全集》卷十四，第117頁。

〔註32〕〔宋〕陸九淵：《雜說》《陸象山全集》卷二十一，第166頁。

〔註33〕〔宋〕陸九淵：《語錄》《陸象山全集》卷三十五，第294頁、第307頁。

〔註34〕〔宋〕陸九淵：《語錄》《陸象山全集》卷三十五，第287頁。

〔註35〕〔宋〕陸九淵：《語錄》《陸象山全集》卷三十四，第252頁。

〔註36〕〔宋〕陸九淵：《與胡季隨》《陸象山全集》卷一，第5頁。

　　王陽明認為陸九淵沿襲了程朱「知之在先，行之在後」的舊說，其「致知格物」「未精一處」，未免於雜，終於以「知行合一」補陸九淵「知先行後之弊」〔註37〕。

## 三、發明本心的心性修養方法

　　陸九淵提倡簡易工夫，強調涵養本心，反對事事省察。他認為涵養省察沒有分別，不必在存養之外再講究省察，也不必於事事物物上求定理、收拾精神自作主宰，「誰欺得你？誰瞞得你？見得端的，後常涵養，是甚次弟」〔註38〕因此，陸九淵認為朱熹那套涵於未發之前，格物於已發見端倪的修養方法是「艱難其途，支離門戶」，他認為工夫全在存養上，因此說：「人孰無心？道不外索，患在戕賊之耳，放失之耳。古人教人，不過存心、養心、收放心。此心之良，人所固有，……日夕保養灌溉，使之暢茂條達，如手足之捍頭面，則豈有艱難支離之事。」〔註39〕這就是說，存心，養心就是保持固有的良知，像灌溉一樣，使之暢茂條達，「根本者立，保養不替。自然日新，所謂可大可久者，不出簡易而已」〔註40〕這種自我反省，自我認識，自我完善的過程，就是擴充本心，不斷保養，自然日新。

　　陸九淵還認為「將以保吾心之良，必有以去噁心之害。」〔註41〕人心之蔽或心之害有兩種情況：「愚不肖者之蔽在於物慾，賢者智者之蔽在於意見，高下汙潔雖不同，欺為蔽理溺心，不得其正則一也」〔註42〕。他把解除心蔽的方法稱為「剝落」：「人氣稟清濁不同，只自完養，不逐物，即隨清明，才一逐物，便昏眩了。顯仲好懸斷，都妄意。人心有病，須是剝落。剝落得一番，即一番清明。後隨起來，又剝，又清明，須是剝得淨盡方是。」〔註43〕這就是說，由於氣稟清濁不同影響心之明，如果「逐物」或產生「邪念」就昏眩了。因此，「剝落」的工夫一是掃除物慾，一是去掉邪念。剝落的工夫與自存本心的自我反省不同，需要借助師友琢磨。陸九淵說：「人之精爽於血氣，

〔註37〕〔明〕王陽明：《答友人問》《王文成公全書》卷六，上海古籍出版社，第207頁。
〔註38〕〔宋〕陸九淵：《語錄》《陸象山全集》卷三十五，第298頁。
〔註39〕〔宋〕陸九淵：《與舒西美》《陸象山全集》卷五，第41頁。
〔註40〕〔宋〕陸九淵：《與高應朝》《陸象山全集》卷五，第41頁。
〔註41〕〔宋〕陸九淵：《拾遺‧養心莫若寡欲》《陸象山全集》卷三十二，第241頁。
〔註42〕〔宋〕陸九淵：《與鄧文範》《陸象山全集》卷一，第8頁。
〔註43〕〔宋〕陸九淵：《語錄》《陸象山全集》卷三十五，第298頁。

其發露於五官者安得皆正不得明師良友剖剝，如何去得其浮偽歸於真實，又如何得能自省、自覺、自剝落？」〔註 44〕他認為，「學能變化氣質」，但只起輔助作用，「聖賢垂訓，師友親磋，但助鞭策耳」〔註 45〕。最根本的方法仍然是自存本心，「不識一字，亦還我堂堂地做個人」〔註 46〕。

陸九淵心學修養方法的最終目標是明理、立心、做人。一是做倫理道德的完人。擴充四端本心「事父母自能孝，事兄自能弟，本無少缺。不必他求，在乎自立而已。」〔註 47〕一是要做超人。「我無事時只似一個全無知無能底人，及事至方出來又卻似個無所不知無所不能之人。」〔註 48〕這種「全人」與「超人」實際是把儒家道德理性自我超越和道家絕對精神自由超越融為一體，「仰首攀南斗，翻身倚北辰，舉頭天外望，無我這般人」〔註 49〕，宣揚了主觀精神的無限擴張。

## 第三節　王陽明的知行合一和致良知的心性論

王陽明（公元 1472～1529 年）在陸學」泯然無聞」三百多年的明朝中葉，恢復其「聖賢之學」的地位，改變了明代「是朱非陸」之「論定」〔註 50〕，建立了系統的心性一元論體系。如果說朱陸之爭是從「無極而太極」的本體論和「先立其大」的心性修養方法入手，那麼王陽明則是從「格物致知」入手破除朱熹「心與理為二」，提出了知行合一與致良知的新觀點，進一步把心體用論提升到宇宙本體論。他採取主觀唯心主義的方法對朱熹的理體氣用，性體情用，道心、人心和格物致知進行了改造，建立了心性一元的心體用論思想體系。

### 一、心即理的真我精神

王陽明所說的「心」，也是知覺之心，他以「虛靈明覺」之體為良知。但

---

〔註 44〕〔宋〕陸九淵：《語錄》《陸象山全集》三十五，第 303 頁。
〔註 45〕〔宋〕陸九淵：《與舒元賓》《陸象山全集》卷五，第 43 頁。
〔註 46〕〔宋〕陸九淵：《語錄》《陸象山全集》卷三十五，290 頁。
〔註 47〕〔宋〕陸九淵：《語錄》《陸象山全集》卷三十四，第 254 頁。
〔註 48〕〔宋〕陸九淵：《語錄》《陸象山全集》三十五，第 297 頁。
〔註 49〕〔宋〕陸九淵：《語錄》《陸象山全集》卷三十五，第 299 頁。
〔註 50〕〔明〕王陽明：《答徐咸之》《王陽明全集》卷二十一，上海古籍出版社，第806 頁。

是，王陽明的說法與陸九淵有所不同，陸九淵也說過：「人心至靈，此理至明，人皆有是心，心皆具是理。」他只從心物關係說明心為主物為客，對心體用意義說得不明確。王陽明則明確了良知為體，知覺為用，從心物關係上是良知為體，感物而動的事物為用，從理論思維方式上看，陸王都發揮了孟子的心性合一論，但陸九淵仍然沿襲了孟子心為大體，耳目為小體的思維方式，主張先立其大，排斥小體，因此沒有提出明確的心體用論，只明確了心本體論，王陽明則把大體、小體的關係進一步概括為體用關係，以良知為體，以耳目聞見為用，因此進一步推出心體物用的觀點。這是王陽明心學高於陸九淵之處，正因為如此，王陽明採取生理、心理、認識和倫理相結合的方法，提出了良知、真我的心體用論，把理氣觀、人性論、心性情論、道心與人心都包含在他的心一元論思想體系中。

## （一）真我良知為體，欲情知為用

王陽明發揮了程顥的「以覺識仁」和謝良佐的「真我」論，提出了良知本體的真我論，他認為言聽視動的知覺之心是由天理主宰的，因此，他說：「汝心欲是那能視聽言動的，這個便是性，便是天理。有這個性才能生這個性之生理，便謂之仁，這個性之生理發在目便會視，發在耳便會聽，發在口便會言，發在四肢便會動，都只是那個天理發生。以其主宰一身故謂之心，這個心之本體原只是個天理，原無非禮，這個便是汝之真己。這個真己是軀殼的主宰。」〔註51〕

王陽明認為心「不專是那一團血肉」的生理器官，而是包括耳目視聽和知覺痛癢的知覺心〔註52〕。他在知覺的生理、心理和認識論成分上，又提出心為身之主宰，這個主宰就是天理、真己、因此，他認為心之全體是惻怛之仁，這種道德感情運用得宜就是義，其條理就是理。仁、義、理之心即是「良知」〔註53〕，良知是有生命的主體，能主宰視、聽、言、動，這就是性，就是天理，心之本體是「無善無惡」〔註54〕的絕對本體。它是純淨的，這就是真己。心有知覺就產生意念，意念分為靈明的良知天理和人慾，誠意的工夫就是隨著意念落實到具體事物。存天理去人慾，使良知落實到具體事物上

〔註51〕〔明〕王陽明：《傳習錄》上《王陽明全集》卷一，第36頁。
〔註52〕〔明〕王陽明：《傳習錄》上《王陽明全集》卷一，第36頁。
〔註53〕〔明〕王陽明：《答顧東橋書》《王陽明全集》卷二，第43頁。
〔註54〕〔明〕王陽明：《傳習錄》下《王陽明全集》卷三，第115頁。

而無蔽，就是格物致知。「身、心、意、知、物者，是其工夫所用之條理，雖亦皆是有其名，而其實只是一物。格、致、誠、正、修者，是其條理所用之工夫，雖亦皆有其名，而其實只是一事。……故欲修其身者，心在於先正其心也。然心之本體則性也」〔註55〕。這樣，王陽明就把良知本體通過耳目視聽和道德行為的運用貫穿到具體事物中。

### （二）性、情、欲、知統一於良知的性氣一元論。

王陽明發揮程顥「性即氣，氣即性」、「性無內外」的觀點，力求把天命之性與氣質之性統一在心體用論的思維模式中。他說：「生之謂性，生字即是氣字，猶言氣即是性也。氣即是性，人生而靜以上不容說，才說氣即是性，即已落在一邊。不是性之本原矣。孟子性善是從本原上說，然性善之須在氣上使見得，若無氣亦可見矣。惻隱羞惡辭讓是非即是性。……若此見得自性明白時，氣即性，性即氣，原無性氣之可分也。」〔註56〕這裡，王陽明把惻隱羞惡的道德感情說成是心性合一的天命之性，把氣說成是性的運用，因此，強調「生字即是氣」。只有弄清本原時，才可以說氣即性。離開了本然之性而說氣即性就會偏執一邊。從性善之端在氣上見，可以說性氣無分別。這實際是良知為本體，氣為用的理氣觀在人性論中的具體運用。

王陽明還進一步把情、欲、知統一於道德理性、他說：「性一而已。仁義禮智性之性也。聰明睿智性之質也。喜怒哀樂性之情也。私欲客氣性之蔽也。質有清濁，故情有過與不及而有深淺也。私欲客氣一病兩痛，非二物也。」〔註57〕這樣，他就把性、知、情、欲分為四個層次。仁義禮智是良知本體之性，因此稱為「性之性」，知覺智力是「性之質」有清濁差別。

喜怒哀樂之情有過與不及。私欲客氣影響良知的正常發揮，因此是性之蔽。王陽明的性情論看到了性發為情過程中知覺的中介作用，這是他比程朱更精細之處。

### （三）心性體用動靜一源，未發即在已發之中

陸九淵的心性一元論把心性情才看作是一般事物，因此沒有明確的心體用論觀點。王陽明以良知為體、情慾知為用的心體用論說明未發與已發的關

---

〔註55〕〔明〕王陽明：《續編·大學問》《王陽明全集》卷二十六，第971頁。
〔註56〕〔明〕王陽明：《啟問道通書》《王陽明全集》卷二，第61頁。
〔註57〕〔明〕王陽明：《答陸原靜書》《王陽明全集》卷二，第68頁。

係。一方面他吸取了程朱性體情用的觀點，另一方面又把道德感情的良知規定為性體，進一步說：「除了了人情事變，則無事矣。喜怒哀樂非人情乎？自視聽言動。以至富貴貧賤，患難死生，皆事變也。事變在人情裏。其要在致中和：致中和只在慎獨。」〔註58〕。因此，他所說的「情」具有廣泛的心理活動和人的行為意義。

王陽明是從「意之本體便是知，意之所在便是物」的知行合一論和「致吾心之良知於事事物物」的觀點，說明心體用論和未發與已發的關係。因此他說：「心不可以動靜為體用，動靜時也。即體而言用在體，即用而言體在用，是謂體用一源，若說靜可以見其體，動可以見其用，卻不妨。」〔註59〕「未發之中即良知也，無前後內外而混然一體也。有事無事可以言動靜，而良知無分於有事無事也。寂然感通可以言動靜，而良知無分於寂然感通也。動者所遇之時，心之本體固無分動靜也。理無動者也，動即為欲，循理則雖酬酢萬變而未嘗動也。從欲則槁心一念而未嘗靜也。動中有靜，靜中有動。」〔註60〕

王陽明認為良知天理是超越具體動靜的，性無定體無分於動靜，而良知發用的具體狀態是有動靜的，但不能簡單地用動靜說明體用，如果說良知是靜，發用是動，則是動靜為二，體用為二；如果從體用一源的觀點來看，體用相即。總之，良知本身是「動而無動，靜而無靜」，既超動靜，又貫通在動靜之中。因此說：「未發在已發之中，而已發之中未嘗別有未發者在。已發在未發之中，而未發之中未嘗別有已發者存。是未嘗無動靜而不可以言動靜分者也。」〔註61〕

這樣，王陽明就以體用一源，體用相即的心體用論觀點破除了程朱心之體未發寂然不動，已發為情感而遂通的形而上和形而下觀點。程朱的心性情體用動靜論是從客觀道德理性過渡到人的主體性精神活動的重要環節，因此他們極力尋求生理知覺，思維活動和感情變化過程中的動靜關係，以便和性靜情動的體用論相對應，朱熹的心統性情完成了這一任務，並使之合乎邏輯。但他的理論繁瑣，而且不是從人的感性活動說明道德來源，反而從倫理法則

〔註58〕〔明〕王陽明：《傳習錄》上《王陽明全集》卷一，第 15 頁。
〔註59〕〔明〕王陽明：《傳習錄》上，《王陽明全集》卷一，第 31 頁。
〔註60〕〔明〕王陽明：《答陸原靜書》《王陽明全集》卷二，第 64 頁。
〔註61〕〔明〕王陽明：《答陸原靜書》《王陽明全集》卷二，第 64 頁。

變為四端道德感情和喜怒哀樂自然感情來說明人的感性活動來源，因此使人感到枯燥不易理解。王陽明似乎看到了這一點。他從道德感情入手，以良知為體，知覺為用，把人的喜怒哀樂之情，言聽視動和一切行為都說成是良知隨遇而發之事，使人有生動活潑的感覺。同時他也取消了客觀理性轉化為主觀精神活動的繁瑣過程，以主觀精神的心體用論直接說明人的感性活動，在理論思維的實際效果上起了道德感性化的作用。

王陽明主張「未發在已發之中」是從體用一源，體用相即的意義上說的，他並不是要取消「發而中節」。他認為，良知是自覺的道德理性，「七情順自然流行，皆是良知之用」。但有兩種情況：一是順良知之自然流行，「體用一源」。一是「七情有著」，而有欲，成為良知之蔽，這是「體用殊異」。但是，「良知亦自會覺，覺即蔽去而復其體」〔註62〕，這正是王陽明自覺、自主的自律道德與朱熹外在他律道德的區別。

### （四）道心人心不為二，天理人慾不並立

王陽明不像陸九淵那樣簡單地反對程朱劃分天理與人慾，道心與人心的區別，而是從良知為體知覺為用的觀點出發加以新的解釋。他認為天理良知是性本體，私欲客氣為性之蔽，人慾不是心所固有的，但良知發於知覺有正與不正之分。因此有道心和人心的分別。他說：「心一也，未雜於人，謂之道心，雜以人偽，謂之人心，人心之得其正者即道心，道心之失其正者即人心，初非有二心也，程子謂人心即人慾，道心即天理，語若分析而實意得之，今曰道心為主而人心聽命，是二心也。天理人慾不並立，安有天理為主，人慾又從而聽命者？」〔註63〕這裡，王陽明承認「人心」是「人慾」，這一點和程朱相同。但他又認為人心私欲不是良知應該有的，這一點又和陸九淵相同，關鍵在於王陽明反對朱熹人心聽命於道心的說法。他認為道心既是體又是用，未發即在已發之中，關鍵在於意念發動的正與不正，如果不是順良知天理自然流行，而雜以人為便是有私欲，私心。因此，不是人心聽命於道心，而是排除私意，在一念發動處便克服私欲。從這個意義上說，人只有一心，天理人慾不可並立。王陽明的知行合一和致良知的根本宗旨就要人們在意念發動處克倒私欲、破心中賊，保持良知本性的純潔性。

〔註62〕〔明〕王陽明：《傳習錄》下《王陽明全集》卷三，第111頁。
〔註63〕〔明〕王陽明：《傳習錄》上《王陽明全集》卷一，第7頁。

## 二、道德感情與踐履合一的知行合一論

　　王陽明是從格物致知入手來破除朱熹心與理為二的客觀唯心論思想的。他從 21 歲在北京居住父親官邸，格園中竹子，領會「表裏精粗」的道理開始，出入儒、釋、道之學，到 35 歲於貴州龍場大悟格物之旨，終於否定了朱熹「求理於物」的思想，而「求理於吾心」，建立了「知行合一」思想，以後又發展為「致良知」。知行合一主要是針對朱熹知先行後觀點，強調道德與踐履的合一，從廣義上又包含著一切感覺、感情、認識與行為的直接合一，其宗旨是在「一念發動處克倒私欲」。因此知行合一包含心體用論的豐富內容。

　　第一，王陽明把生理欲望、言聽視動、學問思辨和良知引起的一切行動都說成是知行合一，他說：「身之主宰便是心，心之所發便是意，意之本體便是知，意之所在便是物，如意在於事親，即事親便是一物，意在於事君，即事君便是一物，意在於仁民愛物，即仁民愛物便是一物，意在於視聽言動，即視聽言動便是一物。……知是心之本體，心自然會知，見父自然知孝，見兄自然知弟，見孺子入井自然知惻隱，此便是良知，不假外求。」〔註64〕「學問思辨篤行之功。亦雖其勉至於人一己百，而擴充之極，至於盡性知天，亦不過吾心良知而已。」〔註65〕

　　這就是說，心為身之主宰，良知為心之本體，言聽視動，學問思辨以至孝悌、忠君、愛民、惻隱皆由心生。良知發為意念，意念是行之始，意念落於具體事物，就是「心理合一之體，知行並進之功」〔註66〕。這樣意念就成了心物關係的中介，知行合一的基礎，知與行的差別僅在於「知是行的主意，行是知的工夫」〔註67〕，實際上知行並進，相互滲透，知是行之始，行是知之成。

　　第二，王陽明的知行合一以道德意識與行為的合一為第一義，聞見之知是第二義，生理欲望和好惡之情是人慾，他認為：「良知不由見聞而有，而見聞莫非良知之用，……良知是學問大頭腦，是聖人第一義，今云專求見聞之末，是失卻頭腦已落於第二義。」〔註68〕由耳、目、鼻、口、四肢追求聲、色、味和心追求名利引起的知行合一，都是邪念，而有些人把知行分為二件，

〔註64〕〔明〕王陽明：《傳習錄》上《王陽明全集》卷一，第 6 頁。
〔註65〕〔明〕王陽明：《答顧東橋書》《王陽明全集》卷二，第 46 頁。
〔註66〕〔明〕王陽明：《答顧東橋書》《王陽明全集》卷二，第 46 頁。
〔註67〕〔明〕王陽明：《傳習錄》上《王陽明全集》卷一，第 4 頁。
〔註68〕〔明〕王陽明：《答歐陽崇一》《王陽明全集》卷二，第 71 頁。

一念發動雖有不善也不去禁止，其實邪念發動已是行之始，這樣就不能做到非禮勿視，非禮勿聽，非禮勿言，非禮勿動，要使視聽言動都符合「禮」，就要按照知行合一的宗旨，在一念發動處，「就將不善的念克倒了，須要徹根徹底不使那一念不善潛伏在胸中」，心之本體是至善的，通過誠意正心，使好惡之情為良知所用，落在每件事物的實處〔註69〕。

王陽明改造了張載、程朱德性所知不由見聞的觀點，以良知為體，見聞為用，讓人們在一念發動處克倒私欲，對情慾實行自覺的控制。這種內在的自我超越富於生動的感情色彩。

第三，王陽明的「知行合一」突破了程朱「知先行後」的教條，程朱以先明義理，格物致知在先，踐履在後為先決條件，講「知行常相須」，「行重於知」，王陽明則更進一步看到了知行相互滲透，提出：「知之真切篤實處便是行，行之明覺精察處便是知」〔註70〕的觀點。所謂「真切篤實」本來是指身體力行的工夫，由於知不離行，知得真切篤實也可以叫做行。所謂「明覺精察」本來是指辨析義理的認識，由於行不離知，行得明覺精察也可以叫知。這樣知中有行，行中有知，二者相互滲透，知行合一，行而不知的人是「冥行妄作」，知而不行的人是「懸空思索。」都是把「知行分為二截」〔註71〕。王陽明的這種觀點包含著知行統一的合理因素。但他是以心即理的知行合一反對朱熹析心與理為二的知先行後觀點，他有時以知代行，把意念發動處當作行，有時又強調意念落在具體事物上才能明義理，混淆了知行之間的區別，因此，王陽明「良知——意念——事物——明義理」的知行合一論，強調了知行的滲透和聯繫，而抹煞了二者的區別。

## 三、道德判斷的良知標準

王陽明說：「吾良知二字，自龍場以後，便不出此意，只是二字點不出，與學者言，費卻不少辭說。今幸見出此意，一語之下，洞見全體。」〔註72〕因此，致良知是知行合一的繼續和發展，它主要是以良知為是非判斷的標準，做到「致吾心之良知天理於事事物物。」

---

〔註69〕〔明〕王陽明：《傳習錄》下《王陽明全集》卷三，第96頁。
〔註70〕〔明〕王陽明：《答友人問》《王陽明全集》卷六，第208頁。
〔註71〕〔明〕王陽明：《傳習錄》上《王陽明全集》卷一，第4頁。
〔註72〕〔明〕王陽明：《刻文錄敘說》《王陽明全集》，卷四十一，第1575頁。

　　王陽明說：「良知只是個是非之心，是非只是個好惡，只好惡便盡了是
非，只是非就盡了萬事萬變。」〔註73〕他認為，良知像規矩尺度一樣能衡量
無窮的方圓長短，應節日萬變，隨時隨地指導人們意念發動向善，做到知行
合一〔註74〕，人是天地萬物的核心，與天地萬物為一體，不知自身痛苦就無
是非之心，是非之心就是不慮而知，不學而能的良知，無論是聖愚，還是從
古到今，人們都有良知之心，因此致良知，就能公是非，同好惡，視人猶己，
視國猶家，「以天地萬物為一體，求天下無不治」〔註75〕。王陽明實際是把
程顥知痛癢「以覺識仁」和陸九淵的千百萬年有聖人出「同此心同此理」融
合為良知本體之心，提倡道德感情的自我判斷。

　　王陽明還把「致知格物」的「格」解釋為「正」：「正其不正以歸於正之
謂也。正其不正去惡之謂也，歸於正者為善之謂也。」〔註76〕要人們發揮良
知判斷是非的標準，誠意正心，「致吾心良知之天理於事事物物，則事事物物
皆得其理矣」，「是窮心與理為一者也」〔註77〕。這種格物致知的方法與程朱
向外追求天理，達到心與理合一有所不同，是把心與理合一的良知落實到事
事物物中。

　　王陽明還進一步把致吾心之良知於事事物物推廣到宇宙萬物，認為草木
瓦石、天地鬼神萬物都是人的良知、靈明的產物。這種絕對精神自由的自我
超越，帶有莊子逍遙遊的浪漫主義色彩。

## 四、涵養省察並用的心性修養方法

　　王陽明不像陸九淵那樣反對事事省察，把存養本心，剝落心病當作心性
修養的簡易工夫，他承認性體情用、未發已發，因此認為涵養、省察都是必
要的工夫。但從知行合一和致良知的觀點上看，他認為：「就窮理專一處說，
便謂之居敬；就居敬精密處說，便謂之窮理，卻不是居敬了別有個心窮理，
窮理時別有個心居敬。名雖不同，工夫中是一件。」〔註78〕這就像「知之真
切篤實處便是行，行之明覺精察處便是知」一樣，居敬中有窮理工夫，窮理

〔註73〕　〔明〕王陽明：《傳習錄》下《王陽明全集》卷三，第111頁。
〔註74〕　〔明〕王陽明：《答顧東橋書》《王陽明全集》卷二，第50頁。
〔註75〕　〔明〕王陽明：《答聶文蔚》《王陽明全集》卷三，第79頁。
〔註76〕　〔明〕王陽明：《續編‧大學問》《王陽明全集》卷二十六，第972頁。
〔註77〕　〔明〕王陽明：《答顧東橋書》《王陽明全集》卷二，第45頁。
〔註78〕　〔明〕王陽明：《傳習錄》上《王陽明全集》卷一，第33頁。

中有居敬工夫，合而為一，這種涵養與窮理相互滲透的觀點與朱熹差不多。但王陽明是以良知本心的發用說明心性修養的。他所主張的居敬，主要是強調「覺」，「隨他多少邪思枉念，這裡一覺都消融了」〔註79〕，實際是良知的自我覺悟。他也主張「從喜怒哀樂未發之中養來」〔註80〕，但他認為「今人存心，只定得氣。當其寧靜時，亦只是氣寧靜。不可以為未發之中」。這不是寂然不動之體，而是一種寧靜的心理狀態，「靜時念念去人慾而存天理，動時念念去人慾存天理」〔註81〕，循天理就能動中有靜，這才是真正的涵養工夫。「窮理」是窮心中之理，以良知為好惡是非的標準，克服邪念「正其不正以歸於正」。因此說，「為善去惡是格物」。王陽明的涵養察識合一是逆覺體證克倒私慾的修養方法，王廷相批評王陽明的「覺」是禪宗「明心見性」的直覺，是切中要害的。

　　王陽明的心性一元論思想體系綜合了程顥「以覺識仁」，謝良佐的「真我」論和陸九淵的「心即理」，同時又改造了朱熹的理體氣用，性體情用和格物致知，建立了心性一元的心體用論，展開了良知本體的真我論，未發即在已發之中的心性情論，道德與行為合一的知行合一論，致吾心良知於事事物物的格物論，涵養省察合一的修養論，其理論內容涉及到二程、朱熹、陸九淵的基本命題，終於形成了心本體論的龐大體系。

---

〔註79〕〔明〕王陽明：《傳習錄》下《王陽明全集》卷三，第93頁。
〔註80〕〔明〕王陽明：《傳習錄》上《王陽明全集》卷一，第14頁。
〔註81〕〔明〕王陽明：《傳習錄》上《王陽明全集》卷一，第13頁。

# 第四章　氣本體與性氣一元論

## 第一節　羅欽順理一分殊的性氣一元論

羅欽順（公元 1465～1547）曾與王陽明辯論格物致知，反對「知行合一」和「致良知」的觀點，他指出王陽明的《朱子晚年定論》許多材料都出於朱熹中年時期。羅欽順自命為程朱學派，實際上在理氣觀、心性論方面都離開了朱熹思想。他提出理一分殊的性氣一元論和性為體、知覺為用的觀點。

### 一、理一分殊的性氣一元論

羅欽順認為朱熹「終身以理氣為二物」，其思想根源在於他把《太極圖說》的太極與陰陽解釋為二物。其實理是氣之理，不能離氣而言理，同時又不能認氣為理〔註1〕。從這種理氣一元論的觀點出發，他認為張載、二程以理為天命之性，以氣為氣質之性和朱熹以理氣雜之說氣質之性。都是「天命、氣質對言」。「一性而兩名」〔註2〕。陸王」認心以為性」更是「差毫釐而謬千里」〔註3〕。

羅欽順用「理一分殊」解釋普遍性與特殊性的關係。他說：「理一便是天地之性，分殊便是氣質之性。……然天地之性須就人身上體認。體認得到，則所謂人生而靜，所謂未發之中，自然頭頭合著矣。」〔註4〕這就是說，天命

---

〔註1〕〔明〕羅欽順：《困知記》卷下，中華局書 1991 年排印本，第 29 頁。
〔註2〕〔明〕羅欽順：《困知記》卷上，第 7 頁。
〔註3〕〔明〕羅欽順：《困知記》卷上，第 1 頁。
〔註4〕〔明〕羅欽順：《困知記》附錄《答陸黃門峻明》，第 136 頁。

之性與氣質之性是普遍與特殊的關係。普遍就在特殊之中。「未發之中，非惟人人有之，乃至物物有之。蓋中為天下之大本，人與物不容有二。」〔註5〕所謂「中」是指太極，人生而靜的本然之性，這是人與萬物共同的性命之理。太極通過生生之序，一本之殊，人與萬物形質不同，而有各自的特殊性。例如仁義就是分殊之理。

## 二、性為體，知覺為用

羅欽順反對陸王的心性合一論。他認為：「心者，人之神明。性者人之生理，理之所在謂之心，心之所有謂之性。不可混而為一也。」〔註6〕他否定了心本體論，而認為心是知覺之心，性是生之理，理在心中，有心才有性，但不可把心與性混為一談。因此，他又說：「天性之真，乃其本體；明覺自然，乃其妙用。天性正於受命之初。明覺發於既生之後，有體必有用。而用不可以為體也。」〔註7〕這種性體心用論既不同於王陽明的心本體論，也不同於朱熹的性具於心而為心之體。他把道德理性說成是人受天命的本體。心是知覺的作用，心性為二，不是心性合一。心作為主觀精神活動只有知覺作用，而沒有本體論意義，它只是對客觀道德理性的認識。因此，羅欽順又把心與性的關係概括為主觀認識與認識對象的能所關係。他說：「能思者，心。所思而得者，性之理也。」〔註8〕「理之所在謂之心，故非存心則無以窮理；心之所有謂之性，故非知性則無以盡心。」〔註9〕這就是說，心與性是「能思」和「所思」的關係，必須運用理智窮理才能使道德理性轉化為人的自覺意識。另一方面性為心所有，必須知性才能充分發揮主觀認識的作用。更進一步說，道德理性與知覺作用又是相互依存的。「蓋仁義禮智皆是定理，而靈覺乃其妙用。凡君子之體仁合禮和義幹事靈覺之妙用無往而不行乎其間。理經而覺緯也。以此觀之，可見心性之辨。」〔註10〕這就是說，性與心的體用關係是既有區別，又有聯繫的主客體關係。發揮知覺作用才能使仁義禮智轉化為人的自覺能動性。

---

〔註5〕〔明〕羅欽順：《困知記》卷上，第13頁。
〔註6〕〔明〕羅欽順：《困知記》卷上，第1頁。
〔註7〕〔明〕羅欽順：《困知記》附錄《答歐陽少司成崇一》，第118頁。
〔註8〕〔明〕羅欽順：《困知記》卷下，第35頁。
〔註9〕〔明〕羅欽順：《困知記》卷上，第22頁。
〔註10〕〔明〕羅欽順：《困知記》附錄《復張甬川少宰》，第134頁。

### 三、道心為性，人心為情

　　羅欽順認為，人生氣稟之初所受天理就是道心：「道心，性也。人心，情也。心一也，而兩者言之，動靜之分，體用之別也。」〔註11〕因此，道心是知覺靈明中的性體，人心的知覺靈明中的感情。「蓋道心常明，其本體然也。人心則有昏明。凡發而當理，即是人心明處，發而不當理，卻是昏處。不可謂道人心一味是昏也。」〔註12〕這就是說，道心作為天理性體能使知覺常明，人心之情使知覺昏暗。因此人的知覺有昏明。發而當理即是明處，發而不當理則是昏處。這裡所說的「人心昏明」與「人心之情」意義相近，略有差別。人心昏明是指知覺發生的心理活動過程，人心之情是指心理感情。羅欽順所謂「道心」之性即是「太極本體」，「未發之中」即是「中央之中」，太極在萬物之中，性在心中〔註13〕。因此，他又說：「情之發皆根於性，其所以為善為惡。繫於有中節與無中節，中節與不中節。關於不關。」〔註14〕這就是說，情的發動來源於性，性是未發之「中」。情是心理活動過程，有節度和無節度，中節和不中節，過與不過的各種情況。這才是人的善惡來源，這種說法與他人心有昏明的說法意思相通。

　　羅欽順的性體心用的性情觀點與朱熹「中和舊說」的「未發只可言性，已發乃可言心」觀點相似：一方面「道心」、「太極」為「未發之中」的性體。另一方面人心有昏明，中節與不中節的心理活動。性靜情動，而有體用之別。這就是性體與心用的兩而言之，而不是心有體用的兩而言之。因此，羅欽順的性體心用論具有兩方面內容。一方面，性具於心，心通過認識仁義禮智轉化為人的道德意識。另一方面性在人心之中，人心的感情變化有過與不及，通過「中節」的自我調節實現人心之明。也就是說，心通過理智認識和感情調節的心理過程來體現性的作用。性靜心動，人心之動反映人生而靜的本然之性。

## 第二節　王廷相的氣為理之本與內外合一之道

　　王廷相（公元1474～1544年）是羅欽順同時代的思想家。他提出了氣本

〔註11〕〔明〕羅欽順：《困知記》卷上，第2頁。
〔註12〕〔明〕羅欽順：《困知記》附錄《答陸黃門濬明》，第140頁。
〔註13〕〔明〕羅欽順：《困知記》附錄《答陸黃門濬明》，第138頁。
〔註14〕〔明〕羅欽順：《困知記續》卷下，第86～87頁。

而理具的宇宙觀和生理、知覺、道德三結合的性氣一元論以及虛靈為體，知覺為用的內外合一之道。

## 一、氣為理之本的人性論

王廷相反對程朱理在氣先和天命之性、氣質之性的性兩元論觀點。他認為「氣為理之本，理乃氣之載」〔註15〕，「離氣言性，則性無處所，與虛同歸；離性言氣，則氣非生動，與死同途。是性與氣相資而有，不得相離也。」〔註16〕由此，他進一步提出生之氣、生之理、性之才三結合的人性論。

王廷相從氣是人的身體生命的物質基礎論起，把人的耳目視聽、思維活動作為知覺運動的靈能。由人的心理活動產生愛、敬道德感情再上升為仁義禮智的道德規範，再劃分出人之生（精神魂魄之氣）、生之理（仁義禮智）和性之才（知覺運動）三個方面，歸結出「論性也不可以離氣，論氣也不可以遺性」的性氣一元論〔註17〕。這樣，他就把倫理道德建立在生命和心理活動的感性物質基礎上，否定了程朱性即理和陸王心即理的道德本體論。

王廷相認為性出於形氣，氣有純粹與駁雜不同，性有善有不善。「性者，緣乎生者也；道者，緣乎性者也；教者，緣乎道者也。聖人緣生民而為治，修其性之善者以立教，名教立而善惡準焉。……為惡之才能，善者亦具之；為善之才能，惡者亦具之；然而不為者，一習於名教，一循乎情慾也。」〔註18〕這種觀點吸取了程顥理有善惡的觀點，而改變成氣之清濁造成的人善惡因素，最終的道德觀念形成在於後天的教育。

王廷相還從道心與人心的關係上強調社會環境和倫理教育的作用。他認為「道心」就是孟子所說的惻隱、羞惡、辭讓、是非的善端。人心就是孟子所說的口之於味，耳之於聲，目之於色，鼻之於味，四肢之於安逸的「天性」，「二者聖愚之所同賦也，不謂相近乎？由人心而關焉。愚不同歸也，由道心而精焉，聖賢同塗也。」道心人心都是天賦的：「道化未立，民多人心，道心亦與生而固有。道化既立，民多道心，人心亦生而恒存。」因此「道化」不能消滅人〔註19〕。王廷相認為道心是人心的堤防：「自其道心者，定之以

---

〔註15〕〔明〕王廷相：《太極辨》《王廷相哲學選集》，中華書局，1965 年 6 月，第170 頁。
〔註16〕〔明〕王廷相：《答薛君采論性書》《王廷相哲學選集》，第 163 頁。
〔註17〕〔明〕王廷相：《橫渠理氣辨》《王廷相哲學選集》，第 177 頁。
〔註18〕〔明〕王廷相：《慎言・問成性篇》《王廷相哲學選集》，第 1 頁。
〔註19〕〔明〕王廷相：《慎言・問成性篇》《王廷相哲學選集》，第 36 頁。

仁義，齊之以禮樂，禁之以刑法，而名教立焉。由是智愚、強弱、眾寡、各安其分而不爭，其人心之堤防乎？」〔註20〕這顯然是以道德感情為依據建立倫理規範，禮制刑法。防止貪亂爭奪，維持封建社會秩序。

## 二、性情為心理活動的不同景象

王廷相對心的論述也採取了體用說：「心有以本體言者，心之官則思，與夫心統性情是也，有以運用言者，出入無時，莫知其鄉。與夫收其放心是也，乃不可一概者，執其一義則固矣。大率心與性情，其景象定位亦自別，說心便治形體景象，說性便治人心虛靈景象，說情便治物於外景象，位不同，其實一貫之道也。」〔註21〕王廷相所說的心之體，既不是朱熹性即理具於心的本體，也不是王陽明那種心即理的本體，而是作為思維器官的心之形體，即血肉之心，他認為這個血肉之心具有精神活動功能。因此，他又說：「知覺者，心之用，虛靈者，心之體，……心者，棲神之舍，知之本；思者，神之妙用也。」〔註22〕這也就是說，心作為思維器官以虛靈之體，它是精神活動的基礎，知覺精神為心之妙用，這是生理與心理相結合的唯物論觀點。王廷相所說的「心統性情」，也不是朱熹那種道德理性與四端和喜怒哀樂之情的未發已發關係，而是說心為性情的基礎，性情不過是心理活動的不同景象；性與人心虛靈景象相聯繫。因為人的生命活動、精神活動是「生之理」，是物質基礎，都是氣之靈的作用，情是心的精神活動與外物相遇產生的情象，思慮是精神活動的具體運用。這樣，他對心、神、情的具體解釋接近於王夫之的「形、神、物，三相遇而知覺發。」

從這種認識論意義的心性情關係出發，王廷相又對未發和已發作了新的解釋。他說：「寂然不動之時，萬理皆會於心，此謂之一心則可，謂之一理則不可；一理安可應萬事，蓋萬事有萬事之理，靜皆具於一，心動而有感，乃隨事順理而應，故曰左右逢其源者此也。」〔註23〕這裡心的寂感，動靜是講認識過程的心理變化，不是朱熹說的性具於心發為情的道德理性演變過程，王廷相認為萬事萬理都在心外，心有彙集萬理抽象為一理的總體認識能力，但不能把這種主觀抽象能力說成是「一理」，只能說成是「一心」。也就是說，

---

〔註20〕〔明〕王廷相：《慎言・御民篇》《王廷相哲學選集》，第84頁。
〔註21〕〔明〕王廷相：《雅述》上篇《王廷相哲學選集》，第88頁。
〔註22〕〔明〕王廷相：《雅述》上篇《王廷相哲學選集》，第85頁。
〔註23〕〔明〕王廷相：《雅述》下篇《王廷相哲學選集》，第145頁。

心與理是主體與客體的關係。由此，王廷相又進一步提出「內外合一之道」，他說：「心未有寂而不感者，理未有感而不應者。故靜為本體，而動為發用。」〔註 24〕心總是由寂到感，由靜而動，理總是被感應的對象。因此靜為心體，感為心用。這就是心的未發與已發的體用關係。心的體用合一，寂感合一與外界事物之理的應感就是內外合一之道，靜而無動則滯，動而無靜則擾，只有動靜合一，心才能充分發揮知覺能力認識外界事物之理，抽象為總體認識。

## 三、天性之知與人道之知

王廷相提出了天性之知與人道之知，把人的自然本能和後天認識能力相區別。他認為飲食視聽是生而具有的天性之知，「因悟而知，因過而知，因疑而知，皆人道之知也」〔註 25〕，所以他否定有先天的德性之知。

宋代張載提出德性所知不由於聞見，認為窮神知化認識天道陰陽變化和窮理盡性以至於命都應該採取直覺為主的盡心方法，而把聞見之知貶到滯於物慾的地位，他雖然在一定意義上區別了自然認識和道德認識，但又以直覺把窮神知化和窮理盡性兩者混為一談，都說成是知天德的德性之知，程朱和王陽明更進一步把德性之知說成是對道德本體的認識。因此，王廷相說：「世儒者乃曰，思慮聞見為有知，不足為知之至，別出德性之知為無知，以為大知。嗟乎！其禪乎！不思甚矣！殊不知思與見聞，必由吾心之神，此內外相需之自然也。」〔註 26〕這就是說，德性之知的直覺認識方法是佛教，特別是禪宗的修養方法，這種方法連小孩子的認識能力都要被幽閉，是不可取的。真正的認識方法。應該是由聞見到思慮內外相需的理智方法。王廷相認為：「見聞在外之資」，從外部獲得感性經驗，「思者神之妙用」，在內心分析思考，內外結合才能有真正的知識。「見聞思慮而知，積知之久，以類貫通，而上天下地，入於至細至精，而無不達矣。」〔註 27〕這顯然是認識客觀世界的理智方法。

王廷相用見聞思慮的人道之知否定了先驗的德性之知，在一定意義上區別了自然認識與道德認識，但是他否定的只是那種直覺的道德修養方法，並沒有徹底劃清自然認識與道德認識的界限。因此，他又主張用後天理智認識的方法去認識道德。他說：「明道善於致知，體道莫先於涵養，求其極，有內

〔註 24〕 〔明〕王廷相：《慎言・見聞篇》《王廷相哲學選集》，第 25 頁。
〔註 25〕 〔明〕王廷相：《雅述》上篇《王廷相哲學選集》，第 86 頁。
〔註 26〕 〔明〕王廷相：《雅述》上篇《王廷相哲學選集》，第 86 頁。
〔註 27〕 〔明〕王廷相：《雅述》上篇《王廷相哲學選集》，第 85～86 頁。

外交致之道。」〔註28〕他所說的涵養，是保持知覺虛明的養神，他所說的明道是格物致知，不僅認識物理，也要認識倫理，「深省密察，以審善惡之幾」〔註29〕。這樣，內外交相成之道，又把自然物理的認識與社會倫理的認識混淆在一起，這種道德踐履的認識是儒家思想的主要內容，因此王廷相也不可能徹底擺脫這個傳統觀點。

## 第三節　王夫之的理氣一元論和性情相需的心性思想

王夫之（公元1619～1692年）是明末清初的啟蒙思想家。他繼承和發揮了張載「太虛即氣」、「一物兩體」的思想，提出了「理在氣中」〔註30〕的理氣一元論。在人性論方面主張「性即氣質中之性」和「性日生日成」的觀點。在心性論方面，主張性情相需，性體心用，以心統性情解釋道心與人心的關係。在道德修養方面區分了聞見之知與德性之知，以「心」與「意」的關係說明存養省察的道德修養方法。

### 一、理在氣中的本體論

王夫之的理氣觀主要有三個重要的觀點：「太虛一實」，「理依於氣」，「氣化日新」。根據這些觀點，他建立了理氣一元的本體論，批評了程朱的「理在氣先」是將理氣分為二事。同時也把張載的「誠即實有」的宇宙觀提高到一個新的理論高度。

首先，他發揮了張載「知太虛即氣則無無」的觀點，認為：「陰陽二氣充滿太虛，此外更無他物，亦無間隙。天之象，地之形，皆其範圍也。」「凡虛空皆氣也。聚則顯，顯則人謂之有。散則隱，隱則人謂之無。」〔註31〕這就是說宇宙中充滿了氣，氣聚而為事物，人們說它是「有」，散而為太虛，人們說它是「無」，其實所謂「無」，並不是空無所有，而是無形而實「有」。氣只有聚散的變化而沒有生滅，「生非創有，死非消滅，陰陽自然之理也。」〔註32〕

〔註28〕〔明〕王廷相：《慎言‧潛心篇》《王廷相哲學選集》，第29頁。
〔註29〕〔明〕王廷相：《慎言‧潛心篇》《王廷相哲學選集》，第29頁。
〔註30〕〔明〕王夫之：《孟子‧告子上篇》：《讀四書大全說》卷十，中華書局，1975年9月，第664頁。
〔註31〕〔明〕王夫之：《張子正蒙注‧太和篇》，中華書局，1975年9月，第11頁。
〔註32〕〔明〕王夫之：《周易內傳》卷五《船山全書》第1卷，嶽麓書社，1996年，第520頁。

一車柴燃為灰燼，一鍋水化為蒸氣，實際上是「木者仍歸木，水者仍歸水，土者仍歸土，物稀微而人不見耳。」〔註 33〕物質並沒有被消滅。所以氣在宇宙中充滿太虛從時空上說是無限的，從本體上說是永恆不滅的。

其次，「氣外更無懸空獨立之理」，理依於氣，而不是理本氣末，氣依於理，更不是「理在氣先」。所謂「形而上者謂之道，形而下者謂之器，無非一陰一陽之和而成。盡器，則道在其中矣。」〔註 34〕道與器的關係是同一個事物的兩個方面，道作為事物的條理和規則是抽象的，抽象的理在具體事物之中，有具體理物才有它的道理，因此說：「道者氣之道，器者不可謂道器也。」〔註 35〕

再次，「太虛本動」氣化日新。王夫之充分發揮了張載「一物兩體」的思想，認為太極與陰陽是一分為二與合二而一的關係，「太極動而生陽，動之動也，靜而生陰，靜之靜之靜也。……一動一靜，闔闢之謂也。由闢而闔，由闔而闢，皆動也。」〔註 36〕因此一切事物發展的內在動力都來自太虛本動的陰陽相感之性，事物的這種變化可以說是變化日新。變化又可分為明顯的和不明顯的，迅速的和逐漸的。例如人從幼年到童年、少年、青年、壯年到老年就是一個過程，是一個逐步的質變過程。世界上的一切事物都是發展變化的，根據這種變化的觀點，王夫之認為人性也是可變的，提出了「性日生日成」的人性論。

## 二、質異則性異，性日生日成

王夫之從區分人性與物性的不同入手，提出「質異則性異」的觀點，他說：「凡物皆太和絪縕之氣所成，有質則有性，有性則有德。草木鳥獸非無性無德，而質與人殊，則性亦殊，德亦殊爾。」〔註 37〕這就是說，人與物均由太和絪縕之氣構成，人與物有形質的差異，因此性有差異。「性之異者，人道也。形之異者，天道也。」〔註 38〕就天道上說，人與動物形質不同，生理功能有差別，就人道上說，仁義是人所獨具的。

---

〔註 33〕〔明〕王夫之：《張子正蒙注‧太和篇》，第 7 頁。
〔註 34〕〔明〕王夫之：《思問錄‧內篇》，中華書局，1955 年 9 月，第 29 頁。
〔註 35〕〔明〕王夫之：《周易外傳》卷五，中華書局，1977 年 12 月，第 203 頁。
〔註 36〕〔明〕王夫之：《思問錄‧內篇》，第 2 頁。
〔註 37〕〔明〕王夫之：《正蒙注‧至當篇》，第 169 頁。
〔註 38〕〔明〕王夫之：《孟子離婁下篇》《讀四書大全說》卷九，第 625～626 頁。

　　在人性論問題上，王夫之反對程頤氣稟清濁的氣質之性觀點，也反對朱熹性即理的天命之性觀點。他主張性是氣質之中之性，是生理之理：「所謂氣質之性者，言氣質中之性也。質是人之形質。範圍著者生理在內。形質之內。則氣充之，而盈天地間，人身以內，人身以外，無非氣者，故亦無非理者。理行乎氣之中，而與氣為主持分劑者也。故質以函氣，而氣函理。質以函氣，故一人有一人之生，氣以函理，一人有一人之性也。」〔註39〕這是從理在氣中推出性即氣質中之性，質是人之形質，因此人有生命，氣中有理，故人有道德理性。王夫之從「生之理」推出性日生日成的觀點。他認為宇宙中的一切變化，都是陰陽五行的運動，人從胚胎到出生，從幼年到老年，都處於生命的發展變化之中。從耳目視聽到心理活動是一個逐步成長的過程，性是日生日成的，不惟初生時受命於天，生以後仍然日日受命於天。剛一出生，人不能自己選擇，只能得到天之精粹，隨著人的成長能自取自用，但因每個人習慣和情慾不同，選擇也不同，「取之多用之宏而壯，取之純用之粹而善，取之駁用之雜而惡」〔註40〕。王夫之用這種「性日生日成」的思想反對「懸一性於初生之傾」不可變的觀點，是有進一步意義的。

　　王夫之的「生之理」是「知覺運動之理」，「食色之理」和「仁義禮智之理」。他說：「性者，生之理也。均是人也，則此與生俱有之理，未嘗或異。故仁義禮智之理，下愚所不能無；而聲色臭味之欲，上智不能廢。俱可謂之性。而或受於形而上，或受於形而下，在天以其至仁滋人之生，成為之善，初無二理，但形而上者為形而下之所自生。……理與欲、皆自然而非由一。」〔註41〕這就是說，聲色臭味與仁義禮智皆為性，欲為形而下，理為形而上，但形而上為形所自生，理與欲都來自天命自然，聲色臭味以厚其生，仁義禮智以正其德，都是理之所宜，「聲色臭味順道則於仁義禮智不相悖害，合兩者互為體」。〔註42〕這樣，王夫之就把生理欲望與道德理性統一在人性之中。他認為理在欲中，欲有公欲和私欲的區別，合乎理的是公欲，不合乎理的是私欲。「私欲淨盡，天理流行，則公矣」〔註43〕。這仍然是以封建道德主宰人慾。

〔註39〕〔明〕王夫之：《論語陽貨篇》《讀四書大全說》卷七，第465頁。
〔註40〕〔明〕王夫之：《尚書引義·太甲二》，中華書局，1963年7月，第16頁。
〔註41〕〔明〕王夫之：《正蒙注·誠明篇》，第105頁。
〔註42〕〔明〕王夫之：《正蒙注·誠明篇》，第102頁。
〔註43〕〔明〕王夫之：《思問錄·內篇》，第6頁。

## 三、性情相需」人心統性」、「道心統情」

王夫之發揮了程朱性體情用的思想。提出了「性情相需」的命題，他說：「性情相需者也，始終相成者也，體用相涵者也。性以發情，情以充性，始以肇終，終以集始，體以致用，用以備體。」〔註44〕「情受於性，性其藏也。乃迨其為情，而情亦自為藏矣。藏者必性生，而情乃生欲。故情上受性，下受欲。」〔註45〕這就是說，性為體，情為用，始終相成。「天理、人情，元無二致」〔註46〕，情為性與欲的中介，性包藏著情，而情自為藏，性發為情，情生欲。因此，「情上受性，下受欲」，「發乎不自己者」為情，「發乎不自待者」為欲〔註47〕，只有公欲才是合理的。王夫之不同意朱熹「心統性情」的心主宰性情觀點，卻採取了「心兼有性情」的觀點，認為心涵有性情。因此，他用心統性情解釋道心與人心的關係，以覺於性者為道心，覺於情者為人心。由於性情互為表裏內外，因此道心與人心相互為用。他說：「今夫情，則迴有人心道心之別也。喜怒哀樂（兼未發），人心也。惻隱、羞惡、恭敬、是非（兼擴充），道心也，斯二者，互藏其他義發其用。雖然，則不可不謂之有別也。」這主要是從內容上作區別，以道德感情為道心，以自然感情為人心。從二者交發其用的關係來說：「人心括於情，而情未有非其性者，故曰人心統性。道心藏於性。性亦有其情也，故曰道心統情。性不可聞，而情可驗也。」〔註48〕這就是說，心只是一個知覺心，人心包括情，情是性的外在表現，因此可以說心包括性，道心是道德感情，它藏於性，又擴充為四端之情，性必須有情作為外在表現。因此又可以說道心包括情。性是看不見的，但可以通過情的外在表現加以驗證。這裡，人心統性，道心統情，「統」是「兼有」。包含的意思。因此，無論從性內情外，還是從情的未發、已發都可以說心包含著道德感情和自然感情，二者交互為用，從不同的心理活動層次反映性之生理，四端表現仁義禮智之性，喜怒哀樂表現知覺之理。

---

〔註44〕 〔明〕王夫之：《周易外傳‧繫辭上》第五卷，第198頁。
〔註45〕 〔明〕王夫之：《詩廣傳‧邶風》，中華書局，1964年2月，第23頁。
〔註46〕 〔明〕王夫之：《孟子梁惠王上篇》《讀四書大全說》卷八，第505頁。
〔註47〕 〔明〕王夫之：《詩廣傳‧邶風》，第22頁。
〔註48〕 〔明〕王夫之：《尚書引義‧大禹漠》，第22頁。

## 四、見聞之知與德性之知的區別和聯繫

王夫之把人的認識分為見聞上升到思慮的理智認識和道德理性的直覺認識。前者用於認識外界客觀事物，後者用於心性修養。這種區別是對宋明理學混淆一般認識論原則與道德認識的一次突破。

王夫之從能、所關係的主客觀關係分析了認識主體和認識對象的關係〔註49〕，提出了唯物主義的反映論原則。他又以感覺和思維的關係解釋格物致知，認為「格物之功，心官與耳目均用，學問為主而思辨輔之」、「致知之功，則惟在心官，思辨為主而學問輔之」、「致知在格物，以耳目資心之用，而使有所循也。」〔註50〕這樣，既說明了耳目聞見是心官思考的基礎，又說明了感性中包含著理性成分，理性中包含著感性成分。這樣從一般認識論原則來解釋格物致知，糾正了程朱陸王那種道德修養的格物致知偏向。王夫之還提出了「行先知後」，「行可以兼知，知不可以兼行」〔註51〕，批判了程朱「知先行後」和王陽明「知行合一」的觀點。這些都是從認識論的一般唯物主義原則說明理智認識。這是王夫之認識論中最豐富精彩的內容。王夫之認為見聞思慮之知只是客觀的「物理」知識，「非真知也」〔註52〕，最高的認識是德性之知的真知。他說：「德性者，非耳目口體之性，及仁義禮智之根心而具足者也。常存之於心，而靜不忘，動不迷，不倚見聞而德皆實矣。」〔註53〕這種德性之知是神化天德良知，是不倚於見聞和理智推理，直接由良知好惡發出的直覺認識。王夫之說：「必須說個仁義之心，方是良心。蓋但言心，則不過此靈明事物，必其仁義而後為良也」、「須養其性以為心之所存，方使仁義之理不失。」〔註54〕這種仁義、良知顯然是道德理性，是靠靈明之心的直覺凝道德於心中，保養心中之性，因此，王夫之又從「心」與「意」的關係說明涵養與省察的關係。他認為心有善無惡，是在我者；「意」緣事而生，有善惡。因此，「意在省察，而心唯存養。省察故不可不慎。而存養則無待於慎」〔註55〕。這裡存養是感性直覺，省察是分析意念，是道德理性

〔註49〕〔明〕王夫之：《尚書引義・召誥・無逸》，第121頁。
〔註50〕〔明〕王夫之：《大學》《讀四書大全說》卷一，第12頁。
〔註51〕〔明〕王夫之：《尚書引義・說命中二》，第68頁。
〔註52〕〔明〕王夫之：《正蒙注、大心篇》，第124頁。
〔註53〕〔明〕王夫之：《正蒙注、天道篇》，第56頁。
〔註54〕〔明〕王夫之：《孟子・告子上篇》《讀四書大會說》卷十，第686頁。
〔註55〕〔明〕王夫之：《大學》《讀四書大全說》卷一，第7頁。

的反思、逆覺體證，帶有理智成分。王夫之還提倡養生、養神、養氣的主敬
方法。總之，王夫之的德性之知是要通過道德理性的自我修養，達到天人合
一的精神境界。因此，他極力宣揚道德的真知是高於聞見思維的最高認識。
這說明王夫之的心性論，仍然是以道德理性的自我超越為最高精神境界。

# 第三編　中國近現代經濟轉型與現代新儒學的產生

# 第一章　中國近現代經濟轉型的艱難

　　史學界一般認為，從 1840 的鴉片戰爭開始，中國進入了近代，從 1919 年五四運動開始，中國進入了現代，也就說，在短短 79 年的時間裏，中國社會發生了激烈的變革。這是由於中國屬於後發型現代化的國家，中國的資本主義萌芽早在明代就出現，但是並沒有在自身產生真正的資本主義，而是在後來居上的西方資本主義刺激下，才被動地向資本主義轉型。因此，中國的近代社會只有很短的時間，並沒有像西方社會那麼脫離了中世紀的封建社會，經歷了很長的近代化。

　　在中國向近代化轉型的過程中，有一個明顯的特徵，就是在短時間內發生了很多重大的事件。

　　第一次鴉片戰爭（1840 年 6 月～1842 年 8 月），1842 年，簽定了中英《南京條約》，接著簽定了一系列附約。列強不欲英國坐大，紛紛與中國簽訂更多不平等條約。1844 年 7 月 3 日，中美簽訂《中美望廈條約》。1844 年 10 月 24 日，法國與中國簽訂《黃埔條約》，享有領事裁判權和傳教權等。1843 年 10 月 8 日，中英簽署了《虎門條約》。第二次鴉片戰爭（1856～1860 年）1858 年簽定了中英《天津條約》；中法《天津條約》；1860 年簽定了中俄《北京條約》。這一系列的不平等條約使中國演變為半封建半殖民地的社會。因此，也可以說，在近代地緣政治大變革中，大清被西方資本主義分割。

　　從 1851 年到 1864 年的太平天國；1861 到 1894 年的洋務運動；1894 到 1895 年的中日甲午戰爭；1898 年的戊戌變法，1911 年的辛亥革命，1919 年的五四新文化運動，都強烈地震撼了中國的社會。實際上，在這個過程中，還有 1901 年，慈禧太后正式宣布實行「新政」。1901 年到 1905 年，清政府連續頒布了一系列「新政」上諭。

　　史學界也有研究者把洋務運動、戊戌變法和慈禧太后的新政全稱為清政府的三次新政。即洋務新政、戊戌新政、清末新政。每兩次新政相隔的時間不到 5 年，的確是「數千年未有之大變局」。而在這個大變局中，洋務派起了重要的作用；而抵制變革的守舊派表現出頑固政治立場，延誤了中國的社會改革。並且進一步認為，這兩派的大辯論長達 30 多年，直到 1901 年的「慈禧新政」，兩派才達成了比較一致的觀點，這個時候，在清政府內部幾乎再也沒有人反對向洋人學習了。所以，1901 年 1 月 29 日，慈禧太后用光緒皇帝的名義頒布上諭，命督撫以上大臣就朝章國政、吏治民生、學校科舉、軍制財政等問題詳細議奏，幾乎沒有人公開反對。但是為時已晚，新政還沒有全面實行，就被 1911 年發生的辛亥革命所代運動代替。

　　晚清大多數傳統士大夫秉承的仍是中國乃天下的中心、中國為天下共主這種天下觀。在這種中國中心文化觀的籠罩下，不承認中國之外有能與中國對等的文明。洋務派稱之為「泥古之迂儒」，「苟安之俗吏」。

　　在當時，洋務派變通地採用中體西用，有限地吸納西方文明的成果時，鄭觀應認為，「今日洋務即為時務，欲救時弊，自當對症發藥。譬諸國有危疾，做為子民，是百計求醫而學醫？還是痛抵醫生不可靠，不求不學，只是以身殉國，坐視國家死亡？」〔註 1〕

## 一、慈禧新政及其影響

　　1901 年到 1905 年，清政府連續頒布了一系列「新政」上諭。

　　1901 年 1 月 29 日，慈禧太后用光緒皇帝的名義頒布上諭，命督撫以上大臣就朝章國政、吏治民生、學校科舉、軍制財政等問題詳細議奏。4 月 21 日，又下令成立了以慶親王奕劻為首的「督辦政務處」，作為籌劃推行「新政」的專門機構，任李鴻章、榮祿、昆岡、王文韶、鹿傳霖為督辦政務大臣，劉坤一、張之洞（後又增加袁世凱）為參與政務大臣，總攬一切「新政」事宜。

　　1901 年到 1905 年，清政府連續頒布了一系列「新政」上諭。

　　1901 年 4 月，清廷成立督辦政務處，就全面改革作整體規劃，任榮祿、慶親王及李鴻章為主管，張之洞及劉坤一為協同辦理；張劉二人聯名三次上奏《江楚會奏變法三摺》，定出改革方向，學習日本，推行君主立憲制。

　　在「新政」推行期間，最大成就是有了經濟自由的觀念。

---

〔註 1〕鄭觀應：《盛世危言》，北京：華夏出版社，2002 年版，第 109 頁。

中國人獲取自由是由經濟領域開始的。就傳統經濟領域而言，中國人當然可以經營農業、商業和手工業。可是，有個障礙迎面而來：財產所有權的限制。《大清律》承襲傳統，明確規定：「凡祖父母、父母在，子孫別立戶籍，分異財產者，杖一百。若居父母喪而兄弟別立戶籍，分異財產者杖八十。」理由是：「祖父母、父母在，子孫不得私財，禮也。居喪則兄弟猶侍乎親也，若遂別立戶籍，分異財產，均為不孝，故有杖一百、八十之罪。仍令合籍共財。」〔註2〕這是嚴重壓抑經營積極性的規定。更為嚴重的是清政府為新經濟的發展設置了種種障礙。突出的表現是辦新式工商、交通和金融事業，一律實行批准制，往往相應設置壟斷特權，不准民間資本自由進入。

## 二、民國時期的資本主義工業化

在 20 世紀 30 年代的第二次世界經濟危機中，前蘇聯和當時的中國沒有受到危機影響，或者說受到的影響很小。

前蘇聯，是計劃經濟。不少學者都認為蘇聯的計劃經濟很僵化。其實是忽略了俄羅斯這個民族的實用主義精神。當時的蘇共提出「充分利用世界經濟危機這一時機發展國家經濟世界經濟危機迫使資本主義國家工商界與蘇聯擴大經濟聯繫。蘇聯政府有了可能在世界市場上購買本國急需的機器、設備、金屬。……在堅決保持對外貿易壟斷的基礎上進一步發展蘇聯和資本主義世界的經濟關係」〔註3〕當時蘇聯採取的措施有以下五個方面：1. 外匯壟斷，2. 擴大出口，3. 擴大進口工業化急需的設備和技術，4. 大量引進國外技術和科技人才，5. 派遣技術人員出國學習。從 1929 年到 1932 年蘇聯利用資本主義世界的經濟危機，增強了自己的實力。

在第二次世界經濟危機時期，中國是處在農業手工業市場經濟向工業市場經濟轉型的過程中，最有意思的是：30 年代是中國民族資本主義發展的黃金時期。

有學者指出：「20 世紀 30 年代是中國經濟的一個重要發展時期。由於受 1929 年世界經濟危機的影響，中國宏微觀經濟發生了新的變化。是時，中國民族工商業、農業受到劇烈的衝擊，損失慘重，不少企業數十年苦心經營，

---

〔註2〕沈之奇：《大清律輯注》第 215 頁，法律出版社 2000 年北京。
〔註3〕吳恩遠：《蘇聯社會主義體制與 20 世紀 30 年代的世界經濟危機》《世界歷史》
　　　2009 年第 3 期，第 15 頁。

或被兼併收購或破產倒閉。然而，經濟危機下處於生存考慮的民族經濟在組織調整和升級換代上非常積極，使得中國民族產業的現代化和世界化更上了一個層次。」〔註4〕

由於日本帝國主義侵略中國，「黃金時期」被打破，中國不得不轉入戰時經濟。真正進入全面工業化是1949年。新中國建立後，模仿蘇聯開始全面工業化，到80年代已經初步形成了現代工業體系。真正進入現代市場經濟是在改革開放後。

因此中國經濟轉型有三個特點：第一個轉型是20世紀初，從傳統的農業手工業經濟轉向現代工業經濟，第二個轉型是從20世紀30年代的民族工業向1949年的現代計劃經濟發展。第三個轉型是20世紀80後代開始的向市場經濟過渡。

## 三、新中國的社會主義工業化

1949年10月1日，中華人民共和國成立，經過三年恢復，在蘇聯的幫助下，中國開始第一個五年計劃，走上了蘇聯式的建設道路，毛澤東開始逐步發現蘇聯計劃經濟管得太緊，不利於經濟發展，1956年初，中共中央開始把國家工作的著重點轉向社會主義建設。從1953年執行第一個五年計劃算起，已有3年的實踐經驗，同時對蘇聯在建設過程中的經驗教訓也有所瞭解，中國共產黨開始總結自己的經驗，探索一條適合中國情況的建設社會主義道路。毛澤東寫了著名的《論十大關係》，對中國如何進行現代化建設，提出了初步的設想。

20世紀60年代，中國初步形成了自己的工業體系，提出了建設現代工業、現代農業、現代科學文化和現代國防的「四個現代」的任務。但是，由於中蘇關係破裂和1966年發生的「文化大革命」，中國的經濟建設，處於徘徊的局面。直到1978年的中共中央十三屆三中全會，才重新恢復了「以經濟建設為中心」的正確道路。

到20世紀80年代中國已經初步形成了現代工業體系，而90年代世界上的先進國家已經開始了「後現代化」——「新經濟」。因此，當我國從傳統的農業手工業經濟向現代工業經濟的轉型還沒有完成，第二個轉型也已開始了，

---

〔註4〕賈少青：《淺議1929～1933年世界經濟危機對中國經濟的影響》《邢臺職業技術學院學報》2009年第6期，第68頁。

要從還沒有完成的工業經濟向新經濟轉型，這是兩個轉型的重疊，也是當前
世界經濟一體化的要求，這就是中國社會經濟的特殊性。與此相適應，中國
的思維方式也要改變，以適應現代化的發展。所以，我們應該改變思維方式，
把主要精力投入高科技的發展上。

# 第二章　中西文化論戰與現代新儒學

　　在中國歷史上有三次文化大融合，其中有兩次大的中外文化交流。第一次是從遠古的部族文化經過夏商周到春秋戰國形成了百家爭鳴，到漢代「罷黜百家獨尊儒術」，完成了中華民族文化的統一。第二次是漢魏以來印度佛教傳入中國，經過魏晉隋唐時代被消化吸收，形成了儒、道、佛三教合一的宋明理學。前兩次儒家都在文化的衝突與融合中取得了決定性的勝利，成為兩千多年中國傳統文化的主導力量。但是第三次文化衝突卻是儒家思想的節節敗退，雖然早在明清之際西方文化就逐步傳入中國，但真正衝擊中國傳統的封建主義文化的西方近代思想是在鴉片戰爭前後。經過改良主義運動、辛亥革命到五四新文化運動，形成了中西文化論戰。論戰的性質實際上是傳統與現代化的衝突。

## 第一節　從解釋學和看儒學的三大轉折——傳統與現代的衝突

　　如果我們從解釋學和文化哲學的角度來看，就會發現：中國儒學經歷了三大轉折：

　　第一，從夏商周三代經過春秋戰國的百家爭鳴到兩漢經學這是中華民族文化形成完整體系的過程，在這個過程中從遠古的部族和地域文化演變出夏商周的王朝官方文化到春秋的官學下移，私學的出現，到戰國時代儒、墨、道、名、法、陰陽、兵、農、小說家、雜家等各派學說的百家爭鳴，再經過秦漢之際黃老之學與儒學互爭統治地位，到西漢罷黜百家獨尊儒術，正所謂分久必合，合久必分，終於形成中國文化的思想體系。

在這個過程中，從文字的統一，古代經典的解釋，思想的創新，每一個學派都有其自身特點，然而儒家思想最終取得了統治地位並不是偶然的，儘管孔子周遊列國四處碰壁，但到了孟子時代已經前呼後擁引起各方諸侯和大夫世家的注意，到了漢代董仲舒哲學被定為官方學說，就在於儒家思想是建立在家族式的農業經濟基礎上的一種維護封建國家大一統的思想文化，其剛健有為的進取精神與柔和的人性道德修養結合在一起，具有很大的包容性。所謂「罷黜百家獨尊儒術」，決不是秦始皇那樣的焚書坑儒，而是以儒家思想為主體，對其他思想兼收並蓄。孔子的所謂「寬猛相濟」，《易傳》的剛柔相推，已經為法治思想留有餘地，自漢代以來儒家思想占主導地位，漢律和唐律都是中國封建社會最系統的法律，禮法並用是歷代儒家的信條，因此說中國有人治而無法治，是不確切的。問題在於什麼樣的法治，董仲舒以《春秋》作為制定法律的依據，實際是德治與法制的混淆，所以確切地說應該是中國傳統文化中，以儒家為主體的思想是德與法混淆。至於君主專制並不是中國的特殊產物，任何封建國家都存在著專制和獨斷，問題在於怎樣打破專制。中國長期的封建主義專制在難被打破，正是由於德治與法制的混淆，三綱五常是法律的道德基礎，一切嚴重違反道德的行為本身就意味著違法，最大的違法行為莫過於犯上作亂，這一點早已包含在孔子的仁學中了。所以董仲舒的思想以天人感應的模式把道德和法律有機地融合在一起，又以一副學道愛人的面孔出現，理所當然地成為最受漢武帝歡迎的思想。所以從孔子、孟子到董仲舒是儒學奠定基礎和第一次大轉折的關鍵人物。

第二，中國傳統文化的第二次大融合是宋明理學消化了魏晉玄學和隋唐佛教產生了儒道佛三教合一的程朱理學和陸王心學，中國文化的第二次大融合，也可以說是中國儒道文化與印度佛教文化的融合。從中外文化的交流來看，兩漢魏晉隋唐時代是中國與世界許多國家進行經濟文化交流的時期，在西方有著名的絲綢之路成為中國與中亞、南亞和歐洲交流的通道。印度文化和佛教、羅馬（大秦國）的基督教（景教）阿拉伯文化和伊斯蘭教、相繼在漢唐時期傳入中國，然而卻是佛教在唐代的興盛，甚至出現玄奘不遠萬里到印度取經的行動。為什麼佛教會在中國發生如此重大的影響？古印度的梵文與中國語言差別是顯而易見的，中印兩國的高僧所付出的辛苦幾乎是令人難想像的，但是佛教終於在中國文學地傳播開了，這裡我們不得不從思維方式上尋找內在原因。其實儒道佛都具有內在超越的理論特徵，儒家要人們超越

情慾追求道德的理想主義，道家要人們超越情慾、道德和名利追求與道同體的精神自由，而在佛教看來一切都是虛幻的，都是有執而引起無限的煩惱，只有性空的「自性清淨心」才是真正的解脫。作為聯結儒道佛三教橋樑的是魏晉玄學，「無」的境界與「空」的境界有相似之處，當然二者並不相同，直到南北朝的僧肇才以「非有非無」確切的解釋了「自性空」的意義。另外儒家的成聖成賢與佛教的成佛都是教導人們發揮自己的主動性追求崇高的精神境界，所以一種外來的思想能不在中國的土地上發芽生長關鍵是看它與當時歷史條件下的文化思想是否有內在的共性，這就是宋明理學能夠達到儒道佛三教合一的根本原因。中國在當時世界文化交流的地位，不僅把佛教中國化了，而且傳到了朝鮮和日本，同時程朱理學和陸王心學也相繼傳到朝鮮和日本，終於形成了以儒家思想為主體的東亞文明。賀麟先生在評價宋明理學時認為它是化佛的中國文化而不是佛化的中國文化，這是很準確的。

從中外文化交流來看，西方文化大規模傳入中國是在明清之際，特別是鴉片戰爭前後，然而這一次中國傳統文化受到了強烈的挑戰。以清代考據學為風氣的傳統文化窒息了明清之際李贄、王夫之、方以智等人的批判精神，儘管鴉片戰爭前後魏源、林則徐等人提出了「師夷之長技以制夷」的思想，其用意是吸取西方軍事技術，保衛中國主權。後來張之洞又提出了「中學為體，西學為用」的觀點，馬建忠、薛福成、王韜、鄭觀應等人受西方思想影響，提倡工商立國、論政於議院、君民一體，初步涉及到了經濟政治問題，但他們仍然主張「變器衛道」。李鴻章的洋務運動就是把這種思想付諸實踐。戊戌變法前後，改良主義者康有為、譚嗣同把西方自然科學的「以太」說與中國傳統的「元氣」說相結合，提出微生滅的宇宙觀和物種進化論，並用資產階級的自由、平等、博愛的人性論解釋儒家的仁學精神，宣揚免苦求樂是人類社會發展的動力。譚嗣同的「仁─通─以太─平等」就是中國傳統哲學與西方自然科學、政治理論的奇異結合，帶有拼湊的性質。改良主義思想是政治思想和哲學思想的中體西用論，也可以稱為政治哲學的中體西用論。所有這些思想都難以挽救中國的命運，因為時代變了，中西文化的衝突在一定意義上是封建主義文化與資本主義文化的衝突，是傳統與現代化的衝突。而在五四運動的新文化批判舊文化後產生的現代新儒學，特別是梁漱溟和熊十力卻是在用舊文化解釋新文化，直到馮友蘭的新理學和賀麟的新心學才出現了用新文化解釋舊文化。

第三，儒學的第三次大轉折，發生在五四新文化運動前後，傳統文化在近代受到康梁和譚嗣同以及梁漱溟和熊十力等人的重視，原因是中國傳統哲學的直覺思維方式與西方哲學的邏輯思維方式需要一個相互對比的橋樑。對於迅速湧入中國的西方文化思潮，一些傳統的中國知識分子來不及消化，於是借助唯識宗的認識論與西方哲學的認識論進行比較，特別是梁漱溟、熊十力以陸王心學融合柏格森的生命哲學，更是借助了唯識宗的方法，這種情況直到有了英美留學經歷的馮友蘭、賀麟才有了轉變，而熊十力的學生牟宗三等人仍然是借助了佛教天台宗來達到陸王心學與康德哲學的融合，到了第三代新儒家出現了一批留學美國的博士，開始了用最流行的現代西方哲學解釋中國傳統哲學的過程。所以現代新儒學在一定程度上是中國傳統哲學與現代西方哲學的相互解釋，這正是五四新文化運動後中西文化論戰出現的一個文化學現象。

## 第二節　中西文化論戰與三大潮流

　　五四新文化運動是李大釗、獨秀、胡適、吳稚暉等人發起的一場批判封建文化的新思想運動。胡適是自由主義西化派的首領，他信仰的是美國實用主義，當時和他一起鼓吹科學主義人生觀的丁文江、王星拱是馬赫主義者。吳稚暉信仰的是蒲魯東、巴枯寧的無政府主義。他們在五四運動中與馬克思主義者陳獨秀、李大釗都提倡新文化，反對封建文化，曾結成聯盟而後來分化。

　　現代新儒家是五四運動後既不同於自由主義西化派，又不同於「國粹派」的一個思想派別。他們主張以中國傳統思想，特別是儒家思想為本位，去吸取西方思想文化，建立一種適應中國民族資產階級政治經濟要求的新哲學和新文化。現代新儒家的思想根源可以追溯到康有為、梁啟超、譚嗣同的改良主義思想。但是，現代新儒家的許多代表人物，如熊十力、賀麟、馮友蘭、張君勱等人在政治上主張民主共和，超越了改良主義君主立憲的舊政治思想。在理論上他們的中體西用思想方式也比改良主義更成熟，主張以宋明理學的心性本體論融合西方的近現代哲學，已經不是改良主義那種「仁—通—以太—平等」的簡單拼湊，而是通過中外文化的分析對比，上升到哲學理論思維方式的中西融合，並且利用傳統儒學宣揚由「內聖」之學開出科學、民主的「新外王」。

　　從五四運動到今天，中國思想界出現過無政府主義、民生哲學、力行哲學等各種思潮，但真正能站得住腳，並具有活力的思想派別是馬克思主義、現代新儒家和西化派。這三派緊密地圍繞著中國現實，對中國現代化的道路問題進行深刻的反省，因此至今在中國大陸和港臺的思想界有重要影響。

　　目前，海峽兩岸和海外的中國學者對中國現代思想界三大派別長期共存的格局有了一定的共識。大陸的中國哲學史專家、南開大學方克立教授曾多次在各種國際學術會議和各種刊物中，發表過這樣的意見：

　　　　在「五四」以來的中國現代思想史上，馬克思主義派、自由主義的西化派和現代新儒家是三個最主要的思想派別。70 年來雖互有消長但都有不衰的生命力，相互之間展開了錯綜複雜的思想鬥爭，同時也有局部的一致、聯盟關係。這三派都是主張中國要現代化的（不存在封建主義的復古派），不過各自選擇的道路不同。和其他主流派相比，現代新儒學不是長江大河，而不過是小小的溪流，只在少數學者中傳承，社會影響十分微弱，但它也連續不斷，傳承不絕，其學術文化價值遠勝於其社會政治的作用。認識今天的中國思想界，我們自然不能忽略這種三分的格局。80 年代的文化討論仍然是在自由主義的「全盤西化派」、保守主義的「儒學復興派」和馬克思主義的「古為今用、洋為中用、批判繼承、綜合創新」派之間對峙，就是明證。展望中國未來的思想發展，不能離開這個現實的基礎。〔註1〕

　　另外，中國大陸的學術界對傳統文化早就有「批判繼承」的口號。80 年代，第三代新儒家學者劉述先，自由主義派學者林毓生（美國威斯康辛大學教授）、韋政通（臺灣《中國論壇》社編委會召集人），以及傅偉勳（美國費城天普大學宗教系佛學與遠東思想教授）等關心中國文化發展的學者，近年來都大講「批判地繼承」和「創造地轉化（發展）」，把這當作不言而喻的真理。儘管在「批判」什麼，「繼承」什麼，「轉化」什麼的具體內容和方法上，中國的三大思想流派之間還有這樣或那樣的思想分歧，但在如何對待傳統的

---

〔註 1〕參見《略論現代新儒家之得失》，新加坡「儒學發展的問題及前景」討論會論文，1988 年 8 月；《展望儒學未來前景必須正視的兩個問題》，澳門「儒學國際討論會」，1990 年 12 月；《現代新儒學與中國現代化》，《南開學報》1989 年第 4 期；《現代新儒學研究的回顧與展望》，《哲學研究》1990 年第 3 期；《現代新儒學的發展歷程》，《南開學報》，1990 年第 4、5、6 期。

問題上則已達成了某種共識，大家都不贊成徹底地拋棄和無批判地固守傳統的兩種極端態度，而是要分析、批判、選擇、創造，使傳統的資源重新具有活力。

以上這些言論和觀點，表明海峽兩岸和旅居海外的中國學者，在以下三個問題上達成了某種共識。第一，肯定五四新文化運動提出科學、民主的口號「眼光一點也沒有錯」〔註 2〕）。第二，都承認「五四」以後中國現代思想界逐步形成了馬列、西化和現代新儒學共存的局面。第三、都主張對中國傳統文化採取批判地繼承、創造性地轉化，古為今用，洋為中用的方針。雖然中國現代思想界的三大派採取的理論立場不同，對上述三個問題的看法也有分歧，甚至是嚴重的分歧，但能夠取得某種共識，則是相當不容易的。這反映了炎黃子孫和當代中國知識分子熱愛自己的國家和民族文化，希望祖國早日統一，實現現代化，以嶄新的姿態屹立於世界民族之林的共同願望。在今日這種比較和諧的氣氛下，我們研究現代新儒學，看其在哪些方面取得了學術成就，在哪些方面宣揚了不正確的觀點，在其中包含著哪些理論缺陷，對於我們實事求是地分析中國現代思想界的狀況、預示其未來的發展，是有重要意義的。

## 第三節　現代新儒學的思想根源及其理論特徵

中國儒學具有學術兼政治、文化兼歷史、道德兼哲學的特徵。現代新儒家繼承了這種文化哲學的思想，以接續孔孟「道統」為己任，以服膺宋明理學為主要特徵，力圖用儒家學說來融合西學，謀求中國文化的現代化。其理論特徵主要表現如下〔註 3〕：

第一，現代新儒家強調儒家心性之學是中國傳統文化的本原和核心，他們所要發揚的正是儒家的人文主義精神。儒家心性之學是研究人的本性和自我價值的哲學理論，它探討人與自然和社會的相互關係，說明人的生命、情慾、知覺和道德理性的相互關係，要人們通過自我覺悟的心性修養方法，用道德理性超越並控制情慾，實現成聖成賢的人生理想，完成仁政、王道的社會理想。這樣，儒家就以心性論為核心把天人合一，知行合一、內聖外王結

〔註 2〕劉述先《中國哲學與現代化》，臺灣時報出版公司 1980 年版，第 41、44 頁。
〔註 3〕現代新儒學的理論特徵，曾作為階段性成果發表，請參看《儒學的三大轉折》
《中國哲學》1999 年第 3 期，第 30～31 頁。

合成一個有機的整體。儒家的心性論扎根於封建社會的君臣、父子、夫婦關係中，帶有強烈的道德感情色彩，因此成為中國傳統思想的主流。特別是融儒、道、佛為一體的宋明理學心性本體論，達到了道德形上學的抽象思辨，成為中國哲學史上心性論發展的最高階段。現代新儒家號稱是接著宋明理學講的，他們把儒學分為先秦儒家、宋明理學和現代新儒學三個發展時期。他們強調中國傳統文化的一本性和優越性，認為從堯舜禹湯文武周公到孔孟程朱陸王有著一脈相承的道統。在現代西方文化的衝擊下要挺立儒家傳統，儒化西洋文化，實現儒學的第三期發展。而要達到這個目的就必須牢牢抓住中國傳統思想的神髓——心性之學加以發揚光大，使道德形上學的天人合一的本體論成為現代新儒學的主導思想。

第二，現代新儒家採取了中體西用的理論思維方式，力求把中國傳統文化與西方現代文化融為一體。現代新儒家不僅從宋明理學中吸取了心性本體論，同時也繼承了體用論的思想方法。體用論是魏晉玄學從本體與現象的關係討論本末、有無的哲學範疇，後來與佛教相結合產生了心性本體論的思維方式，又被宋明理學利用，從理體氣用到心性情體用動靜論，形成了「體用一源，顯微無間」的思想體系。這是中外文化第一次大交流的理論成果。隨著西方資本主義的入侵和西方文化傳入中國，又產生了中體西用的思想方法。鴉片戰爭前後，魏源、林則徐等人提出了「師夷之長技以制夷」的思想，其用意是吸取西方軍事技術，保衛中國主權。後來張之洞又提出了「中學為體，西學為用」的觀點，所謂「中學」是指維護封建制度的孔孟之道，「西學」是指西方的自然科學技術。這個時期馬建忠、薛福成、王韜、鄭觀應等人受西方思想影響，提倡工商立國、論政於議院、君民一體，初步涉及到了經濟政治問題。但他們仍然主張「變器衛道」，認為西方禮教遠遜於中華，因此有「中學其本，西學其末」的口號。這些觀點在理論上可以概括為儒家倫理道德為主體，西方科學技術為用，在實踐上是為中國封建制度服務。李鴻章的洋務運動就是把這種思想付諸實踐。戊戌變法前後，改良主義者康有為、譚嗣同把西方自然科學的「以太」說與中國傳統的「元氣」說相結合，提出微生滅的宇宙觀和物種進化論，並用資產階級的自由、平等、博愛的人性論解釋儒家的仁學精神，宣揚免苦求樂是人類社會發展的動力。譚嗣同的「仁—通—以太—平等」就是中國傳統哲學與西方自然科學、政治理論的奇異結合，帶有拼湊的性質。改良主義思想是政治思想和哲學思想的中體西用論，也可以

稱為政治哲學的中體西用論。現代新儒家把中國傳統哲學的體用論和近代改良主義的中體西用論結合在一起，上升到文化哲學的中體西用論。他們採取中西對比的方法強調哲學與科學的區別，認為中國的道德性命之學是本體哲學，西方哲學主要是研究自然現象的科學理論，因此必須以中國傳統的道德形上學為根本才能達到融合西洋文化的目的，否則就是舍本逐末。他們特別反對胡適等人的自然科學主義的人生觀，強調人生觀的主體是道德的理想主義。現代新儒家的中體西用論的文化哲學實質上是把中國傳統哲學的心性論與西方現代思想文化相結合，創造一種適應中國現代化要求的「新儒學」。

第三，現代新儒家雖然反對自由主義西化派那種全盤西化的論調，但他們並不像「國粹派」那樣拒西方文化於國門之外。相反，他們吸取了近現代唯心主義哲學——柏格森的生命哲學、新黑格爾主義、新康德主義、邏輯實證主義等等，對中國傳統儒學進行改造。他們特別重視西方近現代的直覺主義思潮，如柏格森的生命衝動論、叔本華的唯意志論，杜里舒的生機主義，認為這些人開創了「新玄學」時代，西方的反智主義是對科學萬能論的深刻反醒，重新喚起了人的價值，因此西方重感情的直覺主義與中國傳統哲學的道德直覺有某種相似之處。此外，康德的道德哲學，新黑格爾主義的情感邏輯也是現代新儒家發揚陸王心學、宣揚道德理想主義的重要理論根據，因此在現代新儒學思潮中利用西方主觀唯心主義改造陸王心學成為主流。另一方面也存在著利用西方邏輯實證主義發揮程朱理學的思潮，例如馮友蘭的新理學。總之，西方唯心主義哲學成為現代新儒家改造宋明理學，並使之現代化的重要理論基礎。

第四，現代新儒家創造了文化哲學，他們從古今中外文化發展的分析對比中，對中、印、西文化進行重新評價，尋求思維方式的差異。他們強調中國傳統思想的內向型直覺思維與西方哲學外向型的理智思維有所不同，並以此為根據說明道德的本體哲學與科學的現象哲學不同，要達到本體與現象的統一，「體用不二」，就需要把儒家心性本體論的直覺思維方式與西方現象論的理智思維方式融合起來，做到直覺為體、理智為用，使現代新儒學不僅具有倫理宗教精神而且具有現代科學的意義。這種觀點實際是在西方現代資本主義思想文化的衝擊下表現出一種文化保守主義的傾向，一方面看到中國必須發展科學技術實現經濟、政治的現代化，另一方面又要求最大限度地保留中國傳統文化的道德性命之學，宣揚中國固有文化的優越性。因此現代新儒

家的文化哲學仍然沒有擺脫中體西用論的圈套。

第五，現代新儒家極力把「五四」新文化運動所提倡的科學與民主精神納入傳統儒學的內聖外王模式中。他們認為只有在對中國傳統文化價值認同的基礎上，才談得上對西方新潮的適應。儒家傳統與科學民主並不矛盾，由儒家心性之學的「內聖」可以開出科學、民主的「新外王」，或謂之「返本開新」（返儒學之本、開科學、民主之新）。他們極力從儒家人文主義中尋找「適應」現代化的因素，認為中國古代就講「正德、利用、厚生」、孟子的民貴君輕和「人皆可為堯舜」包含著大平等的精神，科學與民主正是中國文化的道德精神發展的必然要求。為此，他們提出了各種內聖外王的新方案，如熊十力的「斷染成淨」，以自由平等改造儒家禮制的設想；馮友蘭的「道德方面繼往、科學方面開來的中體西用論」；賀麟的儒化西洋文化，以西洋的哲學、基督教、藝術充實儒家的理學、禮教、詩教的方案；牟宗三由良知主體「自我坎陷」出知性主體和政治主體的「三統」說，都沿襲了傳統儒學內聖為體，外王為用的思維模式。儘管他們充實了西方自然科學和政治民主，但仍然沒有擺脫傳統儒學的道德主體優越性立場。所謂「儒家精神為體，西洋文化為用」或「內聖開出新外王」的口號不僅是中體西用論，而且表現出泛道德主義的價值取向。

第六，現代新儒家宣揚世界文化的未來將是「儒學第三期的發揚」，新儒家的倫理道德和人文主義精神可以解決「後工業文明」所面臨的許多問題。注重主體的道德意識，注重人際關係，注重個人與群體、個人與社會和諧一致的儒家思想有助於克服西方現代社會的功利主義、拜金主義和道德淪喪所帶來的種種弊端。現代新儒家認為日本和亞洲「四小龍」的經濟發展就是儒家資本主義成功的經驗，因此西方人應該學習以儒家思想為代表的東方智慧，如「天人合一」的宗教理想，成聖成賢的義理之學，天下一家的情懷，惻坦悲憫之情和「圓而神」的智慧等等。這些論調反映出現代新儒家既希望中國實現科學民主的現代化，又希望避免資本主義現代化過程中各種弊病的心態。

上述理論特徵表明現代新儒學是以文化哲學的形式把傳統儒學與西方哲學調和在一起，力求在傳統和現代之間架起一座橋樑，使中國的傳統文化價值在現代發揚光大，因此現代新儒學表現出明顯的文化保守主義傾向，也可以說是對「五四」反傳統的新文化運動的一種保守主義的回應。

# 第三章　梁漱溟熊十力的生命本體與
　　　　　　中印西文化哲學

　　梁漱溟（1893～1988）和熊十力（1885～1969）是現代新儒家文化哲學和理論哲學的開創者。他們都是「五四」新文化運動以後在中國本土上成長起來的思想家，他們對傳入中國的西方哲學有初步的瞭解，對儒學、佛學有深厚的功底，採取了「援佛入儒」，融合陸王心學與柏格森生命哲學的方法，提出了創生性的「宇宙生命」、「宇宙心」的本體論，分析了中外文化根本精神的差異，強調道德哲學與自然科學的區別，理性直覺與理智邏輯的區別，宣揚儒家道德良知，發明本心的心性論。但梁、熊的思想又有差別，一個表現為中印西文化三路向的生命哲學、文化哲學，一個表現為比較中印西哲學本體論而成就體用不二的理論哲學。

## 第一節　梁漱溟的生命本體與儒家倫理心理學

　　梁漱溟作為一個學術兼政治的人物在中國現代思想史上有較大影響，他是中國學術界文化哲學的開創者，以援佛入儒會通西學的方法建立了生命哲學和倫理心理學，為現代新儒學的形成奠定了初步的理論基礎。

### 一、現代心理學與儒家倫理學的結合

　　梁漱溟自稱：「我曾有一個時期致力過佛學，然後轉到儒學。……使我得門而入的，是明儒王心齋先生；他最稱頌自然，……後來再與西洋思想印證，

覺得最能發揮盡致，使我深感興趣的是生命派哲學，其主要代表為柏格森。」
〔註1〕學術界學根據這一自述，斷定他形成了以中國儒家思想為主同時糅合印
度的佛學和西洋的生命派哲學的哲學思想體系。其實這種觀點忽略了梁漱溟
生命哲學的一個重要來源——現代心理學。如果我們進一步考察就會發現：
梁漱溟在 1926 年寫的《人心與人生自序》、1928 年寫的《東西文化及其哲學
第八版自序》中曾經提到，他要寫一本《人心與人生》糾正《東西文化及其
哲學》以克魯泡特金「本能一派的心理學為依據，去解釋孔學上的觀念和道
理的錯誤」。並且聲稱：「凡是一個倫理學派或一個倫理思想家都必有他所據
為基礎的一種心理學，……非批評現在的心理學，而闡明時儒學的人類心理
觀，不能談儒家的人生思想。」〔註2〕這表明，他要建立一種現代心理學與儒
家倫理觀、人生觀相結合的心性之學。1924 年至 1927 年，梁漱溟曾三次在北
京、山東講過「人心與人生」，並有講詞抄本。〔註3〕雖然 1972 年他才寫出《人
心與人生》。但是在 1949 年的《中國文化要義》中，他已經明確表示拋棄克
魯泡特金的本能、理智兩分法，而採取羅素的本能、理智、靈性（理性）的
三分法說明人類心理發展史，《人心與人生》就是這些觀點的系統化。由此可
見，梁漱溟的生命哲學主要由兩部分組成：一是由宇宙生活事事相續說明人
類的意欲向前、持中、返身向後，分別產生西方、中國、印度三種文化。一
是由宇宙生命說明人類由本能發展出理智和理性，建立現代新儒學的心性本
體論。按照「生命為體，生活為用」的原則，本體論是文化觀的基礎。

## 二、宇宙生命的綿延與人心的超越性

梁漱溟認為中國傳統思想是玄學的，素淡於宗教，絕少注意知識，人生
之部「最盛且微妙，與其形而上學相連，占中國哲學之全部」。〔註4〕本於《周
易》的形上學是看宇宙的變化流行，因此，玄學所講的是一而變化，變化而
一的本體，但西方科學所講的是多而且固定的現象。近代「柏格森將科學上

---

〔註1〕梁漱溟：《朝話》,《梁漱溟全集》第二卷，山東人民出版社，1990 年版，第 126
　　　頁。
〔註2〕梁漱溟：《東西文化及其哲學》《梁漱溟全集》第一卷，山東人民出版社，1989
　　　年版，第 324 頁、第 329 頁。
〔註3〕梁漱溟：《人心與人生》,《梁漱溟全集》第三卷，山東人民出版社，1990 年版，
　　　第 758〜759 頁。
〔註4〕梁漱溟：《東西文化及其哲學》,《梁漱溟全集》第一卷，第 396 頁。

明確固定的概念大加指謫,他以為形而上學應當一反科學思路要求一種柔順、活動的觀念來用」,這很像是替中國式思想開路。〔註5〕這就是說形而下的現象是科學研究的對象,形而上的本體是哲學研究的對象。這個本體就是變化的「宇宙生命」。

梁漱溟指出:「宇宙之所表現者雖紛繁萬狀,其實即體即用,也只是一回事,並非另有本體。」這實際是把王陽明「體用相即」的原則與柏格森的「生命綿延」融合在一起,提出了生命為體,生活為用的宇宙本體論,為他進一步利用佛教「唯識無境」解釋「宇宙生活」奠定了基礎。他指出:「宇宙實成於生活之上」,而「生活」是由連續不斷的「事」構成的。「事」並不是客觀事物,而是生命本體通過眼、耳、鼻、舌、身、意等探問工具,用它們的「見分」去認識「相分」,形成「一問一答」的事事相續,構成連綿不斷的宇宙生活。「生命」即是「大意欲」、「心」或「精神」,生命的發用流行構成生活,形成了宇宙。梁漱溟把「差不多成定局的宇宙」稱為「前此的我」或「已成的我」把「現在的意欲」稱為「現在的我」,認為「現在的我」與「已在的我」是精神與物質相對待的關係。〔註6〕也就是說,物質是精神活動留下的遺跡。這種利用「唯識無境」解釋宇宙生活的理論,顯然是發揮了阿賴耶識的種子生起說,因此他又說:「所謂第一本體……略當佛之如來藏或阿賴耶」〔註7〕

在梁漱溟生命哲學的思想體系中,不僅利用了陸王心學,佛教「唯識無境」,柏格森的「生命綿延」,叔本化的「生存意志」把生命本體解釋為「人心」,「阿賴耶識」,「大意欲」,表現出非理性主義的傾向。更重要的是利用現代生理學和心理學的科學成果把「宇宙生命」解釋為爭取靈活、自由的本性,表現出理性主義的傾向。梁漱溟認為:「宇宙為一大生命」。生物類型種別有千千萬萬之不同,其圖存傳種方法不同,「蓋自一面看,一切生物說,通都是通的;而另一方面,則其通的靈敏度大為不等」。〔註8〕現存生物於宇宙大生命之一體性都不免有隔,唯人類能突破圖存與傳種的本能生活,產生理智,呈現理性,親切體認宇宙生命的一體性。因此,一切生物均限於「有對」之中,唯人類則以「有對」超進「無對」,「自見自知,自證自信」,達到和諧、

〔註5〕梁漱溟:《東西文化及其哲學》,《梁漱溟全集》第一卷,第445頁。
〔註6〕梁漱溟:《東西文化及其哲學》,《梁漱溟全集》第一卷,第376～377頁。
〔註7〕梁漱溟:《究元決疑》,《梁漱溟全集》第一卷,第6頁。
〔註8〕梁漱溟:《人心與人生》,《梁漱溟全集》第三卷,第573～575頁。

清明安和之心的「理性」。〔註 9〕正是在這個意義上，梁漱溟把「不落侷限性的心，無所限隔於宇宙大生命的心」稱為「天良」，認為「人心是生命本原的最大透露，」生命的本性就是爭取靈活、自由。〔註 10〕這種利用生物進化論描述的人類心理進化史，表現出理性主義的傾向。在梁漱溟的生命本體論中，宇宙生活的事事相續表現出非理性主義傾向，人類心理發展史表現出理性主義的傾向。當他利用西方直覺主義理潮發揮佛教唯識宗的觀點和陸、王心學時，常常表現為非理性主義，當他利用現代生物進化論和人類心理學發揮陸王明心見性時，常常表現為理性主義，這兩種傾向又交織在一起。不過，從梁漱溟思想發展的全過程來看，由《東西文化及其哲學》經過《中國文化要義》到《人心與人生》，他是逐步克服了早期的非理性主義轉向日益成熟的理性主義。梁漱溟為現代新儒學開創了宇宙生命本體論，其理論意義就在於改變了宋明理學程朱的理體報用本體論，以及陸王心體物用的本體論，把「性即理」，「心即理」轉化為具有現代生物進化論，人類心理學和哲學認識論意義的「生命本體」。這就為現代新儒家宣揚「宇宙生命」、「文化生命」、「道德生命」、「精神生命」奠定了理論基礎。

## 三、認識三量與本能理智的兩分法

梁漱溟不僅為現代新儒學創立了「生命本體」的形上學概念，而且進一步利用唯識宗的觀點匯合西方直覺主義思潮和現代心理學，提出直覺高於理智的原則，從現代哲學認識論的意義上改造了傳統儒學的心性論。梁漱溟生命哲學是與心理學倫理學融合在一起的，在認識論中他利用了唯識宗的現量、比量、非量來說明感覺、理智和直覺，在心理學和倫理學上他又採用克魯泡特金的本能與理智的兩分法，發揮陸王學說把「仁」說成是本能的直覺。所以我們必須搞清楚現量、比量、非量和本能、理智這五個概念的關係。所謂理智是與比量同等程度的範疇，本能是與非量同等程度的範疇，是人心自然而然的直覺，它在現量（感覺）與比量（理智）之間，而又超越感覺和理智之上，這樣理解才能真正把握住梁漱溟思想的精髓。

梁漱溟在《東西文化及其哲學》中分析了人類認識的發展過程，指出人類視線所集而致其研究者有三個層次：「先著眼研究者在外界物質，其所用的

〔註 9〕梁漱溟：《中國文化要義》，《梁漱溟全集》第三卷，第 132 頁。
〔註10〕梁漱溟：《人心與人生》，《梁漱溟全集》第三卷，第 640 頁。

是理智；次則著眼研究者在內界生命，其所用的是直覺；再次著眼研究者將在無生本體，其所用的是現量。」〔註11〕這三個步驟本來應該依次出現，形成意欲向前要求為根本精神的西方文化，意欲持中為根本精神的中國文化，和意欲返身向後要求為根本精神的印度文化。但由於東方文明的早熟，中、印、西三種文化同時出現，這不僅預示了東方文明是人類現在和將來的發展方向，而且進一步提出了人類知識構成的三種心理作用：現量、比量、非量。

現量就是感覺，「譬如我喝茶時所嘗到的茶味，或我看桌上的白布所得到的白色，都是『現量』」「比量」也就是「理智」，是由心理的「簡」（分析）和「綜」（綜合）兩種方法構成的。「非量」是直覺，也是人心之情的部分。梁漱溟認為：「在現量與比量中間，另外有一種作用，就是附於感覺──心王──之『受』、『想』二心所。『受』、『想』二心所是能得到一種不甚清楚而且說不出來的意味的，……對於意味的認識就是直覺」〔註12〕梁漱溟認為，「直覺可分為兩種：一是附於感覺的，一是附於理智的。但他並沒有明確使用「理性直覺」的概念，也沒有從認識論的意義上對兩種直覺進行詳細的理論分析。只停留在心理學的意義上加以描述。因此，「直覺」成了一個籠統的概念，他常用「隨感而應」、「敏銳的直覺」、「附於感覺的直覺」、「附於理智的直覺」來描繪直覺的作用。

這裡，我們必須弄清一個問題，梁漱溟所說的直覺究竟是什麼？所謂「附於感覺的直覺」並不等於感覺，因為感覺是不能認識本質的，「附於感覺的」真正意義是說隨感而應，這種直覺是超感覺的。同樣「附於理智的直覺」也不等於理智，因為理智的分析得到的共相也是不可靠的，「附於理智的」真正意義是說敏銳的直覺，這種敏銳性是超理智的。超感覺超理智的直覺就是人心的本能，而本能的直覺即是非量，是體驗宇宙生命的本體。

梁漱溟以現量、比量、非量把人的認識劃分感覺、理智、直覺，不僅是為了說明三種心理作用，更重要的是為了說明本能的直覺是對宇宙本體的認識，直覺與生命本性合一，建立具有現代哲學意義的心性本體論，他指出，宇宙不是固定的靜體，是「生命」，是「綿延」。「為感覺與理智所認取而有似靜體的，要認識本體非感覺理智所能辦，方必生活的直覺才行，直覺時即生活時，渾融為一個，沒有主客觀的，可以稱絕對」。直覺雖然要借助語言文字

〔註11〕梁漱溟：《東西文化及其哲學》，《梁漱溟全集》第一卷，第504頁。
〔註12〕梁漱溟：《東西文化及其哲學》，第一卷，第399～400頁。

表達出來，但不能納入理智形式，「講形而上學要用流動的概念，不要用明晰固定的概念」。〔註13〕這種非邏輯的超理智直覺是在生活實踐中顯現宇宙生命，因此是動態的。這樣「生活的直覺」與生命為體、生活為用的宇宙本體達到了統一。

在《東西文化及其哲學》中，梁漱溟不僅分析了認識心理的三種作用，確立了直覺高於理智的原則，而且進一步運用克魯泡特金的本能、理智兩分法，把「仁」規定為「本能的直覺」，把理智說成是一種計較利害得失的態度，以此說明道德與利益的關係。梁漱溟認為，孔子的「仁」就是本能、情感、直覺。求善的本能、直覺是人人都有的，故孟子說：「人皆有不忍人之心」，「仁是一個很難形容的心理狀態」。它包含著兩個條件：第一是「寂──像是頂平靜而默默生息的樣子」，第二是「感──最敏銳而易感且很強。」所謂「寂」和「感」是說「仁」是極有活氣而穩靜平衡的一個狀態，「感」是附於感覺的第一種直覺，由色、聲、香、味、觸引起的情慾；「寂」是附於理智之上的第二種直覺，是生命本體的直覺。人的情慾要用禮樂來加以調節，而中庸的方法是離開當下回省，是有意識的理智的活動，然後再返回直覺，這一往一返的兩個直覺，說明「理智有一種揀擇的求中」，〔註14〕是雙向的調和、平衡、求中。在道德控制情慾的意義上，可以說：「仁是體，而敏銳易感則其用；若以仁兼賅體用，則寂其體而感其用。」〔註15〕。「寂」並不是印度佛學所說的空寂，而是道德心理的平靜、持中，這樣才能調節情慾引起的心理混亂，保持良知。

梁漱溟採取現代心理學與認識論相結合的方法說明直覺與理智的相互消長，並且應用在道德控制情慾和實際利益的心性修養論上，不僅改造了程朱「未發為性，已發為情」的心性情體用動靜論，也改造了陸王的「明心見性」，創造出道德修養的雙向平衡論，使傳統儒學的心性修養方法轉變為現代倫理心理學的人生修養論。這是他在理論上的新貢獻，但在另一方面，由於他採用克魯泡特金互助論的本能、理智兩分法，也暴露出三個矛盾：第一，「仁」被規定為本能的直覺，出現了本能的非理性主義與道德理性主義的矛盾。第二，沒有嚴格區別人類的本能與動物的本能，反而把人的直覺心理活動降低

---

〔註13〕梁漱溟：《東西文化及其哲學》，《梁漱溟全集》第一卷，第406頁。
〔註14〕梁漱溟：《東西文化及其哲學》，《梁漱溟全集》第一卷，第468、471頁。
〔註15〕梁漱溟：《東西文化及其哲學》，《梁漱溟全集》第一卷，第455頁。

為自然的本能。第三，沒有說清楚「附於感覺的直覺」與「附於理智的直覺」在認識論上的意義，反而把直覺與理智對立起來，甚至把理智降低到本能直覺以下，成為本能的工具。梁漱溟在 20 年代初發現了這些理論缺陷，並且在《人心與人生・自序》中表示了要糾正「本能一派心理學」的錯誤。〔註 16〕在 30 年代的《朝話》，《鄉村建設理論》等著作中開始使用「理性」「人類生命的特殊（理性）」，「無私的理智，開發出無私的感情」等新概念。〔註 17〕在40 年代的《中國文化要義》裏提出了系統的新觀點。

## 四、本能、理智、理性的三分法與理性為體、理智為用

在《中國文化要義》中，梁漱溟採用了羅素的本能、理智、靈性三分法，通過分析人類心理發展史確立了本能、理智、理性三個範疇。他指出，脊椎動物自魚類、鳥類、哺乳類、猿猴類依次趨向理智，但未達到，仍然依靠本能生活，「唯獨人類算得完成了理智之路」，從本能生活中解放出來。「本能是感官器官對於外界事物之先天有組織的反應；理智是本能中反乎本能的一種傾向。」〔註 18〕人類理智的兩大特徵在於用語言表達觀念和兒童時期延長學習前人的經驗。人類能用理智克服本能的情緒衝動和主觀好惡，採取靜以觀物的方法發展出科學知識。人心的冷靜又進一步開啟了「理性」，理性是一種「無私的感情」。理智認識的是「物理」，理性認識的是「情理」，二者都是人類超脫本能而冷靜下來的產物，但「只有理性是主人，理智、本能、習慣皆工具。」〔註 19〕

在《人心與人生》中，梁漱溟進一步明確了生理學是心理學的基礎，心理學是倫理學的基礎，從身心關係上分析了動物心理與人類心理的聯繫和區別，豐富了本能、理智和理性三個範疇的涵義。與《中國文化要義》相比，《人心與人生》提出了以下新觀點：

第一，身體和頭腦是高等動物和人類心理活動的生理基礎，人的身體和頭腦在長期進化中優於動物。圖存和傳種是生命活動的兩大問題，高等動物囿於本能而生活，頭腦完全為身體服務。動物的知覺是為活動而作預備的，

---

〔註 16〕梁漱溟：《人心與人生・自序》，《梁漱溟全集》第一卷，第 329 頁。
〔註 17〕梁漱溟：《朝話》，《梁漱溟全集》第二卷，第 102 頁，梁漱溟：《鄉村建設理論》，《梁漱溟全集》第二卷，第 568 頁、第 571 頁。
〔註 18〕梁漱溟：《中國文化要義》，《梁漱溟全集》第三卷，第 124 頁、第 129 頁。
〔註 19〕梁漱溟：《中國文化要義》，《梁漱溟全集》第三卷，第 308 頁。

是「即知即行，知行合一，不分不隔」，「其知情意（行）一貫而下，頗似一通電流，機械即行旋轉者然」，形成無條件反射的第一信號系統。〔註20〕

第二，人類突破了圖存和傳種的本能生活進入理智一路。首先表現為身心的分工，大腦皮層主管著人體對外界環境和自身的生理活動，另一方面形成概念化的條件反射第二信號系統。理智不僅有反本能保持心理平靜自我內抑性情，更重要的特點是主動性、靈活性、計劃性。因此人類「知行之間往往很有間隔，間隔渺遠，離知於行，為知而知，自成一種活動而單獨行之。」〔註21〕

第三，從生物進化史上看，人類走通理智這條路，積量變而為質變，開出理性這一美德，「理智者人心之妙用，理性者人心之美德。後者為體，前者為用」，體用不二。〔註22〕

第四，人類理性以人心自覺能動性為前提，不僅是無私的感情，而且體現著宇宙生命向上爭取靈活自由的本性。生命本原即是宇宙的內在矛盾，生命的本性就是要通不要隔，「吾人生命直與宇宙同體，空間時間俱都無限。」〔註23〕人心的自覺能動性，感情意志所恒有的傾向或趨勢謂之人性。因此，人心與宇宙生命合一，心性一體。

上述新觀點的理論意義就在於採用了本能、理智、理性的三分法，克服了本能、理智兩分法的理論缺陷。首先，糾正了《東西文化及其哲學》中把「直覺」規定為「本能」的錯誤，重新把「本能」規定為感覺器官對外界事物之先天有組織的反應，生物的圖存與傳種兩大問題。其次，提出了理智反本能的新觀點，認為理智具有克服本能的感情衝動。保持心理寧靜的作用「一分這理智發展，即屏去一分之感情衝動而入於一分之寧靜；同時對兩大問題亦即解脫得一分之自由。」〔註24〕人類超脫本能，過著理智的生活。再次，提出了「理性」的新概念，把「無私的感情」規定為道德理性，克服了「本能直覺」的非理性主義缺點，把道德理性直覺提高到宇宙生命本體的高度，最後，提出了理性為體，理智為用的新原則。梁漱溟雖然沒有繼續解決「附於感覺的直覺」與「附於理智的直覺」的理論問題，但放棄了這些籠統的提

〔註20〕梁漱溟：《人心與人生》，《梁漱溟全集》第三卷，第 563～564 頁。
〔註21〕梁漱溟：《人心與人生》，《梁漱溟全集》第三卷，第 562 頁、第 564 頁。
〔註22〕梁漱溟：《人心與人生》，《梁漱溟全集》第三卷，第 606 頁、第 603 頁。
〔註23〕梁漱溟：《人心與人生》，《梁漱溟全集》第三卷，第 572 頁。
〔註24〕梁漱溟：《人心與人生》，《梁漱溟全集》第三卷，第 570 頁。

法，直接採用道德理性直覺的提法，認為理智靜以觀物，所得者為「物理」；理性以無私感情為中心，所得者為「情理」，因此，「理智為科學之本，理性為道德之本」。這種觀點使他自己的理性為體，理智為用的原則能夠自圓其主，不致陷入矛盾。總之，這些新觀點為他進一步建立真、善、美的心性修養論奠定了理論基礎。

## 五、真善美的價值與道德、科學、宗教

梁漱溟心性思想的重要發展是：從心性情的關係上分析了本能、理智、理性三者的價值作用，並用真善美的情理把理性與理智統一起來。一是欲望之情，一是道德感情。理智是冷靜的「根本無好惡可言」。〔註25〕這樣，無情的理智就與情慾以及道德處於三者交互影響的微妙關係之中。

上述觀點表明梁漱溟看到了人們在追求知識或道德的過程中必須排隊私心雜念，因此他進一步用追求真理的精神溝通理智和直覺兩種思維方式。他指出：「任何成就莫非人心自覺之力。凡人類之所成就，從大小事功以至學術文化之全績要可分別用『真』，『善』，『美』三字括舉之。」「至若求真惡偽實存於人心活動之隨時自覺中，是為吾人知識學問得以確立之本。」〔註26〕他把真、善、美描繪成「直心是道」，「坦直不自欺」，不計利害得失的無私感情，高尚的美德，用真、善、美的價值把理性與理智統一起來。由此，他得出結論：「就人心——人類生命——而言之，理性為體，理智為用。而言乎人類文化文明之創造也，理智為科學之本，理性為道德之本。……理性與理智合一的，亦即主觀理想與客觀事實合一的。」〔註27〕梁漱溟能夠看到理智與直覺在科學與道德兩個不同領域中的作用，並發現其中的某種聯繫，這在理論上為現代新儒學心性論作出了啟發性的貢獻。後來的新儒家極力想把儒家傳統道德轉化為適應現代科學、民主的內在動力。梁漱溟所採用的真、善、美價值方法，正是後來牟宗三評價康德以「美學的欣趣」溝通道德界與實然界的方法。

儘管梁漱溟懷著善良的願望說明道德民主科學在社會發展中的作用，但在理論上他把認識論中反映自然和社會規律的真理觀問題與文化藝術、道德理想的真、善、美問題混淆起來。真理是認識論的一般原則，理智與直覺都

〔註25〕梁漱溟：《中國文化要義》，《梁漱溟全集》第三卷，第 308 頁。
〔註26〕梁漱溟：《人心與人生》，《梁漱溟全集》第三卷，第 578 頁。
〔註27〕梁漱溟：《人心與人生》，《梁漱溟全集》第三卷，第 756 頁。

是人們追求真理的思維形式，但二者在不同領域內各有其作用，並不存在直覺必定高於理智，道德必定高於科學的價值問題。更進一步說，認識論的一般原則與科學、藝術、道德既有區別又有聯繫。例如，科學家追求真理的精神固然是一種高尚的職業道德，對他的科研工作起著促進作用，但這並不能代替他的實際工作，科學理論的真實可靠性在於能否正確地反映自然規律，自然規律本身無所謂善與不善，美與不美。況且，職業道德也不能代替一切社會道德，社會道德是多方面的。文化藝術與道德理想的聯繫更緊密一些，藝術形式可以反映社會道德之善，形成一種真善美的精神境界，並帶有強烈的感染力。但是藝術還要廣泛地反映社會生活的各個方面，例如，工藝美術是應用技術和美學的結合，日用美術品給人以美的享受，但卻無所謂善惡。梁漱溟用無私的感情，真善美的價值籠統地得出「理智為科學之本，理性為道德之本」，「理性為體，理智為用」，實際是以道德高於科學的現代化語言重談傳統儒學道德決定論的老調。

梁漱溟認為，從世界文化發展的總趨勢來看，西方求物理的科學方法已經走到了頭，理智的計較導致了資本主義社會的利己主義、拜金主義，造成了階級矛盾和道德淪喪。直覺將代替理智，倭鏗、羅素、泰戈爾的哲學代表了西方人對未來的態度。世界文化的未來將是中國文化的復興，社會主義將代替資本主義，「孔孟論調太高，只能期之於人類文明高度發達之共產社會」，自律成風將呈現「道德之真」，在共產主義社會末期將出「道德之真」轉入「宗教之真」，進入「出世間而不離世間」的佛教境界。〔註 28〕這就是宇宙生命一體性通過人心理智向理性發展而呈現的全部過程。梁漱溟的這些觀點固然與他青年時期熱衷於社會主義和佛學有密切聯繫，但他沒有沿著內聖開出新外王的思路發展，卻提出世界文化將是儒學的復興，而後將進入佛學境界。這在現代新儒家中可謂獨樹一幟的。

## 第二節　熊十力體用不二的宇宙心與內聖外王〔註29〕

熊十力（1885～1969）的《新唯論》與梁漱溟的《東西文化及其哲學》都採取了援佛入儒，會通西學的方法。但他不像梁漱溟那樣從比較中、印、

〔註 28〕梁漱溟：《人心與人生》，《梁漱溟全集》第三卷，第 730 頁、第 757 頁。
〔註 29〕本節內容，曾作為階段性成果發表，請參看《熊十力的「斷染成淨「與牟宗三」良知坎陷「說的比較》《清華大學學報》2011 年第 3 期，第 123～126 頁。

西三種文化根本精神入手，而是直接從哲學本體論入手，比較中外哲學本體論的差異，分析宋明理學程朱陸王的異同，進而建立體用不二的宇宙本體論。

## 一、哲學的兩個路向與融會朱王

熊十力認為：「哲學是智慧的學問，非僅在知識上用功、可悟一貫之理」，「必有建本立極之形上學，才是哲學之極詣。」〔註30〕哲學大別有兩個路向：一個是知識的西洋哲學，從科學出發，只能發現物理世界底真實，不能證會或體認到本體世界底真實。另一個是超知識的路向，即是中國與印度哲學。在超知識的路向中也有兩個派別，一是極端反知的道家，一是晚周儒學及程朱陽明諸儒。儒家「尋著哲學本身底出發點而努力。他於科學知識，亦自有相當的基礎。而他所以證會或體認到本體世界底真實，是直接本諸他底明智之燈。」〔註31〕這裡所說的智慧、明智是指「性智」（本心），知識是指「量智」（理智）。熊十力主張性智是對本體世界的直覺證會，量智是對物理世界的科學認識。性智為體。量智為用，體用不二。

這樣既說明了本體世界是形而上的，又說明了本體世界與物理世界的體用關係，達到了二者的統一。同進也進一步說明了哲學是超知識、超科學的，但不是反知識、反科學的，二者也可以在體用不二的關係上達到統一。具體地說，就是要像儒家那樣，既尋著科學本身的出點而努力證會本體世界的真實，又有相當的科學知識基礎。不要像道家那為了把握本體而反知識，更不要像西方哲學家那樣只用科學知識認識物理世界的真實，而不能證會本體世界的真實。基於這種理論立場，熊十力對宋明理學進行了理論分析，他首先肯定了宋儒批判佛教，發揚「堯舜至孔孟之道統，令人自求心性之地」，使數千年道統之傳「不惑於出世之教」的卓越貢獻。〔註32〕然後對程朱的「理在物」和陸王「心即理」的「大諍戰」進行理論分析。他認為，朱熹的「理在物」本之程頤，按之物理世界，極是極是。不須陽明於在字上添一心字。心不在，而此理自是在物的。陽明不守哲學範圍，和朱派興無謂之爭。

朱熹「主理在物者，便不廢致知之功。卻須添居敬一段工夫，方返到心體上來。朱學以明體不能不有事於格物，主張甚是。王學力求易簡直捷，在

〔註30〕熊十力：《印行十力叢書記》，《十力語要》卷一，1947 年湖北印本，第 2 頁。
〔註31〕熊十力：《十力語要》卷四，第 24 頁。
〔註32〕熊十力：《略論新論旨要──答牟宗三》，《學原》1948 年，卷二，第 1 期。

哲學上極有價值，惜不為科學留地位」，「主心即理者，直從心上著工夫，而不得不趨於反知矣。」以至陽明後學，「聰明者為狂禪，謹厚者亦只務踐履而憚於求知。這是王學底大不幸事。」〔註33〕因此，《新唯識論》的宗旨是「融會朱王」，「尊性智，而未嘗遺量」。〔註34〕熊十力指出：「宋儒於致用方面，實嫌欠缺」。〔註35〕他們講心性本體，多以為「本來俱足，本來現成」「無事於推擴」。所以《新唯識論》就是要把「本體良知，原是推擴不容已。」〔註36〕達到體用不二，本體與現象不二，道器不二，天人不二，心物不二，理欲不二，動靜不二，知行不二，德慧與知識不二，成己成物不二。〔註37〕這一番宏談大論充分地表現出熊十力改造宋明理學，建立體用不二的「新唯識論」的氣魄。他的宗旨是融會朱王，尊性智而不遺量智，講心性本體而不忘致用。熊十力雖尊崇陸王，但他採取了批判的態度，認為「心即理」太簡易直捷，而且容易走向極端反知的狂禪一路，所以他要把程朱的「格物致知」納入陸王的「心即理」中來，體現致用的新內容。熊十力的擴張陸王心學，不僅吸取程朱理學，而且還有《周易》、唯識宗以及柏格森、康德哲學的一些觀點。但是，無論吸收那種哲學，他都在力所能及的範圍內，採取批評的態度，力求為自己的哲學體系服務。

## 二、宇宙生命的翕闢成變

熊十力常把「本心」稱為「宇宙生命」，「宇宙心」，但他所說的宇宙生命與梁漱溟那種生命衝動的非理性主義觀點不同，熊十力的心性本體論富於辯證法的理性主義。他常把體用不二的「用」稱為「大用」或功能。體通過功能展開自己的絕對性、生命性和產宰性。因此說：「理者，至極本原之理。即此理在人而言，則曰性。即此理之為萬化大原，是為流行不息，則曰命。」〔註38〕也就是說，本心的理性具有至極的絕對意義，即是它的自性。心通過翕闢成變為萬化之原，即是它的生命性。「理之在人，則曰性」，不僅是道德理性，更重要的是性智，性智主宰量智才能與心主宰物的體用論一脈相通。也就是

---

〔註33〕熊十力：《印行十力叢書記》，《十力語要》卷一，第 7 頁。
〔註34〕熊十力：《印行十力叢書記》，《十力語要》卷一，第 7 頁。
〔註35〕熊十力：《十力語要》，卷二，第 57 頁。
〔註36〕熊十力：《十力語要》，卷三，第 49～50 頁。
〔註37〕熊十力：《原儒·序》上海龍門聯合書局，1956 年版。
〔註38〕熊十力：《十力語要》卷三，第 19 頁。

說，絕對的「心即理」在宇宙觀的意義上就是翕闢成變的生命性，在認識論的意義上就是性智為體，量智為用的精神性。宇宙觀，認識論在本體論的意義上是融為一體的，這就是熊十力擴張陸王心學，使之走向現代化的理論途徑，宇宙的生命性，是說「本心」或「宇宙的心」通過「翕闢成變」的功能產生出萬事萬物。「所謂闢者，亦名為宇宙的心。我們又不妨把闢名為宇宙精神。這個宇宙精神的發現，是不能無所憑藉的。須一方面極端收凝，而成為物即所謂翕，以為顯發精神即所謂闢之資具，而精神，則是運行乎翕之中，而為其主宰的。因此，應說翕以顯闢，闢以運翕，蓋翕的方面，唯主受，闢的方面，唯主施。」〔註39〕這種翕闢成變的宇宙觀，實質上是心體物用論，心和物是一個整體不同的兩面，不可分為二片，正如「理和氣是不可截然分為二片」一樣，只能是理體氣用「一本實含萬殊」「即相即理」，「即用即體。」〔註40〕

　　熊十力認為，宇宙、萬物都不是造物主所創造，但它們內部早已潛存著「闢」或「心」，當發展到有機物和人類階段。「心」就顯現出來了，〔註41〕這樣，他把宇宙看成是一大生命。「生命云者，恒創恒新之謂生，自本自根之謂命。二義互通。生即是命、命亦即是生……吾人識得自家生命即是宇宙本體，故不得內吾身而外宇宙。吾與宇宙，同一大生命故。此一大生命非可剖分，無內外。」〔註42〕

　　這種「吾與宇宙同一大生命」的觀點，顯然是吸取了柏格森生命哲學。但熊十力不像梁漱溟那樣，以柏格森「生命衝動」和叔本華「生存意志」把「宇宙生活」說成是意欲滿足與不滿足的事事相續，而是吸取了柏格森生命本體的能動性，批判了非理性主義的觀點。他認為柏格森和叔本華只是從生理、心理的「習氣」、「習心」上講生命，「不曾窺到恒性，只妄臆為一種盲動，卻未了生化之真也。」生命本質不像柏格森說的那樣「如滾雪球越滾越大」，也不像叔本華說的「盲目意志」，「狂惑的追求」，而是「自然有則而不可亂的」，「不失其恒性的。」〔註43〕熊十力認為生命的本質是

〔註39〕熊十力：《新唯識論》（語體文本），《熊十力論著集》之一，中華書局1985年版，第328～329頁。
〔註40〕熊十力：《新唯識論》（語體文本），《熊十力論著集》之一，第440頁。
〔註41〕熊十力：《新唯識論》（語體文本），《熊十力論著集》之一，第326頁。
〔註42〕熊十力：《新唯識論》（語體文本），《熊十力論著集》之一，第326頁。
〔註43〕熊十力：《新唯識論》（語體文本），《熊十力論著集》之一，第395～397頁、327頁。

本體的翕闢成變，生化不息，他把生命體稱為「宇宙的心」,「宇宙精神」,
「本心」「性體」,「仁體」,認為宇宙心超越時空、有無、天人、心物。善
惡等一切對待，是無所對待的，又是普遍的無所不在，是既客觀又主觀的
心性本體，因此說：「一一物各具之心，即是宇宙的心，宇宙的心即是一一
物各具之心。」這種心性本體論克服了梁漱溟生命直覺本能的非理性主義。
但是，熊十力的宇宙生命論也存在著自身的理論缺陷，他沒有嚴格區別一
般物質運動、植物動物的生命和人類生命的界限，而統稱為「宇宙的心即
是一一物各具之心」,甚至主張在有機物出現之前，「宇宙的心」就潛存著，
由於生命力顯發其用，而產生有機物、動物和人類，顯現為人的精神。這
是一種貌似科學的物活論和唯靈論觀點。先有自然界，後有生物和人類，
精神活動是人腦的產物，這是被現代考古學、歷史學和物理學所證實的科
學真理。宇宙的物質運動不等於精神活動，決不能用所謂的「宇宙生命」,
「宇宙精神」來概括。

　　熊十力由本體的生命性進一步引申出心的主宰性。宇宙精神通過翕闢成
變產生萬物，「闢」就是心，「翕」就是物化，心體物用心主宰物。在這個過
程中，潛存的宇宙心通過無機物、有機物和人類產生的過程轉為為人的意識，
人心與宇宙心相通，性智是人人具有的，性智為體，量智為用，進一步顯示
出心、意、識的一系列精神活動。在認識論的意義上性智主宰著理智和感覺，
性智是對本體的直覺，量智是對現象的認識，這與心體物用的宇宙論是完全
一致的。

## 三、性智為體、量智為用

　　熊十力認為中西哲學的差別就在於：「中學以發明心地為一大事（借用宗
門語，心地謂性智）,西學大概是量智的發展，如使兩方互相瞭解，而以涵養
性智，立天下之大本，則量智皆成性智的妙用。」〔註44〕這裡，熊十力的目
的不僅是在認識論的意義上融合中西哲學，更重要的是在「立天下之大本」
的意義上說明方法論與本體論的融匯貫通，只有做到尊性智而不遺量智，才
能既把握本體世界，又認識物理世界，真正達到體用不二。由此，他進一步
分析了性智與量智的意義及其二者的關係。性智又稱為「本心」,量智又稱為
「習心」。

---

〔註44〕熊十力：《新唯識論》（語體文本）,《熊十力論著集》之一，第 678 頁。

性智與量智的體用關係表現為：第一，性智是冥合證會的本體認識。量智只是一種向外求理的工具。「若僅用在日常生活的宇宙即物理的世界之內，當然不能謂之不當，但若不慎用之，而欲解決形而上的問題時，也用他作工具，而把本體當做外在的境物以推求之，那就大錯而特錯了。」〔註45〕第二，心體亦非離見聞覺知而獨在，見聞覺知乃心之力用。「如嚴格言之，見聞覺知等等，固有不得名為作用者。」

不受染習所錮的見聞覺知是本體流行作用，與污染習氣俱行的見聞覺知雖在通途上名為作用，已不是本體流行作用。〔註46〕第三，動物只靠本能生活，唯人則理智發達，而生命獲超脫。能者，染習也。「理智是否不雜染習，卻是難說。」理智雖依本心而起，如在日常實用中薰染太深，「此理智亦成乎習心，而不得說為本心之發用。」「若自識本心，而涵養得力，使本心恒為主於中，則日用感通之際，一切明理辨物的作用，固名理智，而實即本心之發用也。是則即理智即本心。」〔註47〕第四，量智有時離妄心，簡擇得失而遠於狂馳，而神解昭著者，斯云「懸解」。這種暫時的超脫，以其非真離繫，即非真解，「必妄習斷盡，性智全顯，量智乃純為性智之發用，而不失其本然，始名真解。」〔註48〕

## 四、「內聖外王」與自由、民主

熊十力指出：「莊子以內聖外王，言儒者之道。其說當本之大學。然內外二字，但是順俗為言。不可泥執。大學經文只說本末，不言內外。」三綱、八目無論從末說到本，或從本說到末，總是一個推擴不已的整體。不可橫分內外。接著他又指出：大學從欲明明德於天下，一層一層追本到致知在格物，又由物格、致知以下，一層一層歸於天下平。「細玩之，致良知，是立大本工夫。而格物，正是致良知工夫吃緊處。」這是傳統儒學與道家致虛，佛氏歸寂，乃至西洋學術的根本區別。西洋學術精於格物，不務致良知之大本。陸王學說先立乎其大，而陽明後學「多喜享用現成良知，而忽視格物。」〔註49〕經過這一番分析比較，熊十力把先秦儒學「內聖外王」的本末關係引向王陽

〔註45〕熊十力：《新唯識論》（語體文本），《熊十力論著集》之一，第254頁。
〔註46〕熊十力：《新唯識論》（語體文本），《熊十力論著集》之一，第561頁。
〔註47〕熊十力：《新唯識論》（語體文本），《熊十力論著集》之一，第593頁。
〔註48〕熊十力：《新唯識論》（語體文本），《熊十力論著集》之一，第561頁。
〔註49〕熊十力：《十力語要》卷三，第52～53頁。

明「致良知」的體用論，再經過中西哲學對比，襯托出性智為體，量智為用的心性本體論，根據這個原則改造傳統儒學的「內聖外王」，使之適應現代科學民主的要求。

在《新唯識論》中「本心」作為人的價值源頭，具有性智和仁體的意義。「仁」即是宇宙萬物的生生之理，又是人的道德精神。「仁者本心也。即吾人與天地萬物所同具之本體也。」〔註50〕「人生不是如空華。天命謂之性，此個真實源頭，如何道他不是至善，至美？」〔註51〕「仁」作為人的內在精神落實到道德實踐上就是禮義，忠信等倫理規範。熊十力認為傳統儒學的「禮」是以別尊卑、定上下為中心的封建禮制，絕對服從其尊上者，使人的「思想、行動等方面受無理之抑制。」在人類社會進步的當今之世，應「脫去封建之餘習。則其制禮也，一本諸獨立、自由、平等諸原則。人人各盡其知能、才力，各得分願。雖為父者，不得以非禮束縛其子。」〔註52〕

這實際是用資產階級獨立、自由、平等的倫理觀改造了傳統儒學的倫理觀。自由平等的「內聖」道德落實到社會政治的「外王」就是「在當選上一切平等。國家不得以非法，侵犯其人民之思想、言論等自由。」〔註53〕這顯然是資產階級的政治民主。但熊十力又指出：「自由非猖狂縱慾，以非理、非法破壞一切綱紀，平等非謂無上下尊卑。自由是相對的名詞，在限制中而有自強自動自創，以變更不合理的限制底餘裕，這才叫自由。我人不受固定不合理的限制，自動起來，變更他底限制，另造一個新社會，使我和我底同類都得展擴新生命，乃是人生最大自由。」〔註54〕這些言論不僅闡明了自由民主與社會法制的辯證關係，而且包含著破舊立新的革命要求。不過，他仍然主張自由最精之義，是孔夫子的「我欲仁，而仁斯至矣」的道德理想主義的自由，也就是說，自由平等之「仁」是民主政治的決定性力量。

熊十力的「內聖」不僅包含著「仁」，也包含著「智」。「本心」既是「仁體」，又是「智體」。從性智為體，量智為用，推出科學的重要性。他指出：宋明儒於孔孟之形上學方面，確屬深造自得。其平居體驗人事物理，蓋不外暗中摸索，無精嚴之方法，「而未嘗解析部分，明徵定保，以構成某一部門系

〔註50〕熊十力：《新唯識論》（語體文本），《熊十力論著集》之一，第567頁。
〔註51〕熊十力：《新唯識論》（語體文本），《熊十力論著集》之一，第27頁。
〔註52〕熊十力：《新唯識論》（語體文本），《熊十力論著集》之一，第27頁。
〔註53〕熊十力：《十力語要》，卷四，第28頁。
〔註54〕熊十力：《十力語要》，卷四，第18頁。

統的知識。此科學所由不發達也。」〔註55〕西人遠在希臘時代，猛力向外追求，而有科學上種種發明，至於物理世界、格物之學、西人所發皇者，正吾人今日所當揖取。「今日文化上最大問題，即在中西之辯。能異以會其涌，庶幾內外交養，而人道亨，治道具矣。吾人於西學，當虛懷容納，以詳其得失。」〔註56〕這就是熊十力的以西學之量智，涵養中學性智，立天下之大本，量智皆為性智之用的中體西用論。由此奠定了現代新儒學的內聖開出科學民主的新外王。

---

〔註55〕熊十力：《十力語要》，卷二，第 3 頁。
〔註56〕熊十力：《十力語要》，卷三，第 73 頁。

# 第四章 馮友蘭、賀麟貫通中西哲學的理性本體論

　　馮友蘭（1895～1990）、賀麟（1902～1992）是推動現代新儒學思潮發展的中堅力量，他們比梁、熊更加成熟。從 20 年代至 30 年代，他們先後在歐美國家直接學習和研究西方哲學，對於古希臘哲學、中世紀神學、近代歐洲哲學以及現代西方的新黑格主義、新康德主義、新實在論都有深刻的理解。因此他們融合西方哲學與宋明理學，分別建立了新理學和新心學。馮、賀二人在思想理論上的關係有似於梁漱溟和熊十力。馮友蘭的新理學側重於抽象邏輯分析的理論哲學，賀麟的新心學是用主體邏輯心彌補梁漱溟文化哲學所缺乏的堅實理論基礎，同時又兼採熊十力的心性本體論，因此表現為文化哲學與理論哲學融通一體的特點。

## 第一節　馮友蘭新理學的邏輯分析法與中體西用論

　　馮友蘭是中國抗戰時間，影響最廣、名聲最大的哲學家，他受到英、美現代新實在論的影響，改造程朱理學，創立了新理學體系。成為現代新儒學發展中最有邏輯特徵的哲學。

### 一、新實在論與宋明理學相結合的邏輯分析法

　　馮友蘭早年留學美國受其師孟太格的新實在論思想影響，新實在論曾於十九世紀末至 20 世紀 30 年代流行於美國和英國，主張哲學與科學方法沒有區別，科學就是重分不合的邏輯分析方法。他們號稱是對「絕對唯心主義的

背叛」，反對用黑格爾的辯證法和柏格森的直覺方法去求得宇宙整全的知識。新實在論認為世界並不是一個有機的整體，而是多元散漫的集合，因此哲學的目的在於求部分的知識。英國的羅素早期思想是新實在論，後來接受了奧地利維也納學派的邏輯實證主義觀點。馮友蘭一方面吸取了新實在論和新實證論的邏輯分析法，另一方面他又採取了黑格爾絕對觀念經過邏輯演變外化為自然與社會的客觀唯心主義方法，改造宋明理學，建立了新理學的龐大思想體系。因此，他說，新理學是「接著宋明道學中底理講底」。「它是接著中國哲學的各方面的最好底傳統，而又經過現代的新邏輯學對於形上學的批評，以成立底形上學」。〔註 1〕馮友蘭認為：維也納學派對形上學底批評，是對西洋傳統底形上學底批評。「這些批評，對於真正底形上學，是無干底」。〔註 2〕這表明馮友蘭只是利用了新實在論的邏輯分析法，並不反對建立形而上的體系。他與新實在論是有分歧的，弄清這一點，對於我們分析新理學是至關重要的。這個問題有三點值得特別注意。

第一，馮友蘭與新實在論拋棄形上學，求局部知識的觀點不同，他用邏輯分析法建立了一個新理學的體系。在這個體系中，從「真際」與「實際」的關係提出了理、氣、道體，大全四個抽象的邏輯概念，建立了理本體論，又進一步展開了宇宙人生的範疇系統。從本體論到自然、社會與人生一系列範疇都是邏輯演變，類似於黑格爾絕對觀念階段的範疇邏輯演變，然後再從宇宙中有了人，有了人的覺解說明格物致知、窮理盡性和人生覺解的四境界。這個過程類似於黑格爾哲學的絕對觀念經過邏輯階段外化為自然產生人的主觀精神，再經過主觀精神對客觀精神的反思達到主客體統一，所以馮友蘭的新理學體系受到黑格爾哲學的啟發，仍然是在謀求包羅萬象的體系。但是，馮友蘭是以形式邏輯建立新理學體系的，與黑格爾的辯證邏輯不同。確切地說，馮友蘭是以新實在論的形式邏輯方法，模仿黑格爾哲學體系的形式，建立了新理學體系。

第二，在哲學與科學的關係上，馮友蘭也不像新實在論那樣主張哲學與科學沒有區別，科學就是重分不合。他認為：哲學與科學有種類上的不同。「哲學，或最哲學底哲學，並不能以科學為根據。哲學之出發點，乃我們日常之

---

〔註 1〕馮友蘭：《新原道》，《三松堂全集》第五卷，河南人民出版社，1986 年版，第
148 頁。
〔註 2〕馮友蘭：《新知言》，《三松堂全集》第五卷，第 173 頁。

經驗，並非科學之理論。科學之出發點，亦是我們日常之經驗，但其對於事物之看法，完全與哲學之看法不同」。「科學是對於實際有所肯定者」，各種科學研究某一類事物的具體內容。」哲學對於實際雖無所肯定，而對真際則有所肯定」。〔註3〕馮友蘭這種觀點既堅持了現代新儒家嚴格區別哲學與科學的基本立場，又突破了科玄論戰中那種以直覺和理智劃分哲學與科學的觀念。他所用的正是被玄學派指責為科學理智的邏輯方法，因此又突破了中國哲學是直覺的形而上學、西方哲學是理智的形而下科學的觀念。馮友蘭不是以直覺和理智來劃分哲學與科學、形而上與形而下的區別，他是從邏輯抽象與具體事物的區別上劃分哲學與科學、形而上與形而下的區別，他認為哲學與科學都源於經驗，二者的方法不同，「科學的目的，是對於經驗，作積極底釋義。形上學的目的，是對於經驗作邏輯底釋義」〔註4〕也就是說哲學是最純粹的邏輯，是純思和反思。這種觀點在現代新儒學中是獨樹一幟的。

第三，在認識論的方法上，馮友蘭孔不像新實在論那樣以邏輯分析法反對直覺的方法。他認為：「真正形上學的方法有兩種：一種是正底方法，一種是負底方法。正底方法是以邏輯分析法講形上學。負底方法是講形上學不能講，講形上學不能講，亦是一種講形上學的方法」。〔註5〕所謂負底方法即是直覺方法。馮友蘭認為，正的方法與負的方法體現了中西哲學的不同傳統，西方哲學長於分析，正的方法占主導地位，但未見到充分發展的負的方法。中國哲學運用直覺的負的方法充分發展，忽視了正的方法，缺乏清晰的思想，只有兩者結合才能產生未來的新哲學。「一個完全的形上學系統，應當始於正的方法，而終於負的方法」〔註6〕馮友蘭是把西方哲學的理智方法與中國哲學的直覺方法放在平等的形上學地位上強調互補，這與梁漱溟、熊十力的直覺為體、理智為用有所不同。一方面他以邏輯理智的分析對程朱理學的基本範疇進行整理，使其思想清晰，另一方面使格物致知與人生覺解的內心體驗結合起來，成為達到天地境界的途徑。但是在新理學中主要是邏輯理智的抽象形式分析，並沒有達到理智與直覺的辯證統一。明確這了一點，對於我們分析馮友蘭的新理學系統是十分有益的。

〔註3〕馮友蘭：《新理學》，《三松堂全集》第四卷，第15～16頁。
〔註4〕馮友蘭：《新理學》，《三松堂全集》，第五卷，第174頁。
〔註5〕馮友蘭：《新理學》，《三松堂全集》，第173頁。
〔註6〕馮友蘭：《中國哲學簡史》北京大學出版祥，1985年版，第394頁。

## 二、真際與實際——理、氣、道體、大全

在新理學中，「真際是指凡可稱為有者，亦可名為本然；實際是指有事實底存在者，亦可名為自然」。真際與實際的關係是：有實際必有真際，有真際不必有實際，屬於實際者亦屬於真際中，但屬於真際中者不必屬於實際中，因此只屬於真際中者，亦可稱為「純真際」。另一方面「實際」又與「實際底事物不同」，實際是指所有底事實存在者，實際事物是指有事實底存在底事事物物。因此，「有某一件有事實底存在底事物，必有實際，但有實際不必有某一件有事實底存在底事物」。〔註7〕這樣，就形成了純真際、實際，實際底事物三個層次。真際與實際是都是形式的邏輯概念，相當於共相與殊相的關係，實際底事物是一件件具體事物。新理學主要是從真際與實際的關係說明形而上與形而下，抽象與具體，理與事的邏輯關係，即程朱理學的「體用一源，顯微無間」。〔註8〕通過這種形式邏輯的抽象分析，建立了理、氣、道體、大全的理本體論。

理是超時空、超動靜、超生滅，超於萬物之上的共相，借用中國舊日哲學家的話說：「有物必有則」。「某種事物之所以為某種事物者，新理學謂之理」。「此所謂理，在西洋哲學中，名為共相、形式或概念」〔註9〕真際的理是第一性的，實際的事物是第二性的，總所有底理，「名之曰太極，亦曰理世界。理世界在邏輯上先於實際底世界」。這樣「理」相當於朱熹的「太極」，亞里士多德的「形式」，黑格爾的「絕對觀念」；「氣」相當於亞里士多德的「質料」。但這個質料不是物質性的，而是一個邏輯概念，氣是絕對底料。「所謂氣，有相對底意義，有絕對底意義。就其相對底意義說，氣亦可是一種事物」，就其絕對意義說，是「真元之氣」。氣是一切事物所以能存在者，此不可與科學中所謂「能」相混，更不可與「空氣」、「電氣」等相混。〔註10〕「隨便取一物，用思將其所有之性，一一分析，又試用思將其所有之性，一一抽去。其所餘不能抽去者，即其絕對底料」。〔註11〕因此，氣又是「無」或「無極」，氣是理的搭掛處。「凡存在都是事物的存在。事物的存在，是其氣實現

---

〔註7〕馮友蘭：《新理學》，《三松堂全集》第四卷，第11頁。
〔註8〕馮友蘭：《新理學》，《三松堂全集》第四卷，第37頁。
〔註9〕馮友蘭：《哲學與邏輯》，《三松堂學術文集》北京大學出版社，1985年版，第422頁。
〔註10〕馮友蘭：《三松堂學術文集》，第523頁、第524頁、第525頁、第526頁。
〔註11〕馮友蘭：《新理學》，《三松堂全集》第四卷，第47頁。

某理或某某理的流行。實際的存在是無極實現太極的流行，總所有底流行，謂之道體。」〔註12〕「大全」是總一切的有，「所謂一切，不只是實際中底一切，而是真際底一切（真際包括實際）。有存在實際底有者。有只有真際底有者。總一切底有，謂之大全。」〔註13〕

馮友蘭以邏輯分析的抽象方法發揮了程朱理學，他繼承了「理」邏輯在先的觀點，把「理」抽象為類似黑格爾「純有」的觀念。同時又把氣的物質性抽去，變成絕對底料——無或無極。因此「無極而太極」不是朱熹所說的「無形而有理」。而是「理」借助於「氣」，「有」借助於「無」的邏輯演變。這種「變」就是「道體」，由理世界過渡到現實世界。「大全」既是理世界的「太極」，同時又寓於現實世界之中，這就是「理一分殊」，因此真際與實際是統一的。所以馮友蘭又說：「理之觀念有似於希臘哲學（如柏拉圖、亞里士多德的哲學）中及近代哲學（如海格爾的哲學）中底『有』之觀念。氣之觀念，有似於其中底『無』之觀念。道體之觀念，有似於其中底『變』之觀念。大全之觀念，有似於其中底『絕對』之觀念」。〔註14〕這樣，「無極而太極」就類似於黑格爾的「有——無——變易」，而「大全」類似於絕對觀念。理、氣、道體，大全都是用形式方法得來的觀念，「其中並沒有積極成分」，「對於實際，無所肯定」。這種超實際的邏輯演變過程與朱熹的形而上之理及形而下之氣的演變過程不同，是在真際中的演變。因此程朱理學的道德之理及物質之氣的意義淡化了，代之而起的是現代西方哲學的形式邏輯抽象法。

## 三、正性、輔性與人性善惡的相對性

馮友蘭把真際與實際的關係推廣到人性論，認為中國哲學史上有兩種方法：「一種是形式底、邏輯底；一種是實際底，科學底。中國哲學家，自孟荀以下，於討論此問題時，所用之方法，多是實際底，科學底；他們大都根據實際底事實，以證明人之本來是善，或是惡」。「在孟子哲學中無形上形下之分，所以其所說之性，是形下底，而在程朱哲學中，有形上形下之分，其所說之性，是形上底」。〔註15〕這種觀點與現代新儒家中尊崇陸王的主流派正好

〔註12〕馮友蘭：《三松堂學術文集》，第 527 頁。
〔註13〕馮友蘭：《新原道》，《三松堂全集》第五卷，第 154 頁。
〔註14〕馮友蘭：《新理學在哲學中地位及其方法》，《三松堂學術文集》，第 530 頁。
〔註15〕馮友蘭：《新理學》，《三松堂全集》第四卷，第 101 頁、第 102 頁、第 89 頁。

相反，梁漱溟、熊十力、賀麟、唐君毅、牟宗三都認為孟子、陸王的良知道德感情是形而上的心即理，形而上與形而下體用相即。馮友蘭卻認為先秦哲學家，除公孫龍外，皆不作形上形下這分別，孟荀以下大都根據實際的事實證明人之本性是善或是惡，他們所說之性都是形下底，宋明理學從程朱開始作形上形下之分，他們所說之性是形上底。這種說法基本上符合中國哲學史的發展過程，因為自魏晉玄學才開始有明確的本體論，區別本末、體用。宋明理學吸取了玄學、佛教的本體論，才有了形而上之理與形而下之氣，義理之性與氣質之性的分別。馮友蘭把宋明理學的人性論概括為形上底，邏輯底，以此為基礎提出「正性」與「輔性」兩個邏輯範疇，說明義理之性與氣質之性，進一步推衍出性與情、善與惡，道心與人心所組成的心性情邏輯結構。

這個結構的主要內容是：

（1）「每一事物，從其所屬於之任何一類之觀點看，皆有其正性、輔性，及無干性」。每一事物「所以屬於此類之性，是其正性，其正性所涵蘊之性，是其輔性，與其正性或輔性無干之性，是其無干性」。〔註16〕。例如：人屬於人類是其正性。人不僅是人，而且是物、是生物、是動物，因此人所涵蘊的其他諸性是輔性。正性與輔性的關係是，「有人之性即有動物之性，但有動物之性，不必有人之性」。無干性一方面是說正性與輔性的關係可以相互轉化，另一方面是說輔性所在之類的其他性與正性無關。例如：一人是白底，「若從白底物之類之觀點看，則此人之白性是其正性。白性所涵蘊之性，如顏色等，是其輔性。其所有之人之性及動物之性等，是其無干性」）〔註17〕反過來，也可以從人類觀點看，人之性是其正性，動物性是其輔性，白性是其無干性。因此，我們考察任何事物之性，首先要把握其正性，既不要以輔性去干擾正性，同時又要看到正性與輔性的相互關係及基在不同條件下的相互關係和不同條件下的轉化。所謂「人性」是就人與之正性所說的，是「義理之性」，「天命之性」，人之輔性是氣質或氣稟，人性就是正性與輔性性的結合。其他一切事物也是如此。這樣，就從真際與實際的理氣觀過渡到一切事物的義理之性與氣質之性。這裡必須注意，馮友蘭所說的「義理之性」不僅是指道德理性，更重要的是從純粹邏輯意義上講明事物之理，「氣質之性」也不是物質的，而是由絕對底料構成的。

---

〔註16〕馮友蘭：《新理學》，《三松堂全集》第四卷，第92頁。
〔註17〕馮友蘭：《新理學》《三松堂全集》第四卷，第92～93頁。

（2）一切事物的義理之性與氣質之性都是邏輯底，不是科學底。義理之性是形而上底，真際底，因而是「性即理」。氣質之性或氣稟是形下地、實際底，是某一類事物能實現其理之某種結構。例如，方物的義理之性是方之理，方物照方之理以成為方時，必有某種結構，此即是氣質或氣稟。飛機之理是飛機的義理之性，飛機的構造是飛機的氣質之性，「所謂某種結構或氣稟，完全是邏輯底觀念，並不是科學底觀念」。〔註18〕因為理與氣是真際與實際的邏輯概念，絕對觀念與絕對底料，義理之性與氣質之性也是邏輯概念。另一方面，正性與輔性是可以相互轉化的。例如人的生物性對人的正性來說是輔性，但生物性在生物類中又是正性。

（3）善惡的絕對意義和相對意義。善與惡也是一對邏輯概念。從真際的觀點上說，理不能說是善底或惡底，只能說是無善無惡的至善，具有絕對意義。從實際的觀點上說，每一類事物所依照之理皆是至善底。因此「各種事物之義理之性，是至善底，則各種事物之氣質之性，亦是善底」。〔註19〕若某一事物，能十分地依照其理，可謂之為「窮理」，即是能盡其義理之性。但在實際中各種事物合乎其義理之性的程度有差別，其氣質之性可以有上、中、下三品差別，上品是善，下品是惡，中品是不善不惡。因此，在實際中「凡善惡既是對一標準說、離開一標準，即無所謂善惡」。〔註20〕。從一標準之觀點看，合乎此標準者是善；不合乎此標準者是不善，它只有消極意義。惡是反乎此標準者，但它卻合乎另一標準，亦有積極意義。例如，此物不很方，即是沒有達到方之理的標準，只有消極意義；一物不方，則必是另一種形狀，就另一種形狀說，亦有其理，是積極的。說此物不是方底物，與說此物不方，完全不同。亞里士多德和朱熹都沒有看到這種區別，以為不合乎一標準就是惡，其實應該說是不善，惡是反乎一標準，而合乎另一標準。「由此方面說，沒有不善之理，而有惡之理。此正如沒有不光明之理，而有黑暗之理」。〔註21〕馮友蘭這種觀點類似於黑格爾「惡」是發展的動力，他所說的善惡及其絕對意義與相對意義，是對事物的價值判斷，首先是運用形式邏輯方法從廣義上判斷各種事物合乎其義理的程度，善惡是指好壞，而不單純是指道德標準，只有論及人性才涉及到道德標準。因此新理學與宋明理學的區

---

〔註18〕馮友蘭：《新理學》《三松堂全集》第四卷，第90頁、91頁、第109頁。
〔註19〕馮友蘭：《新理學》《三松堂全集》第四卷，第94頁。
〔註20〕馮友蘭：《新理學》，《三松堂全集》第四卷，第98頁。
〔註21〕馮友蘭：《新理學》《三松堂全集》第四卷，第99頁。

別就在於「程朱及一般宋明道學家之哲學中，所謂善即是道德底善；而整個宇宙，亦是道德底」。〔註22〕新理學則認為「道德之理，是本然底，亦可說是宇宙底。但宇宙中雖有道德之理，而宇宙卻不是道德底」。〔註23〕

馮友蘭強調「宇宙中雖有道德之理，而宇宙卻不是道德底」。這種觀點不僅改變了程朱陸王把宇宙道德化的天理觀，也改變了傳統儒學的善惡觀。他所說的理是純粹邏輯意義的宇宙之理，各類事物和人類各有其義理之性，理是無善無惡的絕對本體。事物氣質之性實現其理的程度可以有善，不善或惡的不同，在這個意義上，他強調惡是違反這一標準而合乎另一標準，仍有積極意義。善惡觀念首先是廣義的好壞程度，其次才是人類道德觀念的善惡。這種具有邏輯意義的絕對與相對轉化的善惡觀，突破了傳統儒學道德善惡觀的狹隘性，為現代新儒家用資產階級自由、平等、博愛的道德觀改造儒家心性論開闢了廣闊的道路。

## 四、窮理盡性與人生覺解的四境界

馮友蘭以「知覺靈明」之心作為人生覺解的主體，他說：「人的心的要素，用中國哲學家向來用的話說，是『知覺靈明』宇宙間有了人，有了人的心，即如於黑暗中有了燈」。人以外底別底動物，雖亦有有心者，其心未必到知覺靈明的程度，只有人心的知覺靈明程度是最高的。因此，「沒有人底宇宙，即是沒有覺解的宇宙」〔註24〕對於人心的覺解歷來的哲學家有不同的看法，康德以知識範疇給予宇宙秩序，貝克萊的「存在即知覺」，陸王的「心即理」一類的哲學都是把心看得過於偉大。而唯物論者認為精神存在必須以物質為基礎，則把心看得過於渺小。〔註25〕要避免這兩種傾向，就要做到人與天地參，盡心盡性，發展心的覺解。正像朱熹所講的那樣「大學物格知至處，便是凡聖之關」。「致知誠意，是學者兩個關。致知乃夢與覺之關，誠意乃善與惡之關」。照我們的說法，「聖人與平常人中間底主要分別，在於平常人只有覺解，而聖人則覺解其覺解。」〔註26〕

〔註22〕馮友蘭：《新理學》《三松堂全集》第四卷，第100頁。
〔註23〕馮友蘭：《新理學》《三松堂全集》第四卷，第100頁。
〔註24〕馮友蘭：《新原人》，《三松堂全集》第四卷，第529～530頁。
〔註25〕馮友蘭：《新原人》，《三松堂全集》第四卷，第532～533頁。
〔註26〕馮友蘭：《新原人》，《三松堂全集》第四卷，第539～540頁。

馮友蘭的所謂人心覺解即是發揮主觀能動性去認識自然和人在社會中的地位，通過盡心盡性的格物致知，達到「心與理一」的主客體合一。他在嚴格區別主體（心）與客體（理）關係的基礎上指出覺解有不同的層次：有科學的格物致和哲學的格物致知。「科學底知識，只表示人有覺解，但覺解只是覺解，而不是高一層底覺解」。「心理學雖亦研究心性，但其所研究者，只是事實上底心，生物學上底性。它不瞭解人的邏輯上底性，亦不瞭解心的理」。〔註27〕因此科學的格物致知不能使人過夢覺關，只有哲學的格物致知才能使人過夢覺關。「哲學是由一種自反底思想出發。所謂自反者，即覺解自覺解其自己」。或謂之：「思以其自己為對象而思之，謂之思想」。〔註28〕這樣才能瞭解邏輯上底性，和心的理，達到高一層覺解。這裡，馮友蘭所說的「自反」，「覺解自覺解其自己」，並不是陸王學說那種明心見性的直覺，也不是熊十力那種反求本心的冥合證會，及其弟子牟宗三所說的逆覺體證，而是對人的認識能力的反思，類似康德的純粹理性批判。因此，馮友蘭把這種反思規定為「邏輯底性」，「心的理」，這樣，他所謂的「人性」首先就是人的知性，邏輯性、認識的規律性。道德也具有邏輯的意義，道德之理只是宇宙之理的重要表現。這樣傳統儒家的道德性被轉化為現代新理家的邏輯理性。覺解的目的就是超越經驗達到真際的邏輯性。「窮理」有兩個意義：

第一個意義是「格物」。哲學活動始於對實際底事物之分析，由實際而知真際。對於實際底事物之分析是「格物」，由實際而知真際，是「致知」。所以，窮理必須始於格物。王陽明欲窮竹子之理，深思七日不有成，後始知朱熹以理為在物而不在心之錯誤。其實，朱熹認為理在物而不在心，並沒有錯。他的錯誤正在於沒有堅持到底，而主張「人人有一太極」，「心具眾理而應萬事」。照朱子的系統，一切事物之理，既皆在我們心中，所以雖只知一部分事物之理，而於其餘之理，亦可「豁然貫通」，「但照我們的系統，我們的心只能知眾理並非有眾理，所以所謂心之全體大用，亦是沒有底」。〔註29〕這些說法不僅批判了王陽明的「心即理」，而且也批判了朱熹的「心具眾理」的觀點，堅持更加徹底的客觀唯心主義立場。同時也表明了馮友蘭嚴格區別主客體關係，反對超理智的「豁然貫通」直覺，而主張邏輯理智是格物致知的基本方

〔註27〕馮友蘭：《新原人》，《三松堂全集》第四卷，第540頁、第541頁。
〔註28〕馮友蘭：《新原人》《三松堂全集》第四卷，第541頁、第542頁。
〔註29〕馮友蘭：《新原人》《三松堂全集》第四卷，第202～204頁。

法。窮理的第二個意義是盡心、知性、知天。達到超乎經驗而又不離乎經驗的「知天」境界。人之盡性與事物的盡性不同，人之性是社會底、道德底，道德行為最主要底性就是去私，達到超乎自己的境界。既超乎經驗又超乎自己，而覺天地萬物與其超乎自己之自己，均為一體，則入聖哉，這時可說：「我心即天心」。〔註30〕

　　馮友蘭把盡心、知性、知天的人生境界分為四個層次：自然境界、功利境界、道德境界、天地境界，展現了覺解由低向高的發展過程。在自然境界中，人們對自然和社會的法則都沒有覺解，只能順習而行，照例行事。到了功利境界，由於利益的成敗而覺貴賤。到了道德境界，超越了貴賤而認識倫理，而達到了天地境界可以說是「體與物冥」，「萬物皆備於我」，「同於大全」。〔註31〕這樣，馮友蘭就把儒家的「人之所以異於禽獸」的道德觀念改變為人生覺解的發展過程，同時事融合了孟子的「萬物皆備於我」，莊子的「天地與我並生」，創造了大全的天地境界。接著馮友蘭又指出：「自然境界及功利境界是黑格爾所謂自然的產物。道德境界及天地境界是黑格所謂精神的創造」。〔註32〕如果我們把這種說法與新理學整個體系聯繫起來，就可以看出，理、氣、道體、大全及正性、輔性的心性情範疇演化相當於黑格爾的絕對觀念邏輯演化階段；宇宙中有了人及自然境界、功利境界相當於黑格爾絕對觀念的外化；道德境界及天地境界相當於黑格爾的主觀精神活動與絕對觀念的統一。在這個體系中，心性論起著過渡的中間環節作用，在邏輯階段的心性情已經在真際中孕育著走向實際的發展趨勢，通過宇宙中有了人，有了人心，經過自然和功利的實際上升到盡心、盡性的哲學格物致知，超經驗而又不離經驗，達到對道德和宇宙大全的認識。

　　馮友蘭依據人生四境界，分析了儒、道、佛三家的境界觀，又進一步把天地境界分為：知天、事天、樂天、同天四個階段。

　　先秦儒家孔孟、《中庸》、《易傳》對於自然境界及其餘境界已分別清楚。《中庸》說：「人莫不飲食也，鮮能知味也」。《易》說：「百姓日用而不知」。《論語》說：「民可使由之，不可使知之」。這是自然境界的人。儒家對功利境界及道德境界的分別，認識亦清楚，所以義利之辨成了儒家的主題。孔子

〔註30〕馮友蘭：《新理學》，《三松堂全集》第四卷，第 212 頁。
〔註31〕馮友蘭：《儒家哲學之精神》，《三松堂學術文集》，第 499～502 頁。
〔註32〕馮友蘭：《新原人》，《三松堂全集》第四卷，第 560 頁。

「三十而立」是立於禮，可未必對禮有所瞭解。「四十而不惑」就是有了「智」，即「瞭解」之意。對仁義禮都瞭解，也就達到了道德境界。孔子「五十而知天命」達到了天地境界。在天地境界內可分為四個階段：「一是知天、二是事天、三是樂大、四是同天」。因此，孔子「五十而知天命」是入於知天階段，「六十而順」入於事天階段，「七十從心所欲」入於樂天階段。孔子有沒有達到同天階段，還不清楚。孟子的「集義所生」，「養浩然之氣」達到了上下與天地同流，這個和「同天」的意思一樣了。〔註 33〕莊子的「天地者，萬物之所一也，得其所一而同」，自同於大全，天地就是我，我就是天地，是達到了同天階段。〔註 34〕佛教流入中國，道教同時興起，佛教道教都以為要得到高明的境界必須出世出家，要離開家庭而無父，離開社會而無君。這種方法自然可以得到高明境界。就其行為而言，不能說道中庸，「只能算是極高明而不道中庸。」〔註 35〕宋儒對於天地境界的知天、事天、樂天、同天的四個階段，均已講到。要得到高的境界必須有一種修養的工夫。程朱和陸王兩派的方法：一個是一面「致知」，一面用「敬」，同時並進。一個是先「致知」，後「用敬」，此不同也引起了相互的批評。陸王認為今日格一物明日格一物是枝枝節節的，自有「支離」之病。程朱則認為「先立乎基大者」不能步步為營，穩紮穩打，不無「空疏」之處。「照我們的意思，兩方的批評，都有道理」。〔註 36〕馮友蘭對儒、道、佛三家境界觀的分析是要說明中國哲學自我超越的精神境界從自然開始，逐步向功利境界、道德境界和天地境界發展的過程。而天地境界又有知天、事天、樂天、同天四個階段。由此說明「覺解」的層次，這種覺解既是道德意識，又是宇宙大全的意識。這是思想發展的歷史過程。這裡，必須注意，功利境界是經驗階段，道德境界和天地境界是哲學的格物致知和盡心盡性知天。道德境界中的格物和盡心只是蘊含著實際的道德向真際的道德之理的發展趨勢，只有進入天地境界的知天、事天、樂天、同天才真正能認識道德之理。但是道德之理只是宇宙之理的最重要的一種表現，還不等於宇宙的大全，「宇宙中雖有道德之理，而宇宙卻不是道德底」。「大全」是包括真際與實際在內的，也就是說真際的理是純粹邏輯性的，既超實際又在實際

〔註 33〕馮友蘭：《先秦儒家哲學述評》，《三松堂學術文集》，第 574～578 頁。
〔註 34〕馮友蘭：《宋明儒家哲學述評》，第 582 頁。
〔註 35〕馮友蘭：《宋明儒家哲學述評》，第 580 頁。
〔註 36〕馮友蘭：《宋明儒家哲學述評》，《三松堂學術文集》，第 583～585 頁。

之中。因此，達到「同天」不僅是達到道德之理，而且是達到宇宙之理。這是馮友蘭新理學的心性論和人生覺解的獨創性的理論觀點。

## 五、道德為體科學知識為用

馮友蘭在的新理學體系中不僅提出了人生覺解的四境界，而且進一步從社會經濟的變化說明東西文化及道德意識的變化。他認為中西文化之爭是古今之爭，中國文化在歷史上曾處於世界文化的領先地位，在近代卻停滯不前，西方文化在近代超過了仍然保持古代傳統的中國文化。造成這種古今差異的原因在於西方工業發展進入了「以社會為本位的社會」，中國農業經濟是「以家為本位的社會」。要使中國由「生產家庭底文化」轉變為「生產社會底文化」，就必須實現工業化。〔註37〕馮友蘭把這種文化觀引申到道德領域，認為：「無論那一個社會只要他是以家為本位底社會，他都用這個道德標準。如果這個社會變為以社會為本位底社會，他自然改用以社會為本位底社會的道德標準」。〔註38〕馮友蘭把道德標準的變化歸結為經濟原因引起社會類型的變化，顯然帶有歷史唯物主義色彩。他自己也產過：「隨著馬克思主義在中國的傳播，在歷史工作中，唯物史觀也流傳開了……各方面不同的意見，開始論戰。我沒有參加這些論戰，也沒有跟著研究。但是，唯物史觀的一般原則，對於我也發生了一點影響」。〔註39〕他確實把一些唯物史觀應用於文化和歷史研究，並且認為東方國家必須擺脫生產家庭化的經濟落後狀況，走產業革命發展現代工業的道路，才能建立起西方那樣的現代文化，並且提出要由中華民族自己來創造新文化。當然在馮友蘭的歷史觀、文化觀和道德觀中還有一些地理環境決定經濟條件，哲學家個人氣質決定哲學體系的理論缺陷。

在新理學的體系中、文化內容、道德標準的可變性屬於功利境界和道德境界，至多不過是通向天地境界的橋樑。「聖學自亦講究道德內容，但若只講究道德內容以行道德，其境界是道德境界，不是天地境界，天地境界須從哲學活動上得到」。〔註40〕所謂哲學活動是用新實在論的邏輯分析，達到「同天」的理世界，而道之理存在於理世界，這就是超越實際道德之上的共同道德。因此馮友蘭又說：「大部分底道德是因社會之有而有底。只要有社會，就需有

〔註37〕馮友蘭：《新事論》,《三松堂全集》第四卷，第252頁。
〔註38〕馮友蘭：《新理學討論——答谷春帆》,《三松堂學術文集》第587頁。
〔註39〕馮友蘭：《三松堂自序》第217～218頁
〔註40〕馮友蘭：《新理學討論——答谷春帆》,《三松堂學術文集》，第590頁。

這些道德，無論其社會，是那一種底社會。這種道德中國人名之早『常』，常者，不變也。照中國傳統底說法，有五常，即仁，義，禮，智，信。……此五常是無論什麼種底社會都需要。這是不變底道德，無所謂新舊，無所謂古今，無所謂中外」。〔註41〕這種無新舊、無古今、無中外，恒常不變的道德即是「真際」或「天地境界」中的理。仁義禮智信作為道德公理是不變的，適用於任何社會，而仁義禮智信的具體內容以及人們的價值判斷是可以隨著社會類型變化而變化的。因此，中國傳統道德之理作為社會公理是恒常的，「一個能行仁義禮智信底人，在以家為本位底社會裏，自然能事君以忠，事父以孝，在以社會為本位底社會裏，自然能為國家盡忠，為民族盡孝」。〔註42〕這實際是採取抽象繼承法把生產家庭化的中國傳統道德之理變為適用任何社會的公理，只是調整具體內容，顯然與他那種工業社會要有「以社會為本位底道德標準」發生了矛盾。這正是新理學唯心主義體系與個別的唯物主義觀點的矛盾。

　　馮友蘭利用中國傳統的道德之理提出了中體西用，建功立德的內聖外王。他認為，從康、梁變法之後，經過了五十年的中西文化衝突，人們對「中體西用」的理解逐步加深。「所謂中學為體，西學為用者，是說：組織社會的道德是中國人所本有底，現在所須添加者是西洋的知識。技術、工業。則此話是可說底」。因此，「若把中國近五十年底活動，作一整個看，則在道德方面是繼往；在知識、技術、工業、方面是開來。這本是一個很明顯底事實」。〔註43〕馮友蘭這套「繼往開來」的中體用論，是說中國式的現代化道路應該在道德之理上繼往，在科學技術上開來，「從學術底觀點說，純粹科學等是體，實用科學，技藝等是用，但自社會改革之觀點說，則用機器、興實業等是體，社會之別方面底改革是用」。〔註44〕這樣，從道德之理為體，純粹科學為用；純粹科學為體，實用科學為用；實用科學為體，機器實業為用；機器實業為體，社會其他方面的改革為用，就形成了一套多層體用論。但這套體用論並不是說由道德開出純粹科學，再由純粹科學開出實用科學，機器實業。而是自下而上，首先立足於產業革命，逐步上升到實用科學，純粹科學，道德之理。也就是按照新理學的方法由經驗的實際事物分析而知實際，再知真際。

〔註41〕馮友蘭：《新事論》，《三松堂全集》第四卷，第359頁。
〔註42〕馮友蘭：《新事論》，《三松堂全集》第四卷，第360頁。
〔註43〕馮友蘭：《新事論》，《三松堂全集》第四卷，第364～365頁。
〔註44〕馮友蘭：《新事論》，《三松堂全集》第四卷，第247～248頁。

所謂「體用」也是從形而上的理在形而下的事物之中的意義上說的，是說每一事物都要實現其義理之性。正是在這個意義上，馮友蘭批評民國初期人「要有西學之用必先有西學之體」是「體用倒置」。這裡還必須注意：馮友蘭所說的道德之理只是宇宙之理的一部分，並不是說宇宙是道德底，所謂道德之理為體，科學為用，也不是說道德可以產生科學，而是針對社會人生的價值說明道德在實現人格方面占第一位。按照新理學的邏輯體系應該是形上之理為體，純粹科學為用。最後要注意的是，這些說法都是從實際而知真際的認識論意義上說的，不是從真際的「未有飛機，先有飛機之理」的邏輯意義上說的。真際的理世界屬於天地境界，而道德上繼往，科學技術上開來是屬於道德境界和功利境界。弄清了這些關係，才能準確地把握新理學的理論體系，及其各個部分之間的邏輯關係。

馮友蘭所創立的新理學體系在現代新儒學的發展史上具有重要的理論意義，儘管港臺的一些新儒家學者極力貶低新理學，但是牟宗三及其弟子們卻未曾想到，他們所宣揚的內聖開出科學民主的新外王遇到了邏輯矛盾。所謂「良知主體」自我坎陷出知性主體和政治主體的說法，帶有道德產生科學和民主的意味，而非心理，非認識的道德直覺本體究竟怎樣坎陷出邏輯理智的知性主體，他們始終說不清楚。甚至還不如馮友蘭的道德上繼往，科學上開來的「補充」論那樣，「古往今來」並行不悖，而自圓其說。在另一方面馮友蘭那種重視社會的經濟基礎，宣揚產業革命將引起社會的道德標準以及文化內容變化的觀點，也在理論上高於港臺新儒家所宣揚內聖開出新外王。總之，新理學更加接近於中國現代化過程中所面臨的社會實際問題。

## 第二節　賀麟新心學的直覺辯證法和文化體用論

賀麟的新心學是 40 年代與新理學同時產生的現代新儒學思想。他以陸王直指本心的啟發式反省方法，宣揚新黑格爾主義，通過理智與直覺的辯證統一，建立了主體邏輯心的唯性論和多層體用論，實現自然知行合一論的動態組合，形成了心性、體用、知行的範疇系統，為儒家思想的新開展奠定了理論基礎。

### 一、新黑格爾主義和陸王心學相結合的直覺辯證法

賀麟在美國留學時代，「最感興趣的是英國新黑格爾主義者格林和美國的

新黑格爾主義者魯一士」。〔註45〕新黑格爾主義是十九世紀末至二十世紀初流行於歐美的現代哲學思潮，其理論特徵是由黑格爾的客觀唯心主義轉向主觀唯心主義，把黑格爾置於康德和貝克萊的主觀唯心論之下，既反對唯物論又反對偽裝中立的新實在論。新黑格爾主義者強調整體思維，視「心」為絕對的實在，主張內在關係說，反對新實在論多元散漫集合的外在關係說。格林把「內在關係」歸結為「意識關係」，強調每一個因素都與別的因素相聯繫，它既是別的因素的前提，又以別的因素為自己的前提。新黑格爾主義者還發揮了黑格爾國家和社會學說的保守主義思想。魯一士極為提倡「忠」的哲學，認為忠是表現有意識而超人的統一體的永恆理念。這些觀點與陸王「宇宙便是吾是心，吾心便是宇宙」，「先立乎其大」的心性論有相通之外。所以賀麟的新心學「從新黑格主義觀點來講黑格爾，而且往往參證了程朱陸王的理學、心學。」〔註46〕從宇宙本體論的高度直接明白地發揮「心即理」，把理智與直覺辯證地統一起來，充分發展心性之學，融會陸王與程朱，為中國傳統文化的現代化奠定堅實的哲學基礎。直覺與理智是現代化新儒家劃分中西哲學、哲學與科學，道德與科學的重要認識論依據，也是他們把傳統哲學心性論加以現代化的重要理論方法。賀麟的新心學也是從直覺與理智這個起點上展開的，他聲稱自己：「由梁漱溟先生的直覺說，進而追溯到宋明儒的直覺說，且更推廣去研究西洋哲學家對於直覺的說法。」〔註47〕因此提出了理智與直覺辯證統一的方法。「梁先生所講的直覺只是一種道德的直覺，而我進而把它發展為超道德、藝術的、宗教的直覺，……梁先生認直覺與理智的對立，我打破了這種對立，提出有所謂『前理智的直覺』和『後理智的直覺』的區別，認為在後理智直覺中一切對立得到了辯證統一，於是我一方面把直覺辯證法化，一方面又把辯證法直覺化。」〔註48〕這兩個方面在賀麟新心學的心性論中是相互滲透的，同時又是溝通理智與直覺的兩條途徑。「把直覺辯證法化」是從前理智直覺，形式邏輯、矛盾思辨上升到後理智直覺，達到本體論的認識。「把辯證法直覺化」表現為「主體邏輯心」的多層體用論。這裡，我們先

〔註45〕賀麟：《康德黑格爾哲學東漸記》，《中國哲學》第二輯，三聯書店，1980 年版，第 377 頁。

〔註46〕賀麟：《康德格爾哲學東漸記》，《中國哲學》第三輯，第 385 頁。

〔註47〕賀麟：《宋儒的思想方法》，《近代唯心論簡釋》重慶獨立出版社 1942 年版，第 88 頁。

〔註48〕賀麟：《兩點批判，一點反省》，《人民日報》1955 年 9 月 1 日。

分析理智與直覺辯證統一的方法。賀麟認為，梁漱溟的直覺反理智觀點存在著兩個問題。第一，直覺是不計較利害得失的態度，並沒有講清楚直覺是否計較苦樂、善惡。儒家道德本位的人生態度決脫不了善惡的計較和君子小人的分辨。因此梁先生的所謂直覺，「是計慮苦樂善惡最酎熟最銳敏的境界；是分辨善惡的敏感或道德的直覺，而不是超道德的，藝術的，科學的，或宗教的直覺。」第二，直覺既是一種生活的態度，一種精神修養達到的最高境界，但究竟直覺是否是一種思想方法呢，梁先生並沒有清楚「他又分直覺為附於感覺的直覺與附於理智的直覺二種亦甚好，約略相當於柏格森所謂『機體的同情』及理智的同情。」他雖有承認直覺為方法之意，但並沒有把直覺當作可以求真實的方法。〔註49〕這裡批評的是梁漱溟《東西文化及其哲學》中「本能的直覺」觀點。賀麟列舉了美、英、法、德的孟太格、巴期卡爾、斯賓格勒、柯羅齊、哈特曼等人關於倫理學、美學、宗教、科學、哲學各方面的直覺方法，說明直覺是一種思想方法，直覺不是反理智的，也不是無理性的，而是訓練學養之酎熟的一種認識論藝術。因此他宣稱，要像懷惕黑把柏格森的直覺主義和詹姆士急進的經驗主義從反理智主義裏救護出來一樣，「把直覺從狂誕的簡捷的反理性主義救治過來，回復其正當的地位。」「近代哲學以及現代哲學的趨勢，乃於直覺方法與理智方法之綜貫。」〔註50〕

賀麟把直覺分為前理智直覺和後理智直覺，並與形式邏輯和矛盾思辨相配合，提出四種形式的互補。接著，賀麟又把西方哲學的直覺與朱熹的直覺加以比較。他指出，西洋哲學有三種直覺方法：第一種「認直覺為一種由精神的生活或文化的體驗。以認識真善美的價值」。第二種「認直覺為時間的動的透視以把握自由活潑，變動不居的生命的理智的同情」。此即柏格森的直覺方法的大旨。第三種「以直覺為超功利超時間超意欲的認識主體，以形而上的真理為對象，以生活之超脫高潔，心靈之與理一與道俱為目的。」這就是斯賓諾莎所謂從永恆的範型下以觀認事物的直覺法。〔註51〕

與上述直覺方法相比，「朱子的直觀法，雖就平實處立論，從讀書窮理處著力，但似兼具三方面而有之。」〔註52〕。他是以書中的義理去澆灌心靈洗

〔註49〕賀麟：《宋儒的思想方法》，《近代唯心論簡釋》，第88頁、第90頁。

〔註50〕賀麟：《宋儒的思想方法》，《近代唯心論簡釋》，第93頁、第98頁。

〔註51〕賀麟：《宋儒的思想方法》，《近代唯心論簡釋》，第117頁。

〔註52〕賀麟：《宋儒的思想方法》，《近代唯心論簡釋》，第117頁。

滌胸襟，亦可謂以價值來充實生活，又有從生活中去體驗書冊中所昭示的文化價值之意。宋儒，特別是朱子，最喜歡用「理會」二字，若將「理會」二字直解成「用理智去心領神會」之意，則意思實與柏格森所謂「理智的同情」是為接近。朱子虛心而無成見，從客觀、從普遍的「天下之理」的立腳點以格物窮理的觀法，可以說是與斯賓諾莎從永恆的範型下以觀認事物而達到最高級的直觀知識。這些比擬雖似有些牽強附會，過分看重朱子的直覺與西哲的直覺法相同的地方，但試從朱子整個生活全部思想去看，誰也不能不承認：

第一，朱子對過去的文化精華，曾用過一番深切體驗的工夫以取精用宏，第二，朱子於格物窮理，曾專心致志，忘懷一切，而求達到「心與理會，自然浹洽」之境。第三，朱子由「一生辛苦讀書，細微揣摩，零碎括刮」而達到「心與理一」，「本心以窮理而順理以應物」的境界。〔註 53〕

這樣，經過中西哲學的比較，賀麟認為朱熹格物致知上升到豁然貫通的直覺方法囊括了西方哲學的價值直覺、生命直覺和形上真理直覺的三種方法，說明了向外觀看的直覺（直觀）也可以逐步上升為本體論的認識。

賀麟關於理智與直覺辯證統一的思想，實現了中西融合，既對中國現代哲學理論發展有所貢獻，又包含著自身的理論缺陷。這主要表現在兩個方面：

第一，賀麟融合了中西哲學的各種直覺方法和理智分析方法，明確了感性直覺，形式邏輯、矛盾思辨、理性直覺四種形式相互為用，這在中國現代思想史上是一大創見，有助於我們進一步研究認識過程中各種思維形式的相互聯繫和轉化。但是，他並沒有跳出現代新儒學的理性直覺高於理智的圈套，仍然像梁漱溟、熊十力那樣宣揚直覺超理智的意義，甚至例舉愛因斯坦「在研究相對論的過程中，曾有資於不少的直覺的啟示或觸機」〔註 54〕說明直覺的重要性。現代新儒家的某些人也利用這個例子。但是，愛因斯坦的廣義相對論恰恰說明了理智與直覺處於同等的理性認識地位。他雖然超越經典力學的運動定律以直覺悟出了廣義相對論，最終仍然要以邏輯性的數學公式確定下來，這並不是一個表述方法的問題，而是一個必須經過科學實驗證明的問題。從整體性的意義來看，這是一個超越舊的邏輯定律，經過理性直覺達到新的邏輯定律的過程，證明了邏輯理智與理性直覺在科學實驗的基礎上具有

〔註 53〕賀麟：《宋儒的思想方法》，《近代唯心論簡釋》，第 118～119 頁。
〔註 54〕賀麟：《宋儒的思想方法》，《近代唯心論簡釋》，第 96 頁。

相互轉化的同等價值意義。因此現代新儒家以愛因斯坦的廣義相對論說明理性直覺高於理智只是抓住其中的一部分，而忽略了全過程。賀麟的後理智直覺仍然宣揚哲學是直覺的形而上的本體論，科學是理智的形而下的現象論，像熊十力那樣用心體物用論把本體與現象統一在一起，宣揚陸王心學。

第二，就現代新儒學心性論發展的內在邏輯來看，賀麟的理智與直覺辯證統一方法，不僅超過了梁、熊二先生，也超過了馮友蘭。梁、熊的共同方法是利用「唯識無境」溝通理智與直覺，說明直覺為體、理智為用，但這種方法缺少理論思維形式轉化的中間環節。梁漱溟的第二種方法是以真善美的價值作為理智與直覺轉化的中間環節，用道德直覺作為生命的體驗。這種方法類似於賀麟後理智直覺外觀法的價值直覺和生命直覺，只是在生命永恆性上接於本體論的認識。熊十力的第二種方法是體用相即的冥合證會，這類似於賀麟後理智直覺中反求本心的內省方法。馮友蘭的形上學把理智與直覺看成是可以相互結合的正、負兩種方法，但他並沒有把二者辯證地統一起來應用於儒家心性論，只是列舉了老莊。玄學、禪宗的直覺說明「負的方法」。他所說的形上直覺類似於賀麟後理智直覺外觀法的形上真理之直觀。因此，賀麟把直覺辯證法化從認識論的意義上溝通了理智與直覺的關係，同時又以內省的直覺包含了熊十力的「反求本心」，以外觀的直覺包含了梁漱溟的價值直覺、生命體驗和馮友蘭的形上真理。這種兼收並蓄的直覺辯證法既表現出豐富的內容，又表現出主觀唯心論傾向，是在思想中把理智與直覺統一起來，因此臆斷出超理智直覺的絕對本體論意義。

## 二、由心性論展開文化體用論的多層結構

賀麟認為，理性是人的本性，通過精神活動表現出來。自然規律的發現是人與自然接觸很久的事，人格、心、理、精神的發現也是人類生活進化很高的事。「物質文明、科學知識最發達的地方或時代，往往唯心論亦愈盛」，因為心是創造一切事物的精神基礎。「嚴格講來，心與物是不可分的整體。為方便計，分開來說，則靈明能思者為心，延擴有形者為物。據此界說，則心物永遠平行而為實體之兩面，心是主宰部分，物是工具部分。心為物之體，物為心之用。心為物的本質，物為心的表現。」〔註55〕這種心體物用論實際是主體邏輯心向現實世界的展開，這樣，賀麟就沿著西方現代哲學的方向大

---

〔註55〕賀麟：《近代唯心論簡釋》，第2〜3頁。

大擴張了陸王的「心即理」和心體物用論。一方面他繼承了熊十力體用不二
的原則，另一方面，他又吸取了斯賓諾莎一體兩面、心物互不干涉論和新黑
格爾主義情感邏輯的對立統一原則來解釋心物平行，心主物從。其目的是為
了「調解自然和精神的對立，而得到有機的統一，使物不離心而獨立，致無
體；心不離物而空寂，致無用。」〔註 56〕這種調解正是新黑格爾主義者把方
法用於精神生活而見其生動活潑。因此，賀麟說：「唯心論者不能離開文化科
學而空談抽象的心，若離開文化的陶養而講唯心，則唯心論內容。」〔註 57〕
所謂唯心的內容就是以黑格爾精神現象學的方法全面展開文化之物和自然之
物，在這種擴張中既可以講道德、藝術、宗教、政治、經濟等一切人類理性
活動實現的歷程，也可以廣泛地吸取古今中外一切哲學思想精華。這樣，賀
麟就把他那種直覺與辯證法相互滲透的心性本體論擴張為文化哲學。

　　賀麟的文化哲學理論基礎是心體物用的多層體用論，他以心性本體的絕
對體用論和相對體用論構築了文化觀、知行觀、社會觀的多層網絡。所謂「絕
對的體用論」是指「柏拉圖式的體用觀」，以本質或理則為形而上的本體，以
現象和事物為用，體一用多，即本體可表現為多種現象。所謂「相對的體用
論」是指「亞里士多德式的體用觀」，體用關係為範型與材料的關係。由最低
的用、材料，到最高級的體、本體或純範型，中間有一系列的層級過程，「這
種體用觀一方面包括柏拉圖式的體用說，認純理念或純範型為體，認現象界
之個體事物為用。一方面又要以純範型作為判別現象界個體事物價值的標準，
而將現象界事物排列或層級而指出其體用關係。」〔註 58〕賀麟認為，中國哲
學史上，朱熹的理體氣用是絕對的體用觀，周敦頤的無極、太極陰陽、五行、
萬物是相對的體用觀。這種說法實際是顛倒的。周敦頤的「無極而太極」是
無形而有理的本體、陰陽、五行、萬物只是一體多用描述現象的產生，並不
是五個層次的體用觀。朱熹由理體氣用經過性二元論推出性體情用，似乎有
本體論的體用與心性論的體用不同層次，但缺少中間環節，陸王的心性合一
是體用相即的絕對體用論。真正明確提出相對體論的是劉宗周心、意、知、
物的四層體用觀。在現代新儒學中梁漱溟、熊十力的直覺為體、理智為用的
心性論是由本心或生命本體展開多樣現象的絕對體用論。賀麟的文化體用論

〔註 56〕賀麟：《近代唯心論簡釋》，第 8 頁。
〔註 57〕賀麟：《近代唯心論簡釋》，第 3 頁。
〔註 58〕賀麟：《文化的體與用》，《近代唯心論簡釋》，第 259～260 頁。

和唐君毅的「心通九境」明確地展開了多層體用論，二者都採用了黑格爾精神現象學的方法。

賀麟提出了道、精神、文化、自然四個概念說明文化的體與用。他指出：「這四種觀念若用現代價值哲學的名詞加以解釋，則（一）道即相當於價值理念；（二）精神約相當於價值體驗，或精神生活；（三）文化即相當於價值物；（四）自然即是與價值對立的一個觀念。」〔註59〕若從柏拉圖式的絕對體用觀來說，道或價值理念是體，精神、文化、自然皆道之顯現，皆道之用。若從亞里士多德式的相對的體用觀來說，則自然為文化之用，文化為自然之體。文化為精神之用，精神為文化之體。精神為道之用，道為精神之體。如果我們把賀麟的心性本體論與文化的體用論對照起來看，「道」作為價值理念即是人的價值本體──「心即理」，「理即性」，即主體邏輯心。「精神」是人類理性創造文化之物的主觀能動力量，「是心靈與真理的契合，」「是具體化，實力化、社會化的真理。若從體用論的觀點來說，精神是以道為體而以自然和文化為用的意識活動。」「道或理只是純體或範型而非用。都只是抽象的概念，惟有精神才是體用合一，亦體亦用的真實。」也就是說，只有精神才是具眾理而應萬事的主體，才能自覺地用直覺辯證法的反省和直觀把握形而上的理則，同時又能主動地運用真理去創造文化之物和自然之物。「文化之物」是指哲學、科學、宗教、道德、藝術、政法、經濟等精神的產物。「自然只是純用或純材料而非體」，也就是精神活動能實現的材料。〔註60〕這樣，我們就可以清晰地看到，賀麟由直覺辯證法的心性本體論依次展開的多層體用論，說明精神創造出的文化之物和自然之物。

值得注意的是，賀麟的體用論並不是道、精神、文化、自然的四層結構，而是多層結構。「因精神中所含蘊的道或價值理念有真善美的不同，故由精神所顯現出來的文化亦有不同的部門，……表現精神價值有等差不同，遂產生相對性文化的體用觀。」例如，哲學與科學同是真理之顯現，哲學追求價值的真理，科學追求自然的真理。從絕對的體觀來說，科學與哲學同是精神之用，精神兼為科學與哲學之體，但就相對體用觀來說，哲學為科學之體，科學為哲學之用。又如宗教與道德同為善的價值表現，但宗教調整人與天的關係，追求神聖之善；道德調整人與人的關係，追求人本之善，在此意義下，

〔註59〕賀麟：《文化的體與用》，《近代唯心論簡釋》，第 263 頁。
〔註60〕賀麟：《文化的體與休用》，《近代唯心論簡釋》，第 263～264 頁。

宗教為體，道德為用。再如，藝術是超實用的美之價值，技術代表實用美的價值，只能說藝術為體，技術為用。至於政治法律實業經濟等，距真善美的價值更遠，只能是以科學道德技術為體，並直接以自然物質為用。賀麟創造這種多層體用論的文化觀，是為了說明「我們真正需要的乃是有體有用的典型的文化，能夠載道顯真，能夠明心見性，使我們與永恆的精神價值愈益接近的文化。」〔註61〕正是在這個意義上，他以貫通中西的開放精神批評了當時流行的全盤西化論，中體西化論和本位文化論。

　　賀麟認為，中學西學，各自有其體用。西洋的物質文明自有其精神文明為體，不能說它是有用而無體。宋儒以理學為體，亦有其對自然、人生、社會、歷史種種事業之觀察，不能謂之有體而無用。這樣看待中西文化才符合體用合一的原則。全盤西化論之研究西洋學術，總是偏於求用而不求體，注重表面而忽視本質。張之洞的中學為道學，西學為器之說，實際變成了中學有體而用、西學有用而無體。二者的共同弊端是只注重於西方文化的用。賀麟指出，學習西方文化既要知情於形而下的事物，又要寄意於形而上的理則，得其體，才「不致被動地受西化影響，奴隸式的模仿。」正如宋明理學不是「佛化」的中國哲學，而是「化佛」的中國哲學一樣，中國未來要發展的是「化西」的中國新文化，而不是「西化」的中國文化。為此，他提出「以精神或理性為體，而以古今中外的文化為用」的說法。他批評「中國本位文化」論者不懂「文化乃人類公產」，以狹義的國家作本位的偏見。指出應該「以道、以精神或理性作本位」，「不管時間之或古或今，不管地域之或中或西，只要一種文化能夠啟發我們的性靈，擴充我們的人格，發揚民族精神，就是我們需要的文化。」〔註62〕賀麟的這些觀點在爭取民族解放的抗日戰爭時期表現出強烈的愛國主義精神，具有積極意義。但是他又從另一方面表現出文化保守主義的傾向。他預言世界文化的未來將是儒家思想的新開展，提出「儒家精神為體，西洋文化為用」，以西洋之哲學發揮儒家之理學，吸收基督教之精華以充實儒家之禮教，領略西洋之藝術發揚儒家之詩教。這些方案雖然是根據「東哲西哲心同理同」的原則，從相對體用論意義上採取以體充體，以用補用的方法，使中西文化形成對應的融合關係。可是「儒家精神為體，西洋文化為用」的提法違背了「理性為體，古今中外文化為用」的根本原則。儘

---

〔註61〕賀麟：《文化的體與用》，《近代唯心論簡釋》，第272頁。
〔註62〕賀麟：《文化的體與用》，《近代唯心論簡釋》，第268～272頁。

管賀麟超越了張之洞那種中學為體，西洋科學技術為用的老調，其「儒化西洋文化」的新觀點也比梁漱溟文化三路向，馮友蘭的「舊瓶裝新酒」高明，但他在理論上仍然是中體西用論。

## 三、人的自由本性與道德的邏輯進化

道德與科學、民主的關係是現代新儒學的重要理論課題，在新心學中社會的道德觀與政治觀都是精神的文化產物。

賀麟認為，就價值而論，道德的自由比政治的自由較根本較重要，道德自由又須有形上學的基礎以充實政治自由的根本。所謂形上學的基礎即是人類理性本體，這樣道德自由才有理性根據，成為政治自由的根本。「使爭政治自由不致流入蔑視法律綱紀的無政府主義，和淺薄的理知主義與狹義的個人主義，使爭道德自由不致成為反科學反理性的神秘主義。」〔註63〕有一道德家認為機械定律為意志自由的阻礙，好像科學愈不發達，人的意志愈自由似的，固然是一種錯誤。但又有一些時髦的科學家引用物理學的「不決定原則」，或故意張大科學方法欠精密，科學假定之臨時性以為意志自由張目，也是不明意志自由的錯誤觀點。此外，對意志自由還有一種錯誤，就是以範圍之廣狹，定意志自由之高低。〔註64〕這些錯誤都在於不明白理智方法與直覺方法的區別。若是從理智的立腳點，用科學的機械方法來研究宇宙人生，「我們便不能不坦白地承認萬物皆不自由」，「人的意志不自由，即神的意志也不自由」。如果我們換一副眼鏡，由理智的科學的觀點轉變為同情的藝術的與形上學的觀點，我們不難由令人感覺得局促不安的萬物皆不自由的決定論而轉到令人覺得爽然自釋的萬物皆自由的目的論。「人之意志自由與否乃內心的道德問題，必自己直覺內省方能知道，或自己的知己朋友用同情的態度來瞭解了體貼他方可知大概。」〔註65〕因此我們必須用詩人的同情的審美眼光，或形上學家超功利忘物我的尺度來觀察宇宙人生。

由此，賀麟得出結論：「自由固是經驗中的事實，同時又是一個超經驗的理想。自由一方面是人人皆有，與人格俱來的本性，但同時又是一生追求不到，望之彌高，鑽之彌堅的理想。」〔註66〕要保持和擴張人的自由本性，第

〔註63〕賀麟：《論意志自由》，《近代唯心論簡釋》，第 214 頁。
〔註64〕賀麟：《論意志自由》，《近代唯心論簡釋》，第 217～218 頁。
〔註65〕賀麟：《論意志自由》，《近代唯心論簡釋》，第 215～217 頁。
〔註66〕賀麟：《論意志自由》，《近代唯心論簡釋》，第 222 頁。

一要用「求放心」的方法，不使精神受外物的引誘，於複雜的意念中抉擇其發展自性，實現「真我者」而行。第二，用易經上「知幾其神乎」的方法，察微知著，見顯知隱，分清主動與被動，自由與不自由的界限，「先物而主動」。第三，用中庸「盡性」的方法盡人之性，盡物之性，認識自我，實現自己的本性，就是自由。〔註67〕

人的自由既然是內心的道德，必須用直覺內省的方法才能體驗。那麼研究道德的進化就必須用形而上學的邏輯方法。斯賓塞和赫爾克根據進化定律或進化的宇宙觀研究道德的進化，是獨斷的進化論。杜威及託福茲以歷史的進化方法研究道德，對於倫理問題採取直覺的，邏輯的形而上的研究，又著重於道德的事實。從人類學、民俗學、心理學甚至生物學中尋找倫理學的材料，這是進化論的方法，又稱為比較倫理學。真正用邏輯的進展研究道德進化的是費希特和黑格爾，他們認為，道德進步的歷程不是直線式的單純進展，而是經過正反的矛盾而進展的，「是由無自覺以進於自覺，由無理性以進於理性，由漠視人格以進於尊重人格」。道德的進步必是征服惡的或超越不道德的，而達到的功能。因此，邏輯意義的進步與自然的演化、事實的道德進步不同；演化是自然的，無所謂進步或進化，退步或退化。道德事實是人的意識活動、精神生活的產物，邏輯意義的進步是事實的道德進化的標準。〔註68〕這樣，賀麟就充分發揮了「情感邏輯」的對立統一原則，闡明了道德進步的理性意義，從形上學的高度得出了理性為體，道德為用的結論，然後再根據相對的體用論把道德進步普及到社會生活領域，提出了「經濟是理智和道德的產物」、「假人慾以行天理」、「對理念盡忠」等一系列觀點。

賀麟認為，在某種意義下經濟可以決定或支配道德，但是被經濟所決定的道德並非真道德。真正的道德或不道德非經濟所能轉移或決定。一個經濟破產的國家可以產生具有真正道德的人，創造並利用經濟的力量達到復興。只有道德所決定的經濟才是真正的經濟。廣義地說，所有的經濟不論出自個人和政府者是「計劃經濟」，不經過自覺的計劃就不會有經濟，因此經濟是理智和道德的產物，「是代表它背後主人公的意志，思想或道德的工具。」〔註69〕如果從功利與非功利的觀點來看，理財與仁政並不衝突，經濟的充夾為博施

〔註67〕賀麟：《論意志自由》，《近代唯心論簡釋》，第 223 頁、第 224 頁、第 226 頁。
〔註68〕賀麟：《論道德進步》，《近代唯心論簡釋》，第 228 頁、第 230 頁、第 231 頁。
　　　　第 233 頁。
〔註69〕賀麟：《經濟與道德》，《文化與化生》，第 223～225 頁。

濟眾不可少的條件。因此「功利與非功利（道德）不是根本對立的，是主與從的關係，非功利是體，功利是用」。近代的新功利思想，是從舊式的內心道德、純義務道德思想進化過來的。從消極的道德、進而為積極的道德。從不計算利害得失，到用科學統計方法來計算人生利害得失，重視社會公共福利事業。〔註70〕這是近代倫理思想的一大轉變，早已超了中古僧侶式的滅人慾，存天理，絕私濟公的道德信條，而趨於求人慾與天理調和，公私共濟，「更進一步去假人慾以行天理，假自私以行大公」。〔註71〕宋明理學那種「棄天理，去人慾」的說教已經過時了，特別是「滅人慾」的說法過於偏激，應該重新認識理與欲，道德與功利的關係。

　　賀麟認為「五四」新文化運動破除了儒家思想的僵化部分和束縛個性的傳統腐化部分，使孔孟的真精神得以顯露。同時，他又不贊成新文化運動中批判「封建禮教吃人」的觀點，而主張對支配了中國人道德生活最有力的五倫觀念進行新檢討。他認為「三綱」是「五倫」的核心；五倫是表示相對的人際關係，一方對一方盡道德義務，是有條件的。三綱是建立在對「理念盡忠」的絕對條件上的，是人對常德的絕對關係。它與柏拉圖的「範型」，康德的「道德律令」，基督教的「道德本身就是目的，不是手段」的思想一致。〔註72〕賀麟這一套倫理思想以近代自由意志的人類理性為基石，把柏拉圖的本質倫理學，康德的自律道德、費希特、黑格爾的道德思辨，以及西方現代比較倫理學和基督教新約的博愛精神與中國儒家的仁義道德、三綱五常糅合在一起。宣揚宋明理學的「仁之心，愛之理」的道德具有永恆性、絕對性。一方面，他主張道德是超越一切社會經濟基礎的絕對精神力量。另一方面他又不得不對封建禮教進行自由、平等、博愛的西式改良，甚至借用王夫之「天假人慾以行大公」的歷史觀，宣揚資本主義工商業的合理性。因此在他的新儒學道德觀中包著不可克服的矛盾，絕對不變的、永恆的、超經濟的儒家道德理性，終於隨著資本主義產業革命變成了相對的可變的新道德規範。因為自由、平等、博愛是資本主義商品經濟的倫理價值觀念，而儒家愛有等差是封建社會小農經濟和家庭系統的倫理價值觀念，要達到自由意志的理性必然會衝擊君為臣綱、父為子綱、夫為妻綱的不平等觀念，這本身就說明了道德

〔註70〕賀麟：《功利主義的新評價》，《文化與人生》，第59頁、第61頁、第62頁。
〔註71〕賀麟：《論假私濟公》，《文化與人生》，第131頁。
〔註72〕賀麟：《五倫觀念的新檢討》，《近代唯心論簡釋》，第286頁。

進步的背後隱藏的仍然是社會經濟變化。新心學、新理學極力反對歷史唯物主義經濟基礎決定上層建築的基本原則，宣揚仁義禮智之理和三綱五常的永恆性、超越性，不僅是站在歷史唯心主義的立場，而且表現了文化保守主義的傾向。賀麟的新心學以心性、體用、知行六個基本範疇構成了一個多層次體用關係的網絡，從前理智直覺、形式邏輯、矛盾思辨上升到後理智直覺的主體邏輯心，說明理性是人的本性。再從心性本體展開了道、精神、文化、自然的文化體用論和自然的知行合一論。各個部分縱橫交錯，精神活動中每一個因素都以其他因素為前提，並成為其他因素的前提，而且有機地聯繫在一起。因此，新心學以新黑格爾主義的精神充分發展了陸王的心性合一、心體物用和知行合一的主要內容，形成了一個開放的系統。在這個意義上，我們可以說新心學基本上實現了陸王心性學的現代化。

# 第五章　唐君毅牟宗三的道德形上學

唐君毅（1909～1978）、牟宗三（1909～1995）是梁漱溟和熊十力的學生，他們於三十年代畢業於南京大學和北京大學，曾在大陸和港臺研究中西哲學，其思想體系成熟於 50 年代至 60 年代。與第一代新儒家馮友蘭，賀麟那種貫通中西的開放精神相比，他們似乎又回到了梁、熊援佛入儒會通西學的思想起點，因而形成了一個由梁、熊經過馮、賀到唐、牟的理論園圈。一方面唐、牟吸取了唯識無境、園融無礙的佛教思想，試圖建立儒家即道德即宗教的園教，另一方面他們又分別吸取了黑格爾的精神現象學和康德的道德哲學，建立了比較中西的文化意識和道德形上學。

## 第一節　唐君毅的道德自我和中西人文精神返本開新

唐君毅被港臺新儒家譽為「文化意識宇宙中之巨人」[註1]。他的著作有二十多種其中主要有《中西哲學思想之比較論文集》、《人生之體驗》、《道德自我之建立》、《中國文化之精神價值》、《心物與人生》、《人文精神之重建》、《中國哲學原論》、《中國人文精神之發展》、《生命存在與心靈境界》。他建立了一個道德理性的形上心體的人文精神體系，力求全面比較中西文化，展開文化意識的心靈空間。唐君毅明確地提出了「返本開新」的內聖開出新外王的理論，他所謂的「返本」是返中西人文精神之大本原，找出中國文化道德之源的心性本體和西方文化科學與宗教精神之源的超越意識，由此構成融合中西人文精神的現代人文精神體系，以適應現代科學民主的要求。

---

〔註 1〕牟宗三：《道德的理想主義》，臺灣學生書局，1982 年版，第 267 頁。

## 一、道德自我與心體的主宰性

### （一）心體的涵蓋性、主宰性、無對性

唐君毅指出，中國先哲之言心，皆集中於心之「虛靈明覺」，心之知與心之神三個概念。通過對心、神、志的心理分析，一方面從心理與倫理相結合的意義上提高了中國傳統哲學內外相通，物我兼成的虛靈明覺之心的超越性，為心之本體充內形外奠定了基礎。另一方面把西方心理學說成了廣義的心神論，缺乏結通理想與現實的「志氣」，並且在分析比較的過程中把中國傳統哲學的心、神、志推向了現代的認識論，為他進一步從性情關係中突出心之本體的無限性、超越性、涵蓋性、主宰性作了理論上的準備。

唐君毅指出，性情問題為中國人心觀之中心問題。道家言性與命相連，所謂性命，即人之本來面目的自然生命，因而不受心中固定觀約束。故言「復性以保心之清明，而輕記憶、知識、志行與感情。」墨家重知而輕情，墨子貴義篇言「去六闢」，即去情之蔽也，墨家所重者在志行。儒家中荀子一派，重心之清明與心志行，而以性情皆為惡，遂絀性情而尊心智。「先秦諸哲，唯儒家自孔、孟至易傳、中庸一路，乃能兼重心之虛靈明覺與心之志氣及性情，而言性之為善。」〔註2〕孟子、中庸、易傳不直接從心之虛靈明覺上說心。如果只在心之明覺上言心，則心之無限性、超越性、涵蓋性、主宰性，皆只為一形式的性質。必自性情說心，才能有一定內容與實效之主宰性。「中國儒者之言性情，則為有實在之內容（有體）與實效性者（有用）。儒者言性善，而情非必不善。惡情乃心與自然生命欲望糾結之產物，在心性本身皆無根據。由是見性可真為主宰乎心，亦使心有主宰作用者。性即普偏之理，而情運於特殊之事。故真依性生情，則普偏特殊交融，而見全量之情為成就具體之世界者，亦見人之性為生動活動之具體之理。此皆所以說明『性』之無限性、涵蓋性、主宰性、而復為無對。」〔註3〕。因此，中國儒者以性理言心，性理必表現於情，而自始為實踐的。「所謂理性之流行，則可直道而行」，「或使矛盾辯證之歷程亦為一致中和之地」。〔註4〕這就是中國正統儒學實踐的道德理性。

---

〔註2〕唐君毅：《中國文化之精神價值》，臺灣學生書局，1976年版，第141頁。
〔註3〕唐君毅：《中國文化之精神價值》，第166頁。
〔註4〕唐君毅：《中國文化之精神價值》，第154頁。

### （二）道德的本質是自我超越

「道德生活之本質，為自覺的自己支配自己，以超越現實的自我」。這是唐君毅道德哲學的基調，以此說明「道德之自由，人生之目的，及道德心理、道德行為之共性，而歸宿於論生活道德化之可能。」〔註5〕這是其道德哲學的主要內容。

唐君毅繼承和發展了梁漱溟的本能、理智、理性的倫理心理學方法，從超越本能和情慾知的基礎上進一步分析人類道德心理的共性，說明道德的本質，他指出，道德生活是自己支配自己。然而自己支配自己的生活必需是自覺的，乃成道德生活。因不自覺的自己支配自己，在出自純粹的生活本能之自然生活中，也可說是有的。「我們所要表示道德生活是人的生活，而非只一生物生活，我必須加上人的生活之所以為人的生活之共同性質，即人的自覺性。所以我們界說道德生活，為自覺的自己支配自己之生活。」〔註6〕道德生活是自律的生活而非他律的生活。他律的生活，必與宗教生活、或政治生活，或本能生活混淆，不是純粹的道德生活。但是人要真求自覺的自己支配自己，是極難的。原始人的支配的態度，總是想對於世界中他人或物，有所支配，是外馳的。人要自覺地自己支配自己，必須將外馳的支配態度收回來，以用之於自身。自己支配自己是比支配世界更偉大的工作，是表示我們意志能力能破除外界一切之阻礙，能對自己的行為負絕對的責任，相信自己有實踐道德的自由。道德之自由，是純粹就心之「能」本身上說，亦只有自覺心之「能」本身者，才能獲實踐道德自由。人生的目的就是追求道德自由，為此要「破除快樂主義、功利主義、及順生命衝動之人生思想，而歸宿於人生之目的在行自己之應當意識對自己所下命令之說，」這主要是繼承康德之辨「應」與「要」之精神，與孟子辨義利之精神。〔註7〕在道德生活中應該之命令與自由，永是互為基礎。必有自由，而後能實現應該之命令，然要保持自由，必須有應當保我自由之命令，他們是循環的過程，正是道德生活開闢之過程。完成道德自我的唯一方法是擺脫本能、衝動、欲望等之支配，遵循自己之命令，去擺脫他們。〔註8〕只有自我超越才能擺脫本能衝動的追求享樂的心理狀態，克服「能」、「所」對待的心理狀態，自覺到「清明的理性」，

〔註5〕唐君毅：《道德自我之建立》，臺灣學生書局，1985年版，第21頁。
〔註6〕唐君毅：《道德自我之建立》，第27頁。
〔註7〕唐君毅：《道德自我之建立》，第28頁。
〔註8〕唐君毅：《道德自我之建立》，第74頁、第80頁。

從「有對待的道德心理」進一步發展為「無對待的道德心理」，達到絕對的精神自由。〔註9〕這時的自我才是「形上的自我」，「亦實即中國哲人所謂本心本性」，因此「道德價值表現於現實自我限制之超越之際，實乃中國哲人所謂反身而誠，盡心知性。」〔註10〕

唐君毅聲稱他是用全新的語言來注解中國先哲的心性論，所謂「全新的語言」，即是用康德的自律道德、自由意志，應當命令來說明道德的自我超越是通過自己命令自己的「應當」過程來達到自由、自主、自律。用黑格爾、費希特的辯證法來說明人應當超越有限而達到無限，破除物我對待、能所對待的束縛和煩惱而達到無對待的精神自由。此外他還用哈特曼的「道德價值是超越的」來改造柏格森的「生命衝動」，用勃拉德萊、格林的「形上自我即通於神」來說明自我超越。〔註11〕這些解釋正是發揮了他一再強調的心之本體能超越性情，具有涵蓋性、主宰性、無對性的觀點。

## 二、道德理性的分殊與文化宇宙意識

### （一）文化活動是道德理性分殊的表現

唐君毅認為：「一切文化活動，皆不自覺的，或超自覺的，表現一道德價值。道德自我是一，是本，是涵攝一切文化理想的。文化活動是多，是末，是成就現實的。」道德實踐內在於個人人格。文化之表現在超越個人之客觀社會。而「一不顯為多，本不貫於末，理想不現實化，內在個人者，不顯為超越個人者，則道德自我不能成就他自己。而人如不自覺各種文化活動，所形成之社會文化之諸領域，皆統屬於人之道德自我，逐末而忘本，泥多而廢一」則徒見之現實之千差萬別，而不能反溯其所以形成之精神理想，……不知客觀社會亦內在於個人之道德自我，精神自我；則人文世界將日益分裂與散離。」因此，一方面要推擴我們的道德自我，精神自我，說明人文世界之成立，一方要攝人文世界於道德自我，精神自我之下。〔註12〕從這個意義上可以說：「各種文化活動，為同一精神自我之分殊的表現。」〔註13〕

---

〔註9〕唐君毅：《道德自我之建立》，第40頁、第68頁。
〔註10〕唐君毅：《道德自我之建立》，第30頁。
〔註11〕唐君毅：《道德自我之建立》，第28頁、第31頁、第32頁。
〔註12〕唐君毅：《文化意識與道德理性》，臺灣學生書局，1985年版，第6頁。
〔註13〕唐君毅：《文化意識與道德理性》，第13頁。

　　唐君毅聲稱他這種觀點是融合康德實踐理性與黑格爾的絕對唯心論，以說明的文化領域乃同一精神自我的客觀表現。康德論文化的最大功績，在以其批導方法，分清科學知識、道德、宗教、藝術、政治、法律不同領域，而一一見於人類理性要求的實現與滿足。而黑格論文化之大慧，則在依辯證法以指出不同之文化領域是同一「精神自我」的客觀表現。他的「精神自我」以哲學為最高，其次是宗教、藝術、國家法律、社會道德、家庭。其宇宙精神表現於歷史，則由中國、印度、埃及、波斯、希臘、羅馬、日耳曼世界，亦顯次第陞進之形態。日耳曼世界中的普魯士國家政制，顯絕對精神之自覺的實現其於地上。這就是他的歷史哲學。但是黑格爾的宇宙精神表現為人類文化領域之客觀精神，絕對精神，是可上升亦可下降而波瀾起伏的精神，下降以後再上升，只有通過其自身之毀滅。這就導致了斯賓格勒周斯斷滅論的悲觀歷史哲學。因此，唐君毅決定不採用黑格爾那種家庭、社會道德、國家法律、藝術、宗教、哲學依次上升，一線相連，先在原則上決定各種文化領域之高下的方法，而採用康德的實踐理性，說明各種文化活動是道德理性的分殊之表現，以建立一個文化哲學的系統。〔註14〕他把人類順理性而生的真正文化理想所包含的價值、目的觀念分為十二種。這十二種文化活動及理想文化又分為三組。

　　第一組是：科學哲學示真理，文學藝術示審美，宗教求神心或神聖世界，道德為自我超越而求善。此四種為人類理性之最純淨之表現。第二組是生產技術、經濟思想、國家政治、家庭倫理乃人類理性對生命欲望之規範，故恒與人之自然生命欲望相夾雜。第三組是：體育、軍事、法律、教育為人類保護文化存之文化活動，也是道德價值的體現。雖然在這十二種文化理想中，道德理性只為其中一種，實則一切文化皆可謂依於吾深心之欲實現道德理想而生。每一特殊之文化價值，實皆同時實現或表現一道德價值——亦即超越之自我，精神自我，更得盡其本來理性之價值。「故一切文化活動，亦皆可謂道德活動之各種化身之實現。」〔註15〕

　　上述以十二文化意識說明道德理性分殊之表現的文化哲學系統，正是唐君毅要把「當下一念」的超越自我放開去廣說的實現，一方面修正了陸王心學收縮得太緊的缺陷，另一方面又利用了朱熹的「理一分殊」，只不過唐君毅

---

〔註14〕唐君毅：《文化意識與道德理性》，第12～13頁。
〔註15〕唐君毅：《文化意識與道德理性》，第47～48頁。

所謂的理性或儒家的性理，不是朱熹那種對客觀的天理、性理，而是主觀的「心即理」，同時又在分殊中體現了道德自我化為客觀外在的各種文化活動。唐君毅還吸取了康德、黑格爾的觀點來說明自己建立以道德理性為出發點的文化哲學系統。這樣，唐君毅不僅把熊十力的外擴王學、融合朱、王的宗旨發揮在豐富的文化哲學方面，而且在一定程度上吸取梁漱溟以本能、理智、理性的人類心理發展史論述文化哲學的觀點，以及賀麟的文化體用觀點。

## （二）人類文化在宇宙中的地位和命運

道德理性分殊而成的各種文化構成人文世界的基本內容，如何達到人文世界與物質世界、生命世界的貫通，是唐君毅文化哲學要解決的一個極大的問題。他指出，自然的進化先由物質世界的物體相互外在而變化無常，超越至生命世界的植物生命有常而據一點，以四達其生命「由植物生命之謬結，而超越至動物本能之直覺光輝外透，由動物依本能生存，超越至依經驗以生存，再由經驗中刺激反應的連結開解，而超越至交替反應之生起」人則由動物經驗無內外分別，超越至有內外界劃分，而歸於人之自覺其別於自然並以其精神理想主宰自然。自然能進化出在其上之精神或人，則自然之本性，即一超越自然以拱出精神或人者。而自然之本性，亦即一超自然而同於精神本性人之本性者，「即有精神性人性之自然也。」〔註16〕這個由物質世界到生命世界再到精神世界的自然進化過程，從實質上看，「自始為一超越物質世界或使物質世界自己超越之原理或道或生命精神在不斷顯現。」〔註17〕由有形而超形，由形下而達形上，由多而融會為一之事也。「吾人如合所謂物質世界之互相影響之能力作用之全量，及其在無限時空中全體變化歷程而觀之，則不難看出一切物體皆如通而為一『即有形而無形，即無形而有形之超物質只有生生不息之幾之形上實體或形上之宇宙生命精神之顯示。』原吾人所謂生物之生命活動之特徵，即在其能互相貫通而互相支持。人類心靈精神之特徵，即在其能顯於所謂客觀界者，加以選擇納之於主觀，兼將呈於主觀界者表現之於客觀界。人心之選擇也必有所捨，即不形其客觀界初之所形。而其表現也，即能形客觀界之所不形。則即此所謂無限時空中之物質全體之一切變化歷程之互相貫通而互相支持以觀之，即似一大生命也。而就其吐納萬形，使形者不形，不形者形而觀之，即似一大心靈，大精神也。」這個「大心靈」「大

〔註16〕唐君毅：《文化意識與道德理性》，第 652～653。
〔註17〕唐君毅：《文化與道德理性》，第 648 頁。

精神」即是「形上實體生生之幾」,「天命流行之神妙而不測者也」,而物體的質力顯形耗力愈散,質亦毀,乃返其所生,不過是宇宙形上實體生生之幾運於「特定之形之相繼以生」的假名。〔註18〕這種宇宙生命進化論,正是唐君毅所謂心體恒常,物質世界生滅無常的觀點在進化論中的具體運用。也就是說,從物質世界到生命世界的植物、動物和人類精神的產生,都是形上的宇宙生命精神的顯現,只有人的自我超越精神才能與宇宙生命精神合而為一。

由這種宇宙形上實體生命精神可知人之本性,無限精神內在於任一人之精神之中。吾人之一切文化活動,皆初不受自然之本能欲望交替反應與聯想等自然心理的決定,而恒表現於一精神理想而生,即一超越自然的本能欲望等,以涵蓋的理性化吾人的自然欲望等。即一超越吾人個體自我,而涵蓋他人自我及一切生物或物體之超越的精神自我或本心之存在。如總括而論之,則人的家庭生活本性,即超越涵蓋人之性本能也。人的生產技術活動社會經濟之本性,即超越涵蓋人之求食利用物體以謀生存之本能也。人之政治活動之本性,即超越涵蓋人之求權力本能。人之學術活動,見人之無私的探求宇宙之萬物人生之真理,而充塞彌倫一切真理世界之精神。人之藝術文學活動,見人之無私的表現宇宙萬物人生中之至美,而昭明煥發彼至美之世界精神者。人之宗教活動,皈依宇宙萬物人生中之至神,以超昇現實世界的痛苦為之罪惡,而光榮理想世界之真美善者。人之道德活動,乃實現吾人理想世界中之真美善於吾人自身,以完成吾人之人格,並由吾人之人格以散佈理想世界之光輝,與吾人道德自我之光輝,於現實世界,以使現實世界以成理想世界,成吾人超越的道德自我、精神自我或神之具體的客觀表現者。此即皆依吾人超越的精神自我不自限而無限之精神而生文化,而皆可由之以透至宇宙的形上本源。〔註19〕

這樣,唐君毅就用形上的宇宙生命精神貫通了物質世界、生命世界與人文世界,而把宇宙萬物和人類的各種文化都看成是精神本體的顯現,只不過顯現的方式各有其特點。物質世界進化到生命世界只不過是為人類精神的出現,顯現出內心世界與外在世界的對待作準備,人的精神自我(道德自我)又分殊出各種文化,以形成人文世界,而人文世界的根源又在宇宙形上的本源。這一套理論充分發揮了梁、熊二先生的宇宙生命本體,特別是梁漱溟的

---

〔註18〕唐君毅:《文化意識與道德理性》,第648～649頁。
〔註19〕唐君毅:《人文精神之重建》,第653～654頁。

人類心理進化史觀點，藉以說明人類理性超越生命欲望而形成各種文化意識。從文化哲學的意義來看，唐君毅對各種文化意識的分析，內容十分豐富，遠遠地超過了梁漱溟的文化三路向框架的具體內容。這既是唐君毅人文精神的特點，也是他的優點。

## 三、中西文化哲學的比較與人文精神的返本開新

### （一）科學與哲學及中西哲學

唐君毅認為西方文化「方以智」的精神是由科學反省到哲學，中國文化「圜而神」的精神是由實踐生活直接反省到哲學。他指出哲學有兩條進路：一條路是從「求實用實踐生活上真知」出發，「在實用實踐生活上及我自己在人類歷史社會中所處之地位，隨處體認反省以到哲學。這大體可說是東方哲學的路」。〔註20〕「另一條路則是從人之科學知識以引進到哲學的路。」〔註21〕這是西方哲學的路，它適合於當今時代，切實穩當，決不易流於恍惚狂妄。但是要從這條路悟會到東方聖哲的境界，必須經過思想上一極曲折悠長的路，須從好多西方的哲學派別中翻出去。這又不是容易的事，因而人恒免不半途而廢。這裡的關鍵是如何「盡智力以達超理智之境。」〔註22〕

在西方哲學中又有兩條路：「一是直接傍隨科學知識的路，一是反溯科學知識之所由成的路。」「所謂傍隨科學知識的路，是指即就某一科學或多種科學之原理，將其概括化，以成一宇宙觀，而在此宇宙觀中決定人生觀的路。」〔註23〕如斯賓塞於生物學中認識進化原理，進而去認識天體，人類社會進化，而成一進化哲學。這種哲學無論其成就如何大，只要其所依據之某一特殊科學之原理有所改變，其全部理論就不能成立。另一條「反溯科學知識所由成的路」又，有不同層次的哲學。第一是「科學批判的哲學」，第二是「反形而上學」的「經驗主義哲學」。第三是「超感覺經驗主義哲學」的形而上學。

在「超感覺經驗主義之哲學」的路中，又有三條路。一條是依理性之原則，將其客觀化，為構成形上實在原則的理性主義者的路。即笛卡爾，斯賓諾薩、萊布尼茲哲學的路。另一條路是依理性以觀照識取經驗世界一切普遍

---

〔註20〕唐君毅：《人文精神之重建》，第577頁。
〔註21〕唐君毅：《人文精神之重建》，第577頁。
〔註22〕唐君毅：《人文精神之重建》，第578頁。
〔註23〕唐君毅：《人文精神之重建》，第578頁。

的共相、理念，推求一般現實存在所以存在的外在原因或所依之潛在者。此即由希臘柏拉圖、亞里士多德、經中古之託瑪斯，以至一切超越實在論及今之實在論者的路。再一條路即是就知識世界經驗世界，反省如何形成內在與外在條件，分辨何者不能不原自經驗而由外入，何者不能不原自經驗的理性，而由內出者。此即康德批導哲學的路。這三條路，「第一、第二條路，都只承認人之思辨的或觀照的純知的理性，既可通到科學知識，又可通到形上學。而第三條路，則由科學知識所由成，一方賴於外在的超絕的對象，一方賴於內在的超越範疇理念。此範疇理念，即統攝於我們之超越的理性自我」，由此出發，「遂可轉到純知的理性以外之實踐的理性之肯定；而由此實踐理性，以另開形上學之門。」〔註 24〕從此西方而有超科學的道德形上學，與建基於道德之宗教哲學。這就是康德的道德形上學，又經菲希特，黑格爾發展成客觀精神的形上學。

　　唐君毅通過對西方「傍隨科學」和「反溯科學」的哲學進路進行多層次的分析，一方面說明以曲折的路翻出各種西方哲學而歸於東方哲學的境界非常不容易，很可能半途而廢。另一方面又指出康德、菲希特、黑格爾終於翻出了各種哲學而達到了道德形上學和精神形上學，即由外向內而內外貫通。所以他又進一步指出：在「科學知識所及世界外……仍然有另外的世界。此即關連於人之實踐理性或情意之審美活動、實際行為活動、宗教信仰活動所發現之世界。而這一切活動（包含純粹求知活動）與其所發現之世界，則共統攝於人之超越自我」。〔註 25〕這個超越的自我即是「自我之價值意識或良知」，因此「良知」是判斷我之科學的純知活動。實際行為，藝術活動的價值標準。「凡合者，謂之是，不合者謂之非，良知是是而非非，亦即善善而惡惡，是為人一切道德智慧道德實踐之原，人生之內在的至高無上的主宰。」〔註 26〕這樣唐君毅就用「良知」把西方哲學」傍隨科學」和「反溯科學」的各種哲學收攏到中國傳統的心性之學中，而以良知為價值判斷的主體。

　　唐君毅比較中西哲學進路，發揮了熊先生所說的西方科學知識發現物理世界的真實，東方超知識的哲學發現本體世界真實的觀點。熊先生劃分了西方主知的和東方超知識的兩條哲學進路，並在超知識的進路中又劃分出極端

---

〔註24〕唐君毅：《人文精神之重建》，第 582～284 頁。
〔註25〕唐君毅：《人文精神之重建》，第 584 頁。
〔註26〕唐君毅：《人文精神之重建》，第 585 頁。

反知的道家和超知識的儒家兩派。唐君毅則極大地發揮這些觀點，一方面他自己創立了從生活實踐中反省到哲學的中國式進路，另一方面他把主知的與超知的兩條進路運用到西方哲學的分析中，劃分出「傍隨科學」和「反溯科學」的兩條進路。在反溯科學的進路中又劃分出科學批判的哲學、反形而上學的經驗主義和超經驗主義的哲學三個層次。在超經驗主義的哲學中，又劃分出實在原則的理性主義、超越實在論和超理智的道德形上學三條進路。這種分析不僅比熊先生詳細，更重要的是尋求中西人文精神融合的中心點——康德、黑格爾的人文理想主義與中國儒家的道德理想主義的融合。

## （二）中西文化基本精神之比較

在廣泛比較中西哲學的基礎上，唐君毅提出了將人類之人文精神一切內容及「一切中西人文精神返本開新之道皆說出」的原則。〔註27〕他認為，現代西方人文精神已有一個返開新之運動或人文精神之重建的運動，中國人文精神之返本，足為開新之據，且可有所貢獻於西方世界。也就是說，把西方近代曾發生過的返本開新重建人文精神的運動與中國正在進行的返本開新重建人文精神的運動相比較，進行融合，以形成世界性的返本開新的廣義的人文精神之重建。唐君毅認為，西方文化精神的形成與古希臘時期的戰爭與商業有密切聯繫，中國文化精神的形成與先秦到近代的農業經濟有密切聯繫。因此，西方文化形成為多元的，其所經歷之文化衝突多，而中國文化之形成，幾乎可謂一元，其所經歷之文化衝突少。

由於中西文化精神形成的外源不同，不僅造成了中西文化的一元與多元、重統緒與重分類的不同，而且進一步導致了中西文化的基本精神不同。唐君毅認為，中國自先秦以來其文化的對象就是直接經驗的人類社會關係和被人們賦予了倫理情感和審美情感的自然界。這種文化的基本內容主要是人文的、政治的、道德的和宗教的，而不是客觀的、科學的。這種文化從個體意識中反映出來就具有「情感主觀性」的特點，從社會普遍意識、民族意識反映出來就具有「整體主觀性」的特徵。雖然西方文化也考察人類社會自身，但其文化的對象之重點則在自然世界和人類的自然存在形式，因而反映出來的基本上是一個理性的、符合自然客觀的求真態度，而常常把人類主觀的情感因素，及人類的整體特殊性排除在外。中西文化的對象、內容及方法的不同，

---

〔註27〕唐君毅：《人文精神之重建》，第3頁。

造成了中國文化整體主觀的文化態度和西方文化客觀求真的基本趨向之間的差別。

　　首先在基本精神上，中國文化之本在道德和藝術，西方文化之本在宗教與科學。中國文化精神中真正起決定和支配作用的是儒家道家，其基本精神是儒家的道德理想主義和道家的藝術境界。在這種精神中，儒家的道德理想主義居於支配的地位。在現實生活中道德理想居於支配地位，藝術則使道德教訓至於中庸而高明境界，兩者的聯繫好像中國文化精神之劍的雙刃，文化的任何具體形態都是這兩種精神的結合。孔子的儒學起源於周代的禮樂，禮樂的兩大干係都源於原始宗教，孔以仁「立於禮而成於樂」。在以後的歷史中，伴隨著禮樂產生了各種道德和藝術的文化形式，道德精神和藝術精神融注其中並滲透到傳統文化的各個方面。儒家的道德藝術精神中，藝術精神是以隱晦的、非功利的方式為道德精神服務的，而道德精神比較明顯和直接的服務於社會政治，因此維護文明社會正常秩序的政權系統和文化教化系統既有直接聯繫又有區別：一方面以道德教化引導治國平天下，導致了儒者屈服於封建專制，另一方面儒學又是一種個人安身立命的學問。先秦儒家以仁為標準兼容百家，體現了人文世界的俠義精神。儒家以道德為中心的思想，在正心誠意齊家治國平天下的綱領中，各種學術流派各種社會階層都可以在儒家的理想藍圖中找到自己的位置。這正是儒家「道德的一元論、社會文化的多元論」之表現。〔註28〕中國漢代文化的基本精神是儒、道、墨、陰陽與秦晉功利主義的大融合，前漢儒道為主，後漢獨尊儒術，魏晉隋唐道佛盛行而尚文藝，宋明儒學復興再尚道德。這種文化潮流的起伏只是表面現象，其真正的底蘊仍然是儒道兩家的「相激相蕩，相錯相綜」唐君毅指出：「大率儒樹當然之則以承天，道明自然之用以輔之。儒重常，道觀變。言治道者多本於儒，言治術者多本於道。儒暢性天之機，以成己成物」道養心氣之虛，以靜明無求。治世之能臣多崇儒，亂世之隱逸多崇道。道宏納主因勢，故開國之臣多崇道」儒樹鋼常以立本，故中興之臣恒近儒。立本故倡經常，因勢故重史學。然歸本而言之，則儒重剛性以建立，道重柔性以順應。〔註29〕這個論斷大體上符合儒道兩家基本精神和在中國文化發展史中的交替演變的實際過程。特別是漢代的黃老之術和魏晉玄學的興起可為佐證。而唐君毅的目的正是為了

---

〔註28〕唐君毅：《人文精神之重建》，第 206 頁。
〔註29〕唐君毅：《人文精神之重建》，第 129 頁。

說明儒家道德精神與道家浪漫的藝術精神在交替中的相盪相合的發展過程，以明儒家廣博的包容精神。

在西方，由古希臘、羅馬和希伯來文化融合而成的近代西方文化，其基本精神是宗教與科學。希臘文化有兩種精神：以米利都學派和德謨克里特的自然哲學為代表的阿波羅精神（科學和藝術）以及畢達哥拉斯宗教性數理哲學為代表的狄俄尼索斯精神（阿菲克教精神），使希臘文化「能夠透過時空中事變之流轉而獲得安身立命之地。」羅馬文化的基本精神是人類「普遍紀律之強制的實現與普遍人性的自覺。」這樣斯多葛哲學精神就把希臘文化求普遍，求超越性的文化理性轉變為羅馬文化的「主宰生活、條理化生活之實效」的生活理性。這種在普遍規範中求內心生活寧靜的精神之外化，就是社會生活中人與人的平等人權。基督教對羅馬教的勝利，是基督教精神的勝利。基督教對羅馬教以「絕對精神的肯定，內心之仁的自覺」而區別於「識義不識仁」的猶太教。〔註 30〕不過基督教的仁愛精神又是建立在天國與人間，罪我與上帝遙遙相隔的神人距離之中，與中國儒家的「天人合一」境界是有所不同的。西方的科學精神和宗教精神雖可追溯到古代，但真正典型的宗教和科學形態卻是在中世紀和近代才出現。西方近代科學發展的動機主要有兩種：一種是從培根「知識就是力量」中體現出來的「實用的動機」，希望通過知識發展科學獲得權力，從而在人間建立天國。一種是來自發展自然秩序的欲望而形成的「理論的動機」，如開普勒、牛頓、笛卡爾等人皆視自律科學的定律為上帝的立法。可見，這兩種動機正是從中世紀的宗教天國信念中轉化而來的。因此，近代西方文化表現為「科學思想和宗教思想二者相盪。」〔註31〕

中西文化基本精神的差異還表現在藝術領域。唐君毅認為，道德和藝術的基本特徵就是沒有主客體的劃分，這是它們與科學認識最大的區別。由於中國文化中科學的因素沒有得到發展，卻使藝術在道德支配下發展得相對成熟。藝術精神之本在物我相望以通情。中國道家的「無我」、「坐忘」、「以天地為友」，「與造物者遊」的思想影響著書畫文學的精神。從中西藝術的對比來看：中國之書畫地位高於雕刻建築，書畫不求貌似而求神似，不重明暗遠近等層次，而以淡墨使虛實莫辨，氣韻生動，西方藝術受科學求真的理性精神影響，書畫極重貌似，重明暗，重遠近觀景，繪物寫景務求逼真，不如中國

---

〔註30〕唐君毅：《人文精神之重建》，第 141 頁。

〔註31〕唐君毅：《中國文化之精神價值》，第 91 頁。

藝術更能夠表現「純粹的藝術精神」。中西藝術精神也影響著各自的審美觀念和文學作品中的不同風格。唐君毅的這種對比實際上是發揮了梁漱溟的中國文化是玄學的，西方文化是科學的觀點，只不過梁漱溟是以中西醫作比較，唐君毅以中西藝術作比較，而且這種比較又不僅限於藝術。他在說明中國文化基本內容的「情感主觀性」和「整體主觀性」的特徵時，就表現出一種道德與藝術相結合的玄學式的整體觀念，在說明西方近代科學與宗教相盪的基本內容時，就表現出一種「知識就是力量」為上帝立法的科學求真精神。唐君毅對中西文化精神的發展作了總結性的論斷，他指出：「論中西文化精神重點之不同，即中國文化根本精神，為自覺地求實現的，而非自覺地求表現的。西方文化的根本精神，則為能自覺地求表現的，而未能真正成為自覺地求實現的。此處所謂自覺地求實現的，即精神理想，先全自覺為在內，而自覺地依精神之主宰自然之生命力，以實現之於現實生活各方面，以成文化，並轉而直接以文化滋養吾人之精神生命自然生命。而此所謂自覺地求表現的，即精神先冒出一超越的理想，以為精神之表現，再另表現—『企慕追求理想，求有所貢獻於理想』之精神活動，以將自己之生命自然力，耗竭於此『精神理想』前，以成就一精神之光榮，與客觀人文世界之展開，而不直接以文化滋養吾人之精神生命自然生命。中國文化為前者，西方文化為後者。而此亦即中國文化悠久，西方文化無論希臘、羅馬，皆一時極顯精彩，復一逝不回，唯存於『上帝之永恆的觀照』下之故。」〔註32〕他的這個論斷曾被牟宗三在四本書著作中引用，以說明中國的「以理生氣」之文化與西方的「以氣盡理」之文化的不同。

### （三）中西文化精神的共同發展歷程與返本開新

經過中西人文精神的比較，唐君毅認為，要把中國以道德、藝術為本的人文精神與西方以宗教、科學為本的人文精神融合起來，就必須平等地看待中西文化，尋求人類的精神的共同歷程。唐君毅認為西方文化和中國文化大致都經歷了遙相對應的三個時期。上古時期是西臘羅馬文化對應著中國先秦春秋戰國的諸子百家，稱為上古時期。中古時期是西方基督教中世紀對應著中國魏晉六朝及隋唐佛學。近代時期是西方文藝復興對應中國宋明理學的儒學復興。〔註33〕

---

〔註32〕唐君毅：《中國文化之精神價值》，第 363 頁。
〔註33〕唐君毅：《中國文化之精神價值》，第 522 頁。

　　唐君毅對比中西文化發展的三個時期，尋求人類精神的共同歷程，是為了指出「我們要救今之弊」，須再生宋明儒者之精神，「發揚西方近代之理想主義，與中西方人文主義之精神。此是求中西學術文化精神之返本。然此返本，則同時是求開新。融合中西方理想主義人文之精神，與其文化思想，即開新的工作的始點。故在此後部之最後，為人類之創世紀。」〔註 34〕這裡說的「返本」從本源的意義上說，就是從黑格爾追溯到古希臘亞里士多德，為西方的人文理想主義之本「從宋明理學追溯到孔子為中國的人文理想主義之本。從中西人文精神發展的最高理論成就意義上說，則是西方康德、黑格爾對人文價值的肯定，對人類整個文化歷史價值的肯定」宋明理學的心性論對天道性命的肯定，特別是王船山的那種「論天人心性與歷史文化之道」的精神。這裡的「本」是從本體論意義上說的。因此返中西人文精神之本，從廣義上說就是中西人文的理想主義精神，從狹義上說就是宋明理學的心性本體論與近代西方人文理想主義的結合。「開新」就是由人文理想主義之本開出人類新的創世紀。

　　唐君毅認為，「中國人文精神之返本，足為開新之根據，且可有所貢獻於西方世界。」〔註 35〕中國文化雖然缺乏西方文化的宗教精神和科學精神，而宗教和科學都應該是中國文化在未來建設中需要重視的成分。對於西方文化的挑戰「中國文化亦可回顧其過往之經驗，將其過往之回應方式，亦來一個大綜合，以應付其今日所遭之大磨難，」〔註 36〕中國隋唐接受了佛學，而後超越了佛學，轉化佛學基本精神而創造了中國佛學。同樣，當今世界文化中有價值的成分，中國也可以接受之，改造之，進而超越之，這就是中國文化的「樂意」（藝術）精神。對於西方民主精神，可因中國古代民本、民貴的思想而接受之，對於西方科學技術也可因中國文化致知格物的精神接受之，改造之，對西方的宗教也可因中國文化中敬天主義而改造之，超越之。總之，就是將一切西方的科學技術、民主宗教等加以「中華禮樂化」「中國人文化」。〔註 37〕中國文化將在這個過程中走向世界。另一方面，西方文化應該正確處理好手段與目的關係，「擴大人文精神的內容，完成人之人格」、「表現人之理性理想於社會與自然，表現昭顯人格之價值意義於客觀的自然和社會」才是

〔註 34〕唐君毅：《人文精神之重建》，第 8 頁。

〔註 35〕唐君毅：《人文精神之重建》，第 3 頁。

〔註 36〕唐君毅：《中華人文和當今世界》，臺灣學生書局，1975 年版，第 702 頁。

〔註 37〕唐君毅：《人文精神之重建》，第 175 頁。

文化的目的。而知識科學、社會事業都不過是手段，手段只能為目的服務。因此，西方文化的發展應該是「西洋古典精神與近代精神之一更高的綜合，『這種綜合』包含著超越精神之大內在精神。」超越的精神使人不至於物化，「內在精神」使人安頓於自然、社會。在這種「大內在精神」中，包括古希臘與近代的哲學、藝術和科學的精神，也應包括中國儒家「經濟生活上求平均與公平、民族主義上要歸於一切民族之講信修睦」的「治國平天下」精神，及儒家的綱常名教精神。〔註38〕唐君毅融合中西文化的基本原則是闡明「圓而神」之中國文化精神，對「方以智」之西方文化精神可全部攝取之理由，以展開中國未來之人文世界。〔註39〕具體的說，就是「取柏拉圖、亞里士多德之道」，融入中國孔孟之道和宋明理學所具有的「寬宏博大的和平悠久之智慧」，以實現民主、自由、和平、悠久的人類人文社會之四大理想。〔註40〕除此以外，如平等、公道、安全、功利，皆可由人生價值及人文價值之概念中引申出來。民主政治包涵關政治平等、人格平等，生存權利，經濟機會、人文創造與享用上的平等。公道乃可涵差別之平等，安全亦即人之自由權利之一種。功利福利不過是由權力之運用，而實現一人生價值人文價值，達某一目的得某一效果。我們可以說，欲天下太平，則社會必須有公道平等，欲人文悠久，即須有安全，而有正當功利或福利之目的而達到。故平皆可包於和平悠久之理想中。這才是各方面的融通和人類人文世界的全幅展開。〔註41〕

　　這就是唐君毅為中國文化從傳統走向現代，走向世界，匯入未來世界文化潮流所設計的藍圖。

## 四、心通九境與道德宗教

　　唐君毅的哲學被稱為「超越的唯心論」，不僅在於他以「道德自我超越」的心本體論建立了道德論、宗教論、人生論、文化論、科學哲學論的龐大人文精神體系，更重要的是他晚年出版的《生命存在與心靈境界》一書，展開了人類精神的全幅空間，由心靈活動的不同層次說明了各種意識在九種境界中的體、相、用關係。

---

〔註38〕唐君毅：《人文精神之重建》，第 175 頁。
〔註39〕唐君毅：《中國文化之精神價值・自序》。
〔註40〕唐君毅：《人文精神之重建》，第 13 頁。
〔註41〕唐君毅：《人文精神之重建》，第 13～14 頁。

### （一）生命存在與心靈空間

生命、存在、心靈是唐君毅證成心通九境的精神空間的基本範疇。他指出：生命、存在與心靈，各為二字合成之詞，亦可視為一複詞。生命之「生」，乃指由未生而生，「命」則指既生而向於更生。存在之「存」，指包涵昔所已有者於內，「在」指已有者更有其今之所在。此「所在」又可為包涵保存此已有者。又如靈之「心」，偏自主於內說，「靈」則言其虛靈而能通外，靈活而善感外，即涵通義。今合「生」「命」為一名，要在言生命為一生而更生之一次序歷程。合「存」「在」為一名，要在言此生命存在，為內有所「存」，外有所「在」。外有所在，則有其外在之「位」，內有所存，則所在者在其自身之中，有其位。若在內者為一層，在外者為一層，生命則居其中層之位，以通內外之層位。此即見生命存在之有其連於層位之義。「心」自內說，「靈」自通外說。合「心」「靈」為一名，則要在言心靈有居內而通外以合內外之種種義說。然人有生命，即有心靈。則凡所以說生命或存在或心靈者，皆可互說，而此三名所表者，亦可說為一實。〔註42〕這裡所說的「存在之位」，「通內外之層位」「合內外之種種義」「生而更生之次序歷程」即是指心靈境界的次序和層位，以說明心通九境。這樣，由心靈境界的感通活動、與其方向，方式進一步說，「人之生命存在之心靈為其體」則感通即是此體之活動或用「而此方向方式之自身，即此活動或用之有其所向，而次序進行時，所表現之義理或性相或相狀，乃由此體之自反觀其活動，或用之如何進行而發見者。」這就是說「反觀」也是心靈之體的活動方式，即此體以其反觀之活動所發見之方向方式，「兼屬於能反觀活動之自身」而亦屬於能次序發此二活動之生命存在之心靈之體，而此體亦即存在於其諸方向方式之感通活動中。由此即見此中之體、相、用三義相涵。」〔註43〕

唐君毅對生命、存在、心靈和體、相、用這些範疇的規定，實際上是按照客觀境界、主觀境界、超主客之境界的程序而建立的，每一境界中又有體、相、用三個層位，故而形成九境。這裡必須特別注意，所謂「客觀境界」並不是完全脫離主體的客觀對象，而是指心靈向外感通的方向方式，仍然是兼主客的，只不過重點是在說反觀活動所成之外在境界。同樣「主觀境界」也不是絕對的主觀，而是把反觀外在的客觀境界收攝於心靈之內，對純意義進

---

〔註42〕唐君毅：《生命存在與心靈境界》上冊，臺灣學生書局，1986 年版，第 10～11 頁。

〔註43〕唐君毅：《生命存在與心靈境界》上冊，第 12 頁。

行反思，這樣才能進一步上升到超主客的境界。此外還應該注意唐君毅所說的「感通」與「感覺」的意義之間的差別，感覺屬於經驗，「感通」包含著感受，思維和直覺，主要是指內外相感，即《易傳》所說的「易無思也，無為也，寂然不動，感而遂通天下故」的意思。利用這個「感通」的意義說明生命存在的心靈活動具有內外、主客、虛實兼通，「遍動於全宇宙之知之情之意」，所通愈大，愈大愈廣，亦愈永恆而悠久，普遍而無不在，無限而無外的意義。﹝註44﹞這樣，唐君毅又進一步展現了「精神空間」，他說：「人之心靈之自覺與所覺間，應有的精神的空間。此空間之量，人可生而即有或大或小之分，然亦可由修養而開拓小以成大。」﹝註45﹞所謂「自覺」與「所覺「的之間的「精神空間」，即是心通九境，遍運於宇宙之知、情、意的無限精神空間。唐君毅是用真（求真理的認知活動），美（審美的藝術活動），善（道德之善）的內心體驗把「自覺」與「所覺」聯繫起來，以成就盡性立命的道德實踐，開拓無限的精神空間。用文化意識與道德理性的關係來概括，即是說一切意識所成之境，皆是道德理性的分殊，通過分殊之境的體驗，乃可達到道德的自我意識，既不能用一般的「臨時抱佛腳」式的道德實踐來代替各種文化意識的後天修養，也不能使各種文意識脫離道德實踐，只有這樣理解，才能使精神空間無限廣大而恒久。

## （二）心通九境的精神空間

唐君毅把心靈境界分為三類九種，三類即客觀境界、主觀境界、超主客境界。每一類境界中又有三種。

客觀境界是指人的心靈所觀照的一切客觀對象。「亦名覺他境」，始於人之生命心靈由內而外，而有所接之客境，其中又有體、相、用三種觀法。「第一境為萬物散殊境，於其中觀個體界」，凡世間之一切個體事物之史地知識，個人之自求生存、保其個體之欲望，皆根在此境，而一切個體主義之知識，形上學、與人生哲學，皆判歸此境之哲學。「第二境為依類成化境，於其中觀類界。此為由萬物散殊境，而進以觀其種類。定種類，要在觀物相。」一切關於事物之類，如無生物類、生物類、人類等知識，類的形上學，與重人之自延其類，人之職業活動之成類及人生哲學，皆當判歸此境之哲學。「第三境，為功能序運境，於其中觀因果界、目的手段界，此為由觀一切事物之依類成

---

﹝註44﹞唐君毅《生命存在與心靈境界》上冊，第28頁。
﹝註45﹞唐君毅：《生命存在與心靈境界》下冊，第305頁。

化,進而觀其對他物必有因果。」一切專論因果之知識論,唯依因果觀念而建立之形上學,與一切功利主義之哲學,皆當判歸此境。〔註46〕

主觀境界是由人對其內心反省而來,亦稱「自覺境」。「第一境為感覺互攝境,於此中,觀心身關係與時空界。第二境為觀照凌虛境,於此中觀意義界。此境之成,由於人可於一切現實事物之相,可視之如自其所附之實體,游離脫開,以凌虛而在。」第三境,為道德實踐境,於此中觀德行界。一切有關「此道德良心之知,與其他之知不同」之知識論,及此「良心之存在地位與命運」之形上學,一切重道德之人生哲學,皆判歸此境。上述之三境皆以主攝客之境。〔註47〕

超主客境界,「則由主攝客,更超主客之分,以由自覺而至超自覺之境。」「第一境名歸向一神境,於其中觀神界。此要在論一神教所言之超主客而統主客之神境。此神,乃以其為居最高位之實體義為主者。」「第二境為我法二空境,於其中觀法界。此要在論佛教之觀一切法界一切法相之類之義為重,而見其同以性空,為其法性」,以破人對主客我法之相之執,以超主客分別,彰顯其佛心佛性。「第三境為天德流行境,又名盡性立命境,於其中觀性命界。」天德流行通主客、天人、物我,以超主之分,「故此境稱為盡性立命境,亦稱天德流行境」,「亦可稱為至極之道德實踐境,或立人極之境。」這三種境界相當於西方一神教,印度佛教和中國儒教之境界。〔註48〕

唐君毅所建構的三類九種境界是依次上升的,其總趨勢是由客觀到主觀再到超主客的本心,也是由知到行,最後合知與行,真與善,存在與價值為一體,表現為自然的生命到理性的生命,再到道德生命,而最終實現了主客、天人、物我、人我之完善統一的無限圓滿的生命。

在三類九種境界中:客觀境界中的「萬物散殊境」與主觀境界中的「感覺互攝境」相對應,「皆以體義為重,而體之層位有不同。」〔註49〕因此在感覺互攝境中能把感覺者與所感覺者加以區分,從知客體之相及所在之時空,皆內在於其緣感覺而起的自覺反觀之心靈,而各是一義之感覺之主體,則可相攝又各自獨立,以成萬物散殊而互攝。再進一步是「依類成化境」與「觀

---

〔註46〕唐君毅:《生命存在與心靈境界》,上冊,第47~48頁。
〔註47〕唐君毅:《生命存在與心靈境界》上冊,第49~51頁。
〔註48〕唐君毅:《生命存在與心靈境界》上冊,第51~52頁。
〔註49〕唐君毅:《生命存在與心靈境界》上冊,第49頁。

照凌虛境」的對應，皆以「相」之義為重，而其「相」之意義又不同。〔註50〕這是把思維的形式與內容相區分，而直接對各類實體之相，進行純相純意義的直觀，包括對自然、文學、藝術中的審美之知，數學幾何的形數關係、邏輯中對命題真偽關係之知，及宇宙人生意義之知，而有自覺的理性。再進一步是「功能序運境」與「道德實踐境」的對應，皆以「用」之義為主，前者是客體事物之功用，後者是主體理想之德用。〔註51〕因此道德實踐境把理想與現實區分開，主觀心靈常常感到二者之間的距離，意識到現實世界和自己的生活有欠缺，不圓滿，而要求改進，由認知領域進入到實踐領域的改過遷善的道德生活過程。這樣，認識活動就由「萬物散殊境」與「感覺互攝境」的對應，進到「依類成化境」與「觀照凌虛境」的對應，再進入到「功能序運境」與「道德實踐境」的對應，形成了生命主體由「覺他」到「自覺」，由感覺的超越，理性性的超越到實踐的超越的三個環節。但是心靈不會停留在自覺的主觀境界，它要超越自覺，超越主客之間的對立，而進入超主客的「歸向一神境」，「我法二空境」，「天德流行境」。

　　唐君毅的超主客境界依次為西方一神教、印度佛教和中國儒教的精神境界。這實際是他所謂「精神空間」中的本體論。如果我們把這三個境界與梁漱溟的意欲向前、持中調和、反身向後的文化三路向進行比較，就會發現心通九境的最高境界與文化三路向都是以西方文化或宗教為起點，其區別在於梁漱溟是採取西方、中國、印度的次序來說文化三路向，而唐君毅採取西方、印度、中國的次序來說超主客的三種境界。這就形成梁漱溟以佛教為歸宿和唐君毅以儒教為歸宿的根本差別，正是由於這一思想的改變，使唐君毅超越了梁漱溟，形成了自己獨特的人文精神體系和即道德即宗教的文化意識。因此唐君毅說：「儒家之精神，在開始點，乃純一理想主義超越精神。」〔註52〕此超越精神與西方宗教境界不同，它是「似現實而超越，既超越又歸於現實」的，由此形成了「即內在即超越」的道德宗教，「由儒、釋、道三教所形成之傳統文化，其根柢在道德宗教境。」〔註53〕這種說法，實際是承襲宋明理學儒釋道三教合一的道德形上學，而進一步把印度佛教、西方基督教融合在傳統儒家的天德流行境界中，從道德宗教的最高層面將中、印、西文化融為一體。

---

〔註50〕唐君毅：《生命存在與心靈境界》上冊，第50頁。
〔註51〕唐君毅：《生命存在與心靈境界》上冊，第50頁。
〔註52〕唐君毅：《生命存在與心靈境界》下冊，第416頁。
〔註53〕唐君毅：《生命存在與心靈境界》下冊，第462～463頁。

第三代新儒家蔡仁厚和唐君毅的弟子吳森把《生命存在與心靈境界》稱為「廣度式的判教工作」,「東方與西方空前全面的綜合」。〔註54〕確實,唐君毅把儒教判為高於印度佛教、基督教的最高道德宗教,同時又以「九境」融攝了東西方各種哲學。如果我們進一步把「心通九境」與文化意識及道德理性的體系相比較,就會發現:天德流行境、我法二空境、歸向一神境、道德實踐境、觀照凌虛境與道德理想,宗教理想、藝術理想、哲學科學的最純淨理性相對應,是人類追求真、善、美的理想境界。而觀照凌虛境、感覺互攝境、功能序運境、依類成化境、萬物散殊境正是人類超越自然情慾和本能活動而在感覺中有內外、主客、物我二重世界的劃分,更進於理性的過程。此大體與家庭關係、生產技術、經濟活動、國家政治、軍事、法律、體育等活動相對應。教育則是為延續人類道德理性和文化意識而進行的工作,上可達道德實踐以通超主客的道德宗教境界,中可通科學、政治、法律、下至生產經濟的物質活動。由此可證成文化意識乃道德理性(天德流行)分殊的表現。這是自上而下說心通九境以表現人類文化在宇宙中的地位和作用,也可以自下而上說,表現人在脫離本能而有理性,產生各種文化意識,最後上升到道德宗教的境界。

總之,唐君毅建構的心通九境可以自上而下,自下而上,自中間而上下地解釋他的文化意識與道德理性,中西哲學兩條進路及宇宙觀、心性觀、人生理想之區別,甚至佛教的我法二空,中國哲學範疇的理之六義、四種心性觀、道之六義等各種問題。這裡,我們不一一列舉了,只是說「心通九境」可靈活運用於人文精神體系的各個方面,這才是唐君毅晚年作《生命存在與心靈境界》收攝他一生的文化哲學理論的崇高理想。儘管唐君毅本人並沒有具體地、一一舉出上面的例子,但並不妨礙我們根據他的宗旨,靈活地理解上述思想,進一步把握他的「文化意識宇宙」與「精神空間」之間的關係,而至全部人文精神的真諦義。

## 第二節　牟宗三的中西文化仁智兩大系統與道德形上學

牟宗三被港臺現代新儒家譽為「智者型的哲學家」,他的主要著作有《認識心之批判》、《歷史哲學》、《道德的理想主義》、《政道與治道》、《中國哲學的特質》、《才性與玄理》、《佛性與般若》、《心體與性體》、《從陸象山到劉蕺

---

〔註54〕吳森:《中國大陸之外的中國哲學》,《中國哲學史研究》,1986年第2期。

山》、《智的直覺與中國哲學》、《現象與物自身》、《康德的道德哲學》、《圓善
論》等。牟宗三的哲學體系是從比較中西文化哲學入手，進一步分析儒、道、
佛的心性論和宋明理學的程朱陸王兩大體系，以陸學心學融合康德哲學和佛
教天台宗的圓教，建立道德形上學的心性本體論，然後再從既存有又活動的
心性本體說明智的直覺是良知的自我呈現，最後以良知主體自我坎陷出知性
主體和政治主體，論述「內聖」開出科學、民主的「新外王」。牟宗三的道德
形上學雖然從本體論的意義上繼承了熊十力的體用不二，並且有新的發展，
但是他的思想與熊十力有所不同。

　　熊十力建立了一個超越唯物論、客觀唯心論，二元論的龐大哲學體系：
翕闢成變、心體物用的宇宙創生論，性智為體、量智為用的方法論和心性修
養的人生論三位一體，體用不二的原則貫穿在每一個部分中，形成一個富於
辯證法的博大精深的主觀唯心論體系。而牟宗三並沒有建立熊十力那樣氣勢
宏大的宇宙觀，他雖然也強調既存有又活動的心體即性體具有宇宙創生性的
意義，但他突出的是道德的形上學，強調的是良知本體上通天道性命，而沒
有詳細說明宇宙萬物的演化過程。他一味強調心體即性體就是體用相即，既
內在又超越，既主觀又客觀，即道德即宗教，但並沒有把體用相即的原則貫
穿到直覺理智的關係中，只是把良知主體說成是非生理、非心理，非邏輯的
道德直覺。這就表現出牟宗三的道德形上學與熊十力體用不二的創生性本體
論有很大差別。

## 一、仁、智兩大系統與中西文化哲學

　　牟宗三認為，求真愛美向善是人類共同的「心」與「理」，每一個民族都
有其表現「心」與「理」的方式。他在《歷史哲學》、《政道與治道》、《道德
的理想主義》三部著作中，運用黑格爾精神哲學的歷史方法，詳細分析了中
西文化的兩大系統。他指出中國文化首先把握「生命」，而西方的希臘文化則
首先把握「自然」。這樣就形成了中國文化「圓而神」的「仁」的系統和西方
文化「方以直」的「智」的系統。「圓而神」和「方以直」出自《周易‧繫辭》：
「蓍之德圓而神，卦之德方以知」。韓康伯注：「蓍以圓象神，卦以方象知也。
唯變所適，無數不周，故曰圓；卦列爻分，故曰方。」意思是說，蓍之形體
圓運無窮，其性質則神。卦之形體為方，其性質則智。「神」是微妙的，只能
靠內心體驗，「智」是能用爻位和數字的外在形式表現出來的。牟宗三、唐君

毅等人借助「圓而神」和「方以直」這兩個古老的概念，說明內心直覺與理智外在化的差別，以表示中國傳統哲學的「神智」與西方哲學的「方智」不同。中國的儒道佛三家都有「智的直覺」而以儒家的仁心為主導，西方的邏輯理智表現為科學的精神。因此中國文化形成的是「以理生氣」、「綜合的盡理之精神」，「理性之運用表現」、「理性之內容的表現」的系統，而西方文化形成的是「以氣盡理」、「分解的盡理之精神」、「理性之架構表現」、「理性之外延的表現」的系統。牟宗三又把這兩大系統分別稱之為「仁的系統」和「智的系統」以表示中西文化哲學的區別。

### （一）西方文化「智」的系統

牟宗三指出從古希臘羅馬時代西方的文化就表現出「以氣盡理」、「順之則生天地」一往向前而不回顧的精神。「故西人之學問，無論是科學或哲學，都是在才情氣之撲向對象中完成。即宗教亦在才情氣之撲向對象中完成。故西人特別重天才，亦特別重英雄。」〔註55〕從根源上說，西方文化首先把握的不是「生命」而是「自然」，它不是向生命處用心，而是向客體方面用心，以期把握外在事物之理。西方文化的源頭除了以「物」為本的希臘哲學傳統之外，還有以「神」為本的希伯來宗教傳統，肯定一外在的上帝。這種人與自然對立，人與神隔離的西方宗教型的文化系統即是「分解的盡理之精神」，按照牟宗三的解釋，「分解」是由「智的觀解」所規定的，涵有抽象義、偏至義和循著概念推進義，是一種「方以智」的精神。「分解的盡理」大體是邏輯數學之理，是「認識心」，「知性主體」或「理論理性」，因此形成了西方文化的「智」的系統。〔註56〕牟宗三指出，希臘哲人首先觀解自然，使對象外在化，形成主客對立。其心靈由外而向上翻，即在把握自然宇宙所以形成之理。蘇格拉底、柏拉圖、亞里士多德三大哲人揭露了智的全幅領域，外面貞定了自然，內而貞定了思想，奠定了邏輯、數學、科學的基礎。不僅希臘的學統是「分解的盡理之精神」，而且希伯來傳統的基督教精神也是「分解的盡理之精」。耶穌為要證實上帝的絕對性、放棄現實的一切，與神合一，而且只有耶穌是聖子，其他人只能作人間的教徒，因此天人之間，神人之間是隔離的，

---

〔註55〕牟宗三：《道德的理想主義》，臺灣學生書局，1985年版，第215頁、第210頁、第220頁。

〔註56〕牟宗三：《歷史哲學》，臺灣學生書局，1984年增訂版，第170～173頁。

分解的。西方的文化系統既形成了以抽象概念的分解和規定對象的科學，又形成了神人相離的宗教，而且通過階級集團向外爭取自由人權，逐漸開出民主政治。所以西方文化充分表現了使人成為「理智的存在」的「思想的主體自由」和使人成為「政治的存在」的「政治的主體自由。」〔註57〕

西方文化之所以開出科學和民主，就在於「以氣盡理」、「分盡理之精神」因而形成了「理性之架構」表現。牟宗三在解釋「架構」的意義時說：「一、從自己主位中推開而向客觀方面想，自己讓開，推向客觀方面，依此而說架構。二、推向客觀方面，要照顧到各方面，而為公平合理之鑒別與形成，依此而說架構。」〔註58〕西方文化的邏輯數學科學與近代意義的國家政治法律皆是理性之架構表現之成果。為了比較中西政治思想的區別，牟宗三還使用了「理性之內容的表現」與「理性之外延的表現」兩個概念。這裡的所謂「內容」，是方法上的借用，不是指理性的內容，而是說以政治思想的內容表現「理性」「外延」是客觀的政治概念，自由、平等、人權、權利、法律等等。

### （二）中國文化「仁」的系統

牟宗三認為，中國文化是在「以理生氣」的原則下進行，「所走的途徑乃是『逆之則成聖成賢』的途徑，乃由順生命之凸出之常情途徑轉了一念，逆回來先由德性以涵潤生命與才氣，而不欲使之多表現。」〔註59〕也就是說，「以理生氣」是以德性化才情氣，引生真氣，不致才窮、情盡、氣竭。將本有之心性實現於個人自己身上，開出生命之源，價值之源，理想之源的內聖工夫。因此「心性之學最大之作用就是『以理生氣』，此是文化不斷之超越原則，亦是實踐之超越原則。」中國文化生命雖不顯多姿多彩，卻可以不捨晝夜，發展無窮。以「仁」為核心的中國文化具有永久的價值根源就在於心性之學具有「內在的超越精神」、「道德的理想主義」和「儒家的人文主義」。

中國文化的生命，從其仁義內在之心性的深度來說是「綜合的盡理之精神。」按照牟宗三的解釋，「綜合」是指「上下通徹、內外貫通」「盡理」即是孟子、《中庸》的盡心盡性（仁義內在之心性）和荀子的盡倫盡制（社會體制的統一）。所謂「綜合的盡理」是個人內在的實踐工夫和外王禮制的統一，

---

〔註57〕牟宗三：《歷史哲學》，第173～174頁。
〔註58〕牟宗三：《政道與治道》，臺灣學生書局，1983年增訂版，第261頁。
〔註59〕牟宗三：《道德的理想主義》，第220頁。

「其所盡之理是道德政治的，不是自然外物的，是實踐的，不是認識的或『觀解的』。這完全屬於價值世界事，不屬於『實然世界』事。中國文化生命完全是順這一線而發展。」由此而表現出使人成為「道德的（或宗教的）存在」的「道德的主體自由」。〔註60〕

　　牟宗三認為，「以理盡氣」的中國文化生命在本質上是「綜合的盡理之精神」，其形式是「理性之運用表現」，其特徵是「攝所歸能」，「攝物歸心」。因此「理性之運用表現」中的「理性」是指的實踐理性、人格中的德性，其運用是指「作用」或「功能」，「運用表現」是指德性之感召或德性之智慧的妙用。〔註61〕從人格上說，聖賢人格感召方式是直接而當下的，不需要任何媒介」從政治上說，儒家的德化治道即是理性之運用，牟宗三認為，理性之運用表現在聖賢人格方面是恰當的，正直的，但在政治方面是不恰當的，委曲的。從知識方面說，理性之運用表現為「圓而神」的直覺，是超越知性、體驗本體的精神境界，因此是非經驗，非邏輯數學的，不能成就近代的科學。

　　牟宗三指出：「中國文化於理性之架構表現方面不行，所以亦沒有這方面的成就。今天的問題即在這裡。而架構表現之成就，概括言之，不外兩項：一是科學，一是民主政治。數十年來的中國知識分子都在鬧這問題。中國為什麼不能出現科學與民主政治呢？我們的答覆是理性之架構表現的不夠。中國文化只有理性之運用表現。……若論境界，運用表現高於架構表現。所以中國不出現科學與民主，不能近代化，乃是超過的不能，不是不及的不能。」〔註62〕所謂「超過的不能」是說中國文化「以仁為籠罩」「智」的一方面沒有彰顯，只要使中國文化生命「活轉」，由動態的成德之理性轉為靜態的觀解理性，就可以使理性之運用轉變為理性之架構的表現，由內聖之學開出科學民主的新外王。從歷史發展的總趨勢上來看，「中國文化生命民族生命的正當出路是在活轉『生命的學問』以趨近代化的國家之建立。中國第一次面對西方，是在南北朝隋唐時代，面對的是印度的佛教文化。而現在第二次面對的是西方的科學、民主與基督教文化。科學與民主、尤其是民主，是近代化的國家之所以為近代化者。我們須本著理性、自由、人格尊嚴的文化生命來實現它。」〔註63〕

---

〔註60〕牟宗三：《歷史哲學》，第165～167頁。
〔註61〕牟宗三：《政道與治道》，第51～52頁。
〔註62〕牟宗三：《政道與治道》，第51～52頁。
〔註63〕牟宗三：《中國哲學的特質》，第94頁。

## 二、疏導儒道佛三教義理和宋明理學的心性本體論

　　牟宗三認為：「中國哲學特重『主體性』與『內在道德性』。中國思想的三大主流即儒釋道三教，都重主體性，然而只有儒家思想這主流中的主流，把主體性復加以特殊的規定，而成為『內在道德性』，即成為道德的主體性。」〔註64〕因此他在《才性與玄理》、《佛性與般若》、《心體與性體》、《從陸象山到劉蕺山》這些著作中詳細分疏了儒釋道三教的義理，說明三教都有智的直覺的心性論，而且在宋明理學中周、程（顥）、張、陸、王一系才是真正繼承孔孟之道的正宗，程（頤）朱只是旁枝，重新貞定了儒家的道統。這就是牟宗三疏導儒釋道三教義理所要達到的根本目標。對於儒家義理的分疏，牟宗三主要是突出宋明理學對先秦儒學的發展。他指出：宋明儒學對於儒家道統之確立有兩點貢獻：一是確定了孔子以下儒學內部的傳法系統，「以曾子、子思、孟子及《中庸》、《易傳》與《大學》為足以代表儒家之正宗，為儒家教義發展之實質。」二是宋以前周孔並稱，孔子只是堯、舜、禹、湯、文、武、周公傳經的媒介。宋以後是孔、孟並稱，肯定了孔子的教主地位，確定了儒家內聖成德之教乃是由孔子所開啟，從而真正認識到儒家生命智慧方向之所在。〔註65〕

　　牟宗三認為，孔子的踐仁知天，孟子的盡心知性知天，《中庸》的「天命之謂性」，《易傳》的「乾道變化，各正性命」，都沒有明顯地說出「天道性命通而為一」，「心性與天是一」，天道實體內在於各個體而為其性，只是函著這些觀點而確定了基本的方向。宋明儒家對《論》、《孟》、《中庸》、《易傳》的心體、性體、道體的理解和發揮，明顯地說出了「天道性命通而合為一」，「心性是一」。問題的關鍵在於對《大學》的理解：《大學》言「明明德」未表示「明德」即是吾人之心性，甚至根本不表示此意，乃只是「光明的德行」意，但宋明儒一起皆認為「明德」是就因地之心性說。另外《大學》言「致知在格物」，只是列了一個正心誠意的實踐綱領，「在內聖之學的義理方向上不確定，究竟往向裏走，其自身不能決定」。這就使伊川、朱子與陽明及劉蕺山」得以填彩而有三套講法」。〔註66〕根據上述宋明儒者對《論》、《孟》、《中庸》、《易傳》及《大學》的不同解釋，牟宗三又疏導了宋明理學的發展線索：首先是北宋有周濂溪、張橫渠，程明道三家是由中庸、易傳之講天道誠體，回

〔註64〕牟宗三：《歷史哲學》，第193頁。
〔註65〕牟宗三：《心體與性體》第一冊，臺灣正中書局，1981年版，第13～14頁。
〔註66〕牟宗三：《心體與性體》第一冊，第17～18頁。

歸到論語孟子而講心性。他們所體悟的道體、性體以至仁體、心體，皆靜態地為本體的「實有」，動態地表宇宙的生化之理，同時亦即道德創造之實體，它是理，同時亦是心，亦是神，所以是「即存有即活動」者。〔註67〕在周、張、程（明道）之後又分為三系（一）五峰、蕺山系：此承由濂溪、橫渠、明道之圓教模型（一本義）開出，此系客觀地講性體，以《中庸》、《易傳》為主」主觀地講心體，以《論》、《孟》為主。特別提出「以心著性」義以明心性所以為一……於工夫則重「逆覺體證」。（二）象山陰明系「是以《論》、《孟》攝《易》《庸》而以《論》、《孟》為主。此系只是一心之朗現，一心之申展，一心之遍潤」於工夫，亦是以「逆覺體證」為主者。（三）伊川、朱子系」是以《中庸》、《易傳》與《大學》合，而以《大學》為主。於《中庸》《易傳》所講之道體性體只收縮提練而為一本體的存在，即「只存有不活動」之理，於孔子之仁亦只視為理，於孟子之本心則轉為實然的靈氣之心，因此於工夫特重後天之涵養以及格物致知的橫攝，此大體是順取之路。這三系中，又可以《論》、《孟》、《易》、《庸》為標準，將（一）、（二）兩系合為一大系，名曰縱貫系統，伊川、朱子系所成者，名曰橫攝系統。前者為大宗，後者為旁枝（歧出之新）。〔註68〕

這裡，牟宗三顯然是以孟子、陸王為正宗來劃分宋明理學三派，並把周敦頤、張載、程顥也歸入陸王一大系統之內。接著他又對縱貫與橫攝兩大系的心性修養論進行了分析。

周、張、程（顥）陸、王的逆覺體證是反求內省，不是依靠抽象的認知，而是依靠與人的道德實踐融為一體的體認、親證、直覺。自主自律的善良意志之絕對必然性如何可能乃是一個「它如何能在實踐中呈現」的問題，「呈現」不是感性直覺，而是「智的直覺」，實踐的親證。〔註69〕

程頤，朱熹的「格物致知」並非一般的聞見之知，科學之知，而是道德之知。但程朱析心與理為二，他們越過其曲折之相以窮究其超越的、形而上的「所以然」之「存在之理」，而不是本心自身、自主、自決、自定之理，只能是順取之路的他律道德。〔註70〕

〔註67〕牟宗三：《心體與性體》第一冊，第17～18頁。

〔註68〕牟宗三：《心體與性》第一冊，第49頁。

〔註69〕牟宗三：《心體與性體》第一冊，第168頁。

〔註70〕牟宗三：《心體與性體》第一冊，第104～105頁。

　　牟宗三對宋明理學的疏導，實際上是貶程朱而揚陸王，為新儒家確立從孔孟到宋儒大宗的傳法系統。他看到了陸王自律道德與程朱他律道德是兩種不同的修養方法，並且認為宋儒周敦頤、張載、二程、朱熹、陸九淵、王陽明對《論》、《孟》、《易》、《庸》、《大學》的解釋有差別，因此形成三派，這是獨樹一幟的新見解。但他的理論分析，對程朱陸王的理論分析帶有強烈的門戶之見，在這一點上，他不如老師熊十力那樣心平氣和，對陸王「不給科學留地位」以及誤解程朱的「物的在理」而興無謂「大諍戰」進行了尖銳的批評，並且提出了以「王學融會朱學」的宗旨。熊先生既尊崇陸王又對程朱不抱門戶的偏見，力求擺平，這種虛懷若谷的精神倒是值得牟宗三深刻反省的。現代新儒家第三代的中年學者成中英也對牟宗三那種貶程朱揚陸王的偏見進行了批評。他指出，牟宗三認為朱子把理的概念定為「存在之理」失去了原本宋儒（濂溪、橫渠、明道）所體會的「即活動即存有「的創生的道體之意。因之以為朱子的理是「靜態的、只存有而不活動」的理。這個說法似乎不能用在朱子身上。朱子所謂理氣，亦如太極陰陽互為動靜，並非靜者恒靜，動者恒動的分為二橛。更有進者，朱子一方面說理「無作為」，另一方面又說：「未動而能動者，理也」（語類）可見朱子對理的瞭解有多層次多方面的含義，而不可簡化為一單向面的靜止之理。再說伊川、朱子講性理，朱子又講心統性情，心與性有合一處，故在心的自覺活動中，理有心之性，心亦有理之性。因而我們只要深入的而又全體的瞭解朱子，也就不會把朱子看作一偏了。」〔註71〕成中英的這些議論是站在第三代新儒家力求使儒家心性之學現代化，使中國哲學世界化的立場上來說的。這在一定程度上批評了牟宗三對程朱的偏見。

## 三、道德的形上學與心性本體

　　「道德的形上學」是第二代新儒家改造傳統儒家心性之學，宣揚內聖開出科學民主新外王的理論核心。牟宗三在《心體與性體》一書中不僅疏導了宋明理學各派的心性本體論，而且通過康德《道德底形上學之基本原理》的辨析，利用實踐理性，自由意志、自律道德等觀念詮釋了孔孟到宋儒「大宗」的心性本體論，奠定了現代新儒學的道德形上學的理論基礎。

---

〔註71〕成中英：《文化、倫理與管理》，貴州人民出版社，1991年版，第 122～124頁。

　　牟宗三指出，要明確地區別「道德底形上學」與「道德的形上學」這兩個名稱，前者是關於「道德」的一種形上學的研究，以形上地討論道德本身之基本原理為主，其所研究的題材是道德，而不是形上學本身，形上學是借用。後者則是以形上學本身為主，（包含宇宙本體論），而從「道德的進路」入，以由「道德性當身」所見的本源（心性）滲透至宇宙之本源，此就是由道德而進至形上學了，但卻由「道德的進路」入，故曰「道德的形上學」。〔註72〕這就是說，「道德底形上學」研究的內容是道德及其基本原理，雖然從超越性研究道德，但不是研究超越性本身。「道德的形上學」從道德進路研究形上學本身，使道德成為超越的宇宙本體，道德本體不能先驗地呈現，必須通過實踐的理性才能充分地展開。

　　牟宗三認為，中國儒學「成德之教」的「道德哲學」即是「道德的形上學」。其中心問題「首先在討論道德實踐所以可能之先驗根據（超越的根據），此即心性問題。……前者是道德實踐所以可能之客觀根據，後者是道德實踐所以可能之主觀根據，亦當本體與工夫兩面，兼顧而完備。宋明儒心性之學之全部即是此兩問題」。〔註73〕而在西方哲學中沒有「性體」的觀念，只有「本體」或「實體」的觀念，其研究方法有多種進路：如知識論的、宇宙論的、本體論的、生物學的、實用論的、純分之形上學的各種進路，都不是「自道德的路入」，其中唯一例外者是康德，他自道德的進路接近本體界，自由意志、靈魂不滅、上帝存在、只有在實踐理性上始有意義，始得其妥實性。但康德的《道德底形上學之基本原理》《實踐理性批判》所建立的是「道德的神學」，「只是「道德形上學的解析」或者說是「道德形上學」的描述。因為他沒有打通由道德進至本體，宇宙論的進路，沒有實現「當然」與「實然」的統一，沒有從實踐理性而充分地展現一具體的道德形上學。「因而其實踐理性、意志自由所自律的無上命令只在抽象的當然狀態中，而未能正視其『當下呈現』而亦仍是『照體獨立』的具體狀態。」〔註74〕這樣，康就以步步分解建構的思考方式建立了「道德的神學」。由此也可以一步說，「道德底的上學」與「道德底形上學」的區別，是中國儒學心性論的「道德」與康德「道德的神學」的區別。

---

〔註72〕牟宗三：《心體與性體》第一冊，第140頁。

〔註73〕牟宗三：《心體與性體》第一冊，第8頁。

〔註74〕牟宗三：《心體與性體》第一冊，第38頁、第136頁、第140頁。

康德為什麼建立起「道德的形上學」，只成就了「道德的神學」呢？牟宗三認為，康德的感性、知性、理性屬於兩個世界，一個是由知性因果律所決定的感覺界、經驗界、實然界或自然界。另一個是由意志自由先驗構成的（自律的）普遍的道德律，是屬於睿智界，即價值界、當然界。這兩個世界的差距很大。康德沒有用直貫的方法溝通這兩個世界。〔註75〕這樣康德的哲學就有兩套思路。一套是視自由為假設，而不是呈現，把理性世界的意志因果性與感性世界的自然因果性分裂為二。另一套是以「先驗地給予意志」的最高福善為對象所設定的「上帝存在」與「靈魂不死」的道德神學。康德以美學的判斷來預設一個超越原理，即「目的原理」來溝通這兩個絕然不同的世界。〔註76〕

牟宗三又指出，康德把私人幸福原則與道德情感俱視為經驗原則，即後天的原則，道德情感只著眼於實然的層次，其出發點是人性的特殊構造，類似中國哲學史上由兩漢氣質之性出發的仁愛之情，而沒有提至超越層面，因此不能像中國正宗儒家那樣以道德實踐體現性體，而能體現於無上命令的道德法則上。〔註77〕宋明儒上繼先秦儒家既大講性體，又大講心體必是性體心體合一。道德感既是實然的純主觀的，又是超越而內在的，既普遍又特殊的具體的道德感情之心。「這一切轉而為孟子所言的心性：其中惻隱、羞惡、辭讓、是非等是心、是情，也是理」。〔註78〕這顯然是以孟子和陸王的心性合一論來批判康的「道德神學」和「道德形上學的解析」。牟宗三也確實抓住了康德割裂現象與本體、感性世界與超越世界的缺點。其目的是為了進一步說明中國儒家道德形上學的心性論高於康德的道德形上學之解析，是真正的「道德性的圓而神之境」（「圓而神的聖人生命」）。

## 四、良知自我坎陷與內聖外王

牟宗三比較中西哲學、分疏與儒道佛三教義理，確立從孔孟到宋儒大宗的道統，建立道德的形上學，說明心性本體既存有即活動，以及智的直覺和現象與物自身的關係，論證由無執的自由無限心自我坎陷出有執的知性主體以成現象界。其落到現實社會，就是內聖開出科學民主的新外王。此「良知

---

〔註75〕牟宗三：《心體與性體》第一冊，第 115 頁。
〔註76〕牟宗三：《心體與性體》第一冊上，173 頁、第 175 頁。
〔註77〕牟宗三：《心體與性體》第一冊，第 126 頁。
〔註78〕牟宗三：《心體與性體》第一冊，第 127 頁。

自我坎陷」說是牟宗三哲學思想中聯結價值世界與事實世界的關鍵，也是其哲學中的難點，並引起國內外學者爭論的問題。

「良知自我坎陷說」，最早是牟宗三在《王陽明致良知之教》的小冊子中提出來的。後來在《政道與治道》、《道德的理想主義》、《現象與物自身》等著作中加以詮釋和發揮。例如：在《政道與治道》一書中，牟宗三說：「由動態的成德之道德理性轉為靜態的成知識之觀解理性，這一步轉，我們可以說是道德理性之自我坎陷（自我否定）：經此坎陷，動態轉為靜態，從無對轉為有對，從踐履上的直貫轉為理解上的橫列。在此一轉中，觀解理性之自性是與道德不相干的，它的架構表現以及其成果（即知識）亦是與道德不相干的。在此我們可以說，觀解理性及活動成果都是『非道德的』（不是反道德，亦不是超道德）」。也就是說，從道德走向非道德，走向「道德中立」，從無所不包的狀況中「讓開一步」，以便讓科學、政治從中分化出來，這是非常重要的一步。「道德理性不能不自其作用之表現形態中自我坎陷，讓開一步，而轉為觀解理性之架構表現。當人們內在於此架構表現中，遂見出政治有其獨立的意義，自成一個獨立的境域，而暫時脫離了道德，似與道德不相干。在此架構中，此政體之內各成分，如權力之安排，權利義務之訂定，皆是對等平列的。」〔註79〕

按照牟宗三自己聲稱的「從上面說下來」的順序：是從良知本體的理性實踐——自由無限心或無執心自我坎陷出知性，再由知性到感性而與物為對二。這是他改造王陽明良知說，佛教的執與無執、以及康德的「智思物」（本體、自由意志）再用黑格爾式的辯證法而開顯出來的。

牟宗三要從理性直覺辯證地開顯出與物有對的知性，就需要有一個環節，需要一定的條件，只用「自我否定」，「暫時忘掉自己」，「讓開一步」這類含糊其辭的字眼是無濟於事的。況且黑格爾的絕對觀念是超越的，一開始不屬於人，經過一系列自我否定的邏輯演變才落實於人，中間有一系列環節。牟宗三所說的「智的直覺」永遠屬於人，是人的良知主體與天命的合一。那麼在良知道德主體「暫時忘掉」自己開出知性主體的活動中，道德主體什麼時候才能回到人心？當道德回歸人心時，人就具有了道德與理智的雙重主體，二者的相互關係又如何呢？因為牟宗三沒有熊十力那樣的性智為體、純理智為用的明確觀點，所以他對於這問題他說不清楚。不僅他和他的學生至今說不清楚，而且也使不少學者產生了疑問。

---

〔註79〕牟宗三：《政道與治道》，第58頁。

　　這裡我們必須分清良知坎陷說的兩個層次三種意義。首先在本體論的層面上，良知坎陷說有兩種意義：一是無執的直覺自我坎陷出有執的理智，一是道德主體自我坎陷出知性主體，前者具有純粹認識論（方法論）的意義，後者具有道德與知識關係的意義。這兩種意義在牟宗三的心體與性體中是二而一的。其次在實用層面上是內聖開出民主的新外王，是說道德與科學、民主三者的關係，這又是由「良知自我坎陷」的本體論和方法論推導出來的。

　　按照牟宗三的觀點，當良知主體通過自我坎陷（自我否定）而開顯出知性主體的時候，知性主體以觀解理性的架構向兩方面運用，一方面形成科學的知識，另一方面形成民主的政治。這就是所謂由「道統」開出「學統」和「政統」，也叫做「內聖」開出科學、民主的新「外王」。牟宗三也承認中國歷史文化中缺乏西方近代民主制度與科學技術，並認為中國思想過分重道德是中國人缺乏科學精神的結症所在。同時又認為中國文化中早已有「天下為公」、「人格平等」的民主思想之種子。中國文化也不反科學，「正德、利用、厚生」歷來重視實用技術。因此建立科學知識系統和民主制度，正是中國文化之道德精神自身發展的要求和理應開出之事。中國文化的缺點是在「正德」（道德修養）與「利用厚生」（實用技術）之間少了一個理論科學作為中介。〔註80〕在「內聖」（道德修養）與「外王」（民主政治）之間少了一個保障人權平等的法律架構。〔註81〕這是中國長期有「道統」而無「學統」和「政統」的原因。因此中國必須由傳統文化的綜合盡理精神、理性之運用和內容表現的心性之學中「活轉」出分解的盡理精神、理性之架構和外延之表現的「學統」，以及自由、平等、人權、權利的形式和法律架構的「政統」，以適應現代科學民主的發展需要。

　　作為現代新儒家的牟宗三，對中國傳統文化的反省是深刻的，他看到了中國封建制度和傳統思維方式中缺乏科學民主。但他沒有也不可能從中國封建社會小農經濟基礎決定君主制度中去找原因，而是孤立地從文化傳統中去找原因。企圖通過「良知」的自我坎陷來開出科學和民主。這是行不通的。第一，良知的坎陷說無法說明道德理性怎樣轉化出知性主體，而成為觀解理性（這在前面我們已經分析過），也說不清道德與科學的關係。牟宗三曾經說

〔註80〕牟宗三等：《中國文化與世界》，《中國文化的危機與展望——當代研究的趨向》，第132頁、第133頁、第137頁。
〔註81〕牟宗三：《政道與治道》，第156頁。

過「真正懂得科學的人必懂得科學的限度與範圍。」那麼我們也可以說「真正懂得道德的人必懂得道德的限度與範圍。」道德既然是人類社會的道德，它就不能在人類社會以外的自然界發生作用，它就不可能成為形而上的宇宙本體，更不會有所謂「天人合德」「天人與心一」的無限自由心的心體即性體。也就是說，道德不能客觀地宇宙論地說而成為自然和人類社會的共同本體，它只是人類社會意識的一種形式，人類還有宗教、法律、哲學、藝術等各種社會意識形態。因此，所謂「良知道德」無論經過怎樣的自我坎陷都不會開顯出觀解理性的理論科學環節而成為實用技術。因為人們會問：古代人是否先驗地具有良知道德，如果有，為什麼沒有開顯出知性的科學知識。這顯然是被人類社會發展史所證明是不可能的。況且科學認識研究自然規律，道德意識是社會發展到一定階段才形成的人與人之間的倫理關係。二者之間有許多中間環節，因此不能用科學來代替道德或產生道德，也不能用道德來代替或開顯出科學。無論是西化派那種混淆自然界和人類社會區別的自然科學主人生觀，還是現代新儒家的內聖開出科學民主的新外王，都是不懂得科學和道德的限制與範圍，各持一而誇大科學或道德的作用。第二，所謂由「道德存在」而轉化為「政治存在」，實際是孟子「有不忍人之心斯有不忍人之政」的觀念的擴大。儘管牟宗三批評了古代儒家「以為只正心誠意即可直達之治國平天下，」指出「政治問題不如此簡單。」〔註 82〕但是他只增加了自由、平等、權利的形式概念和法律架構由道德理性之運用而活動轉出架構和外延，也仍然不能解決民主政治如何能從道德主體中活轉出來。因為政治道德是由社會的經濟基礎而決定的。在上層建築和社會意識形態中，是政治決定道德，而不是道德決定政治。傳統儒家道德是為封建社會服務的，不僅是「正心誠意即可直達之治國平天下」的說法太簡單了，而是這種說法本身就是維護小農經濟基礎上的封建國家因此「內聖外王」從總體上說是不適合於現代社會的。在這裡，我們必須把道德的相對獨立性、繼承性（批判地繼承）與一定的社會道德為一定的社會服務這兩個問題相區別。

---

〔註82〕牟宗三：《心體與性體》第一冊，第 5 頁。

# 第六章　第三代新儒家的價值理性與工具理性

　　唐君毅與牟宗三的哲學思想成熟於 50 年代至 60 年代，70 年代都形成了各自的思想體系。1978 年唐群毅逝世後，港臺學術界曾發表悼念文章近百篇。有人認為，現在「該是新儒家的時候了。」1982 年在夏威夷舉行的國際朱子討論會，1983 年在多倫多舉行的國際中國哲學會第三屆年會，曾討論唐、牟的新儒家哲學思想。

　　80 年代，現代新儒學進入了第三個發展時期，一批宣揚「新儒學」的中青年學者登上了中國現代學術思想的舞臺，他們出自於唐、牟或錢穆的門下，有些人還有海外留學的經歷。在港臺和國際學術界產生了一些影響的第三代新儒家者，有余英時、成中英、劉述先、蔡仁厚。他們宣稱要迎接西方「後現代化」的挑戰，在世界文化多元化的背景下，謀求中國哲學的現代化與世界化。要實現這一宏偉的理想，必須適應當今世界迅速變化的新形勢，正確對待科技成果與人文價值的關係，使工具理性與價值理性平衡發展，一方面從中國傳統哲學中尋求人性價值之源，一方面吸取當代西方哲學的最新成果，促進中國哲學的現代化，使其真正地走向世界，為全人類文化發展做出新貢獻。

## 第一節　價值理性與工具理性

　　第三代新儒家從 80 年代嶄露頭角，到現在只有短短的二十年時間。他們之所以能在世界範圍內產生一定的影響，一方面是由於他們的前輩——熊十

力、梁漱溟、唐君毅、牟宗三的思想引起了國際學術界的重視，另一方面是由於世界形勢的新變化。

70 年代至 80 年代，港臺和海外的現代新儒學思潮發展有了新的轉機。由於日本和亞洲「四小龍」——南朝鮮、新加坡、臺灣、香港的經濟起飛，進入了與歐美競爭的行列，衝破了西方思想界的歐洲中心論，特別是韋伯那種只有西方基督教新倫理的主宰精神才能開展出近代資本主義，東方儒家倫埋的和諧精神無法開展出現代工業的理論受到了懷疑。在世界範圍內出現了一種新觀點，認為受中國傳統思想影響的東亞會促進經濟現代化的發展，甚至還有「儒家資本主義的提法」。另一方面，歐美等西方國家的現代化進程在政治、經濟、社會、教育、文化等方面出現了一系列嚴重的問題，高科技帶給人類的並非都是幸福，同時帶來了生態環境的破壞，核戰爭的威脅和能源的危機，特別是人的生存意義和價值有被極端的物質化、機械化、工具化取代或否定的傾向，人際關係變得冷漠而功利，吸毒和販毒，色情和同性戀，搶劫和兇殺等社會問題日益嚴重。於是首先在西方然後遍及全世界出現了一個批判、反思現代的運動，要求重估近代西方思想，特別是抨擊實用主義、科學主義片面發展「工具理性」，使人完全失去了的理性心態。因此要求在「工具理性」之外，也要尋求「價值理性」的合理發展，重新建構以人道為基礎的新哲學。這樣，一些有識之士提出要重新認識傳統，包括東方和其他民族國家的文化傳統，使得一些人的目光自然而然地轉向了充分肯定人性價值的中國傳統哲學，特別是以孔子為代表的儒家哲學，被認為是能夠醫治資本主義「現代病」的靈丹妙藥，而受到國際哲學界的格外重視。在當代繼承和宣揚儒家人文價值傳統的主要是現代新儒家，於是現代新儒學思潮也引起了國際學術界的關注和重視。

第三代新儒家就是在這樣的背景下迅速擴大其影響的。他們通過對前兩代新儒家的理論總結，結合世界新形勢、新思潮，提出了科技成果與人文價值、工具理性與價值理性平衡發展的觀點。他們所謂的「工具理性」是指科學理論在人類生存中的作用，所謂「價值理性」是指人類文化所表現的人性與道德在社會發展中的作用。這都是他們借用西方現代思想的「工具理性」和「價值理性」的提法，又融合現代新儒學所謂的「科學一層論」、「理智一元論」及「文化生命」、「道德理想主義」，而形成的新概念。因此，第三代新儒家以「工具理性」和「價值理性」為出發點，繼承發揚傳統儒學和現代新儒學的心性論，匯合當代西方新潮。

在現代新儒學的產生和發展過程中，梁漱溟是從「孔子的倫理心理學」的意義上，分析了道德心性的問題。熊十力主張用自由、平等改造儒家的禮教，融合西方的科學和民主，包含著內聖開出新外王的初步設想。馮友蘭的「繼往開來」、賀麟的「儒化西洋文化」各有特點。真正明確提出「返本開新」，「內聖開出科學、民主的新外王」，是唐君毅、牟宗三、徐復觀，張君勱共同發表的《中國文化宣言》。在第三代新儒家中，蔡仁厚、李明輝仍然堅持牟宗三的良知主體「自我坎陷」開出知性主體和政治主體的觀點，但劉述先、成中英這些人，則提出了新觀點。他們一方面強調新儒家必須學習、接受西方的民主、科學觀念，另一方面又不輕易講內聖之學「開出」民主和科學，甚至認為傳統儒家「內聖外王」的說法也有毛病。

劉述先認為，民本思想必須脫胎換骨地加以改造，否則和現代民主是接不上頭的。儒家的典章制度早已過時，今天唯一要保留的是生生不已的「仁心」。「儒家思想真正的常數，只在內在仁心與生生天道的體證，只有這一層是形上的真理，歷萬古而常新」〔註 1〕。這種觀點一方面肯定前兩代新儒家在內聖之學和立人極方面取得的學術成就，另一方面又轉換了唐、牟等人「內聖開出科學民主新外王」的提法，而採用了人文價值與科技成果平衡發展的新提法。也就是說，他們並不認為科學、民是從內聖「開出」來的，而是認為「仁心」屬於價值理性方面，科學屬於工具理性方面，都是人類的理性活動，問題的關鍵在於兩種理性的平衡。當然他們也認為價值理性是工具理性的主宰，不能顛倒過去，否則就會引起「意義失落的感受」，西方現代社會種種矛盾的根源就在這裡。所以在一定意義上可以說第三代新儒家有可能用價值理性與工具理性平衡發展的觀點取代唐、牟的「內聖開出科學民主的外王」。在這方面，最有典型意義的觀點，是成中英所提出的多元理性和本體理性的新思想。他認為，「理不僅是理，也是性」，「理是外在的道德，性是內在的思考能力」〔註 2〕。這種主客體合一的「理性自覺」也就是「生命理性」的自覺，因此，「本體理性」就是「生命理性」，它又是具有整體意義的「形上理性」。根據這種本體論的原則，他又把「生命理性」分為「價值」與「知識」兩個方面，並且概括出「形上理性」與「分析理性」，「理論理性」與「技術理性」，「目標理性」與「工具理性」，「社會理性」與「道德理性」

〔註 1〕劉述先：《中國哲學與現代化》，第 77 頁。
〔註 2〕成中英：《文化、倫理與管理》，貴州人民出版社，1991 年版，第 13 頁。

八個範疇的對應關係，來說明「理性」的多層結構、本體理性與多元理性相互影響相互反饋的動態過程〔註3〕。根據這個動態的系統，成中英又說明了「生命」的「形上理性」是知識與道德的共同本體，「知識的本體即道德的本體」。知識與道德能夠相互引發和激勵，「是內在智識（理）與道德（心性）中理性之事。」基於理性的內在要求，知識可以批評及淨化道德，使其成為嚴謹真實的道德。同時，道德也可以批評知識，使其成為精密落實的知識。理性的要求是順著生命及生活而來，可以稱之為生命理性或內在生活理性，這是生生之德的發揮與實現〔註4〕。由這種知識與道德互基性的觀點進一步引申，成中英認為，理性結合經驗產生知識，較狹窄的知識是建立在對物質世界感官經驗基礎上的科學知識。「如果我們把經驗的範圍擴大，使之包含對人生的反省，對生命的體驗，對人性的觀察，對社會的關懷，對道德的追求，對本體的探索，則理性自然可以肯定廣義的知識了」〔註5〕。從「廣義的知識論」來看，儒家哲學有一個內在的理性傳統，形成一個知識開展的系列」這是儒家基於整體理性的考慮而達成的知識導向哲學，也是儒家理性主義的哲學。〔註6〕

　　成中英認為，自孔子以後儒家哲學能順應生活經驗，開拓出新的理性與知識境界，顯示出重大的人生智慧──亦即心性之學是以知識與理性為基礎的，而知識與理性又是以心性之學為起點的。如果更進一步分析，我們可以看到儒家所表現的道德（德性）是以知識（理性、理、知、學）為前提的，而知識（理性）卻是以道德為依歸的。只有在道德與知識相互支持及彼此推動下，知識才能成為更深沉的知識，而道德才能成為更落實的道德，生命的廣大面及高明面，精微面及中庸面才得以發揮〔註7〕。根據這種知識與道德互為基礎的心性之學，成中英認為，先秦儒家的孔、孟、荀直到宋明儒家的程朱陸王都在不同程度上發揮了儒家知識與道德相互支持的理性傳統。王陽明的朱子晚年定論之說，是一種偏見。朱子的涵養致知相互為用的一元兩行系統，並無「支離決裂」的現象，可以直補王陽明道德良知的一見之偏，增進致良知之說的理性與知識面，在理論上可以遏止王學末流走上

〔註3〕成中英：《世紀之交的抉擇》，上海知識出版社，1991年版，第15～17頁。
〔註4〕成中英：《文化、倫理與管理》，第125頁。
〔註5〕成中英：《文化、倫理與管理》，第101頁。
〔註6〕成中英：《文化、倫理與管理》，第101頁。
〔註7〕成中英：《文化、倫理與管理》，第102頁。

狂禪一途。〔註8〕問題的實質在於程朱陸王之爭在「方法上受了自我限定，本體因此沒有辦法呈現更大的本體性。陸王重視心機理，是把精神和本體結合，忽視客觀物，代表一種心靈的超越和深化。程朱講格物致知，講究一種方法和認識，對物質世界作個交流，發揮心的主體作用。但對心本身的主體性的反省，則沒有陸王那麼重視，他們甚至認為心本身不可知。他們之間的爭論是本體和方法之間關係的爭論。如果在本體意識中加以擴大，然後再加以反省，在一個更高的境界中這兩派可以得到調節，相輔相成」〔註9〕。這裡所說的更高的境界就是主客觀統一，部分與整體統一，知識與道德統一的「生命理性」「形上理性」的境界。

成中英的這些觀點與牟宗三那種揚陸王貶程朱的做法，以及良知主體「自我坎陷」出知性主體，政治主體的內聖開出科學民主新外王的理論，有明顯的不同。成中英認為，朱子的「理」決非牟宗三所說的「只存有不活動」的「靜態之理」。相反朱子的太極陰陽互為動靜和心統性情終始沒有離開「理有心之性，心亦有理之性。」朱子的創見在於他把理的概念推向認知的過程與知識的取得，朱子所謂理仍然是以心性為主體的。「如果我們要批評朱子的話，應該指出朱子未能離開、或暫時離開心性來談事物之理，未能把理推向理之知的反省，開拓出一個運作的理性與自圓的理性，也就未能引申出一個數理知識世界，一個科學知識世界。這兩個世界可以認識的獨立於心性本體，至於是否另創一本體世界則是另一個問題。在沒有另創一本體之前，科學及數理的智識世界仍然可以在本體上還攝於心性本體。我們對於儒家之知與理能夠發展為數理及科學之知識及原理並無懷疑，且對其發展可認為是自然之事。而且目前尚未發展成功乃吾人憾事。吾人應更加努力以使理與知的儒家哲學接上科學與數學的知識及求知方法。」最後，科學的智的貢獻不僅在於個人心性之自覺與實現，也在於社會與國家群體生活改善與改進。〔註10〕

這裡，成中英並沒有講清楚數理知識世界和科學世界是否最終夠獨立於心性本體，是否能夠另創一本體世界的問題，只是說在沒有另創一本體之前，科學及數理智識世界仍然可還攝於心性本體。但是，這已明顯地表現出他與唐、牟等人的道德形上學的心性論之不同，在他的心性論中知與理相互依存，

---

〔註8〕成中英：《文化、倫理與管理》，第 121 頁。
〔註9〕成中英：《中國文化的現代化與世界化》，第 119 頁。
〔註10〕成中英：《文化、倫理與管理》，第 124～125 頁。

知識與道德相互批評，相互為用，因此可以避免牟宗三那種內聖「開出」科學民主，良知主體「自我坎陷」出知性主體和政治主體的矛盾，而順儒家之知與理自然而然地引出數理和科學世界。從另一方面說，他這種知識與價值、知識與道德相互為用的心性論，如果再進一步發展，就有可能突破現代新儒學的心性本體論，而另建新的本體、究竟在這個問題上，成中英的本體理性和多元理性相互反饋，劉述先的人文價值與科技成果相互平衡論，將朝著什麼方向發展，還有待於今後的繼續觀察。

# 第二節　世界多元文化與儒學第三期的前景

## 一、儒學第三期的前景

1921 年，現代新儒家的創始人梁漱溟提出了文化三路向的模式，認為東方文化的早熟，使中印西三種文化同時出現，但就整個人類文化三期發展的方向，應該是西方、中國、印度的文化依次出現。1937 年，沈有鼎先生提了中國文化三期發展論：第一期是堯舜三代秦漢的文化，以儒家窮理盡性的哲學為主脈。第二期是魏晉六朝隋唐至宋元明清的文化，以道家歸真返樸的玄學為主脈，發展到唐代文化的全盛，宋儒在反佛中興起，重新提出窮理盡性的唯心哲學，繼續孟子與中庸易傳的未竟之業。第三期文化將要在近現代產生，它要把第一期哲學潛在的系統變為顯在的。這個大系統將是窮理盡性的唯心論，積極的政治，積極自由的道德。其政治與經濟，是民族自覺的，民族文化的，工商業的，社會主義的，民本民生的，自由的。同時第三期的藝術的發展將把詩性的，神理的藝術轉變為理念性的，戲劇性的、深刻性的、社會性的藝術〔註 11〕。沈有鼎並非現代新儒家，但他的中國文化三期發展論卻發生了影響。賀麟在四十年代的《儒家思想的新開展》一文中，認為宋明理學能夠發揚先秦儒學消化玄學佛教，那麼未來的新儒學也能儒化西洋文化，並預言世界文化的未來將是儒家思想的新開展。這一觀點已經透露出先秦儒學、宋明理學、現代新儒學的三期發展論，真正明確地提出儒學三期發展，並作了系統論述的是牟宗三。唐群毅和徐復觀也在《中國文化宣言》中也同意了牟氏的觀點。不過從兩代新儒家的文化哲學來看，他們的儒學三期發展

---

〔註11〕轉引自賀麟《50 年來的中國哲學》，第 42～44 頁。

論仍然是放在中、印、西的世界三大文化系統中來加以考察。例如唐君毅的中國先秦、隋唐、宋明理學與西方古希臘、中世紀、近代哲學的同步發展論就是為先秦儒學、宋明理學和現代儒學的三期發展打基礎的。第三代新儒家開始超越這種方法，把儒學三期發展論擺到世界文化多元性的廣闊層面上加以分析，預示儒學第三期發展的前景問題。他們廣泛地採用了文化人類學、文化心理學、文化歷史學和民族文化學、現代文化哲學的方法，說明現代新儒學必須吸取當代文化新潮，才能在多元文化的世界潮流中挺立儒學的人文價值精神。

## 二、多元文化與中國儒學的價值系統

第三代新儒家把唐牟的「文化生命」概念從中西文化擴展到世界各民族發展的歷史和現實之中，認為世界文化是多元的，從傳統走向現代化的道路也應該是多元的，不一定要效法西方那種模式。特別是 70 年代至 80 年日本和東南亞的經濟起飛，以及一些西方學者提出的「儒家資本主義」觀點，更為第三代新儒家提供了現實的理論依據。

劉述先認為，西方文化的根是多元的，所以民族主義的覺悟最早。希臘哲學，希伯來的信仰主義來自不同的根源。羅馬時代貴族與平民的對立，發展了法律民權的觀念。由於西方人著重人權，連帶著重自由、個體的觀念，因而形成了宗教組織、現實政治權力相互對立。英國的民主觀念根深蒂固，新大陸的美國則變成了民主思想的實驗場。反過來看中國，一元正統的意識特別強，政治方面接受儒家溫和統治的方式，其民本思想與民主選舉制度還有好大一段距離。因此到了近現代中國面臨西方哲學的挑戰。〔註 12〕但是，當代西方哲由對黑格爾思想的某種反感而分崩離析，各派的走向互不相同，分別言之有理，持之有故：有反其辯證法而不反其唯心論，有反其唯心論而不反其形上學，有反形上學而不反其理性主義，有並其理性主義皆反。至少在歐陸，生命哲學、文化哲學、現象學、存在主義的思想潮流足可與英美分析哲學分庭抗禮，此外當然還有馬克思主義的潮流，所謂「現代化」，如以西方現代思想的實際情形而論，則根本沒有任何確定的內容可言，也沒有一個明顯的主潮可以遵循。〔註 13〕西方正處在一個由現代化而慢慢走向「現代化

---

〔註12〕劉述先：《中國哲學與現代化》，第 23 頁～24 頁。
〔註13〕劉述先：《中國哲學與現代化》，第 8～9 頁。

以後」的重要變型時期，現代社會所包含的種種弊端已經暴露無遺。而弔詭的是，在這樣的情形之下，號稱最進步的西方，不能不對古老的東方精神傳統作出一番徹底的重新估價。另一方面中國又在占絕對優勢的西方文化衝擊下不得不走上現代化的道路，緊迫的形勢根本令人透不過氣來〔註14〕。自清末以來我國深切地感到唯有向西方學習，變法圖強，才能免於被列強宰割的命運，由於德國提供了一個模型，英美提供了一個模型，俄國也提供了一個模型，於是自「五四」新文化運動以後的幾十年有所謂「傳統派」、「西化派」的爭論。在文化論戰的過程中，現代化的內容主要是科技和民主，可見「五四」時代指出的大方向並無差錯。這就是說，中國正處於向現代化的變型時期，西方已經進入「現代化以後」的變型時期。因此劉述先認為：「我們今日所面對的時代是一個十分特別的時代。這是西方的科技遠勝中國的時代，也是帝國主義橫行肆虐的時代。如果回應不當，就會產種種不良病態，一方面表現成為極端排外的義和團心態，另一面又表現成為極端媚外的崇洋心態。在理論層面上則國粹派與西化派聚訟不已，各走極端」〔註15〕。問題在於，現代化是否必須取西方的方式呢？當代日本的現代化並不表示必須在同時剷除他們的文化傳統，而西方人被日本文化吸引的也正是禪道、花道、茶道這些與西方不同的傳統，我們面對的真正問題既不是抱殘守缺，也不是全盤西化，而是如何去解釋選取東西文化的傳統，針對時代的問題加以創造性的綜合〔註16〕。

劉述先的這些觀點，是從西方歷史文化中考察傳統與現代化的衝突，從中國歷史文化中考察傳統與現代化的衝突，然後再找出中西融合，共同解決現代社會危機的出路，也就是在世界範圍內尋求傳統與現代化，現代化與「現代化以後」的共同出路。他的這些想法，比唐、牟那種「返本開新」、「內聖開出新外王」的道德理想主義方案要實際的多。但是劉述先還沒有完全超越唐君毅那種西方文化來源是多元的，中國文化是一元的觀點，仍然是在比較中西的架構中設想傳統儒學在中國現代化中的地位和作用，以及對西方文化將要產生的潛在性影響。真正把儒家人文價值系統擺在世界多元文化格局中加以考察的是杜維明。

---

〔註14〕劉述先：《中國哲學與現代化自述》，第 3 頁、第 5 頁。
〔註15〕劉述先：《中國哲學與現代化》，第 10 頁、第 42 頁。
〔註16〕劉述先：《中國哲學與現代化》，第 44～45 頁。

# 第三節　儒學的批判繼承和創造性的綜合

　　第三代新儒家的興起只有短短的二十年時間，但其影響力迅速擴展，除了借助於日本和東南亞的經濟起飛，使西方注意東方文化這個有利的外部機緣，主要還是他們不諱言傳統文化的缺陷，富有批判精神。這與第二代新儒家唐、牟等人那種對中國文化抱著同情和敬意，一味宣揚中國傳統文化的一本性、優越性的堅定保守主義立場有較大的不同。雖然第三代新儒家也在一定程度上宣揚中國傳統文化和道德理想主義的優越性，但他們在新的形勢下比較開明，承認了「五四」新文化運動的大方向是正確的，主張超越中西對立，對傳統儒學進行「批判」和「創造性的綜合」，這種開放精神實際上是發揚了馮友蘭、賀麟那種貫通中西，儒化西洋文化的精神。他們不僅對傳統儒學，而且對前兩代新儒家的理論缺陷也進行批評，這就使得他們能站在一個比較高的起點上總結現代新儒學發展的學術成果和理論經驗及其教訓，迎接西方「現代化以後」的挑戰，促進中國文化的現代化、使其以嶄新的面貌走向世界。

## 一、超越「五四」以來的中西對立

　　在兩代新儒家中，對「五四」新文化運動的看法是不同的。賀麟認為「五四」新文化運動表面上是一場打倒孔家店，推翻儒家思想的運動，但在實際上破除了儒家思想的僵化部分和束縛個性的傳統腐化部分，使孔孟的真精神，真意思，真學術得以顯露，為儒家思想的新開展奠定了基礎。在中國歷史上印度文化的輸入推動過一場新儒學運動。因此西洋文化的輸入也必將促進儒家思想的新發展，「以儒家精神為體以西洋文化為用」徹底儒化、華化西洋文化是中華民族生存存亡的關鍵問題。〔註 17〕而另一方面，賀麟又認為新文化運動站在自由解放的立場上攻擊三綱五常，說三綱如何束縛個性，如何不合理，不合時代要求，雖是很自然的事，但是沒有用哲學的觀點，站在客觀的文化史思想史立場，去說明三綱學說發生之必然性及其真意義所在。應該積極地把握三綱所說的真義，加以新的解釋與發揮，以建設新的行為規範和準則。賀麟的這些觀點已顯示出對傳統儒學批判繼承和創新。

　　唐君毅、牟宗三、徐復觀在《中國文化宣言》中認為「五四」運動以來胡適的整理國故之口號，是把中國以前之學術文化，統一於「國故」之名詞

---

〔註17〕賀麟：《儒家思想的新開展》，《文化與人生》，第 2～3 頁。

下，視之如字紙簍中之物，只待整理一番，以便歸檔存案。陳獨秀以民主科學之口號，去與數千年中國歷史文化鬥爭，中國文化固然被摧毀，而民主亦生不了根，亦不能為中國人共信。〔註18〕唐、牟等人顯然是站在胡適陳獨秀的對立面來反對「打倒孔家店」的運動，他們指責新文化運動的領導人是出自中西對立來反對中國傳統文化，而他們自己又是站在中西對立的立場上反對所謂的「西化派」。這種立場實際是從賀麟那種貫通中西的批判精神上後退。在第三代新儒家中對「五四」運動也有兩種觀點：一種是蔡仁厚承襲牟宗三的立場，認為民國初期的知識分子把孔子的地位拉下來與諸子並列，「是淺陋、一版糟的頭腦」，根本沒有學術價值的層序觀。「打倒孔家店」是一個民族的知識分子糟蹋自己的聖人到「無心肝」的地步。蔡仁厚也宣稱「新儒家的批判性與戰鬥性」，但他所謂「批判」的對象不是儒學的缺陷，而是批判西化思想，批判外來意識形態喧賓奪主的野心；批判泛自由主義之無益於民主建國，批判科學一層論者之壟斷。〔註19〕宣揚中國本位文化論。他的這種立場不僅繼承了唐牟那種中西對立，帶有強烈排外性。

劉述先、成中英、余英時這些精神開放的第三代新儒家學者則充分地肯定了「五四」新文化運動的大方向，認為「五四」提出了科學民主的口號眼光一點也沒有錯。劉述先和杜維明認為：「五四這樣的運動之發生顯然是不可避免的。當時的一些中國傳統如果沒有很深的缺陷，怎麼會把國運弄的如此衰微。……五四時代提出德先生、賽先生的口號，提倡科學工業化、主張民主、法治、追求人權的保障，個性的表達，這些都是我們迫切需要的東西。」〔註20〕另一方面劉述先和杜維明又認為「五四」運動也有偏頗之處」第一是「只能看到傳統的缺陷，完全看不到傳統的優點，在當時那樣的反激可謂其來有自，但如今事隔60多年了，應超越當時的情緒反應與眼光」。第二，引起了中西對立，以全盤西化的極端態度來對抗狹隘的國粹主義，不僅沒有達到目的，反而助長了義和團心理的發展，全盤西化和義和團心理的互相激盪，導致媚外與仇外兩種變態反應，結果對西方文化造成了免疫性和過敏性同時並存的矛盾現象。正如列文森在分析中國知識分子的兩難困境時所指出

---

〔註18〕 牟宗三等：《中國文化與世界》，《中國文化的危機與展望當代研究的趨向》，第 109 頁、第 140 頁。
〔註19〕 蔡仁厚：《新儒家的批判性與戰鬥性》，《新儒家的精神方向》，第 37 頁。
〔註20〕 劉述先：《中國哲學與現代化》，第 44 頁。

的那樣，理智上接受西方文化的價值，但在感情上又迷戀中國的歷史。〔註 21〕劉述先對「五四」運動的評價是比較客觀的，他們都超越了唐、牟的侷限性，重新發揚了賀麟那種貫通中西「儒化西洋文化」的精神，公開宣揚：「佛教可以華化，沒有任何理由許多西方文化的產物不可以華化，被我們徹底消化融攝，變成我們文化的一部分」。〔註 22〕他主張超越「五四」時代的中西對立，對儒學進行批判繼承、創造性的轉化。

## 二、批判地繼承、創造性地轉化

　　「批判地繼承」這一口號最早是由中國的馬克思主義者提出來的，他們主張對中國傳統文化和西方文化經過分析、批判、揚棄的過程，做到綜合創新，「古為今用，洋為中用」。80 年代無論是第三代新儒家劉述先，還是林毓生、韋政通等自由主義者，以及傅偉勳等關心中國文化發展的學者，都大講「批判地繼承」和「創造性的轉化（發展）」，把這當作不言而喻的真理。這樣，80 年代現代中國的三個思想派別——馬列主義、西化派和新儒家在對待傳統的問題上達成了某種共識，大家都不贊成徹底地拋棄傳統和無批判地固守傳統兩種極端的態度，而是要分析、批判、選擇、創造，使傳統的遺產重新具有活力。當然，在「繼承」、「轉化」的具體內容和方法上，各派之間還會有這樣或那樣的分歧。最近劉述先、提出：中國的希望在於馬列、西化和傳統儒學人文思想三者健康的互動、三項資源形成良性循環。〔註 23〕這是從中國現代思想實際出發的很有見識的提法，也是第三代新儒家超越唐、牟等人而在國內和國際學術界迅速擴展其影響的重要原因之所在。

　　劉述先的基本原則是「把傳統的資源用得最大，把傳統的負擔減到最小」。他區分了儒家生生不已的仁心之形上真理與傳統的典章制度兩個層面，認為儒家的主調是後顧的，其綱常禮法、典章制度都已經過時，還有漢儒的陰陽五行那一套，都應該「解紐」、「解構」，這樣才能保住儒家最核心的本質——生生不已的仁心託付。另外，對傳統儒學中可以利用的資源，如民本思想，必須經過脫胎換骨地改造，否則和現代科學民主是接不上頭的。雖然有時他也使用「內聖外王」這個詞，但其意義與唐、牟的「內聖開出科學民

〔註 21〕杜維明：《儒學第三期發展的前景》，第 281 頁。
〔註 22〕劉述先：《中國文化與現代化》，第 43 頁。
〔註 23〕《香港明報》1990 年 6 月 4 日。

主的新外王」是有差別的，他認為道德修養並不是齊家治國平天下的充足和必要條件，因此他從人文價值與科技成果的平衡發展來談道德與科學民主的關係，強調：「人必須要體現自己內在的生命的仁心與創造性，充分實現超越自我的生命的意義，始可以完成安心立命的理想，在今日我們可以用嶄新的現象學的方法技巧來描述這樣的進路。」「如今唯一要保留的，乃是儒家的『仁心』託付與『生生不已』的精神。如能將之貫注在現代科學的人文成果之內，則生命不至於流落到無意義的境地。……如果我們知道什麼是儒家思想中的可變因素，什麼是儒家思想中不可輕易拋棄必須加以復活的因素，我們就知道如何重新改組儒家的理想。以應付時代的需要。傳統『內聖外王』『內外合一』的理想都可以賦予全新的內容。」〔註24〕儒學在現代社會裏不僅具有人文意義上的道德價值，而且具有事功意上的科學價值。這種「改組」儒家理想的動力來自於現代精神的客觀要求，所以他說這種「改造」同時就是「針對時代的加以創造性的綜合」。〔註25〕劉述先聲稱他正在探索新的系統哲學的架構，基本思路是「建立終極關懷以立體，必須取『直貫』的方式，要開創文化事業以顯其用，必須走致致曲的路」。〔註26〕這個新體系究竟如何，現在還不清楚。劉述先的「改組儒家理想」只是提出了一些初步的設想。第三代新儒家如何實現這一目標，還有於今後的發展。

## 第四節　第三代新儒家向何處去？〔註27〕

　　現代新儒學產生於 20 世紀初，五四新文化運動之後，第一代學者梁漱溟、熊十力、馮友蘭、賀麟都建立了自己的思想體系。第二代學者唐君毅與牟宗三的思想成熟於 50 年代至 60 年代，70 年代都形成了各自的思想體系。1978 年唐君毅逝世後，港臺學術界曾發表悼念文章近百篇。有人認為，現在「該是新儒家的時候了。」1982 年在夏威夷舉行的國際朱子討論會，1983年在多倫多舉行的國際中國哲學會第三屆年會，曾討論唐、牟的新儒家哲學思想。

〔註24〕劉述先：《儒家哲學的現代意義》，《當代新儒家》，第 243～244 頁。
〔註25〕劉述先：《中國哲學與現代化》，第 45 頁。
〔註26〕劉述先：《中國哲學與現代化》，第 51 頁。
〔註27〕這篇附錄曾經發表在《理論與現代化》2016 年第 3 期，《新華文摘》2016 年第 23 期，全文轉載。

　　上世紀 80 年代，現代新儒學進入了第三個發展時期，一批宣揚「新儒學」的中青年學者登上了中國現代學術思想的舞臺，他們出自於唐、牟或錢穆的門下，有些人還有海外留學的經歷。在港臺和國際學術界產生了一些影響的第三代新儒家者有余英時、成中英、劉述先、杜維明、蔡仁厚。他們宣稱要迎接西方「後現代化」的挑戰，在世界文化多元化的背景下，謀求中國哲學的現代化與世界化。要實現這一宏偉的理想，必須適應當今世界迅速變化的新形勢，正確對待科技成果與人文價值的關係，使工具理性與價值理性平衡發展，一方面從中國傳統哲學中尋求人性價值之源，一方面吸取當代西方哲學的最新成果，促進中國哲學的現代化，使其真正地走向世界，為全人類文化發展做出新貢獻。

## 一、對前兩代新儒家的理論總結

　　第三代新儒家的中青年學者，如香港的劉述先，成中英、余英時都曾在美國的名牌大學獲得博士學位，他們與大陸學者的交往也比較方便，成為海峽兩岸學術交流的積極推動者。這使得他們能夠以比較超脫的立場和相對客觀的態度來評價前兩代新儒家。

　　第三代新儒家的學者大都有很好的國學根底，又對西方文化的優長和缺失有比較深切的體驗。這些都決定了他們有更開放的心靈，以更加客觀的去思考一些歷史和現實問題，力求在思想上達到新的境界。例如，劉述先對傳統儒學有一定程度的批判，不隱晦儒家的缺點和陰暗面，敢於承認「傳統中國文化的主調的確是後顧的」，「儒家的理想人格和現代化所提倡的企業家開創性心靈有明顯的衝突」〔註 28〕。與此相聯繫，對「五四」時代的知識分子激烈地批儒反傳統，他的評價也比較客觀一些，不像牟宗三等人動輒罵「庶孽無知」，「喪心病狂」。劉述先認為「五四」只看到傳統的缺陷，自有其偏頗之處，但「五四」提出德先生、賽先生的口號，在「大方向並無差錯」〔註 29〕。這種客觀的態度，也表現在對馬克思主義的看法上，第三代新儒家雖然不贊同，但卻不像牟宗三那樣開口就罵「魔道」，而是主張區分馬克思主義作為社會歷史科學理論的層面和作為政治意識的層面，認為對前者不能完全否定。這些都說明第三代新儒家的眼光和胸襟超過了他們的前輩，用這種開放的心態去研究歷史和現實，就有可能在學術上取得比前兩代新儒家更大的成就。

〔註 28〕劉述先：《中國哲學與現代化》。
〔註 29〕劉述先：《中國哲學與現代化》，第 74 頁。

　　劉述先認為，當代新儒家哲學在內聖之學方面，在建立人的終極關懷方面有很大貢獻，「可是沒有一位新儒家提出過一套適合於現代的政治社會的構想」〔註30〕。「當前新儒家所亟需要的是在與傳統的典章制度以及渣滓解紐之後，參照西方的經驗，配合自己的國情，發展出一套新的政治、經濟、社會的體制與其核心的仁（人）道創造的思想相配合。」而把具體制度建設的任務交給「有政治、經濟、社會專長的學者」去完成〔註31〕。這種設想表明第三代新儒家仍然是當代中國的道德理想主義者。

　　在當代西方發達國家步入「後現代化」的新形式下，各種思潮日新月異。這也使第三代新儒家對唐、牟等人那種援佛入儒會通西文學的方法表示不滿，大有落後於時代的感慨。唐君毅的學生吳森在評價唐、牟和方東美的思想時，指出：「嚴格說來，在三位大師當中，從西洋哲學的觀點來看，只有方氏一人超過 20 世紀。牟仍停留在康德的時代。唐氏雖然懂 20 世紀西洋哲學，但他的思維方式仍受黑格爾的精神支配著」〔註32〕為了改變這種狀況，第三代新儒家的一些著名學者，如余英時，成中英、劉述先等人運用了哲學人類學、社會心理學、民族心理學、現象學、解釋學、結構主義等西方最流行的思潮對中國傳統文化和哲學進行解析和重新詮釋，主張將儒家「仁心」的託付與生生不已的精神貫注在現代科學人文成果之內，賦予全新的內容，真正實現價值理性與工具理性的平衡發展，創造出新時代的儒家哲學，適應世界形勢的新變化。

## 二、從科學一層論、理智一元論到工具理性

　　理智與直覺的關係曾經是兩代新儒家劃分哲學與科學和中西文化差別的重要依據。牟宗三在評論「五四」時代自由主義西化派時指出，胡適等人由情感的「科學唯一」轉到理智的「科學唯一」，遂把科學的「理智分析性」與科學的「事實一層論」從科學本身冒出來泛濫而為言論行事的普遍態度，籠罩態度，這就成為科學一層論，理智一元論，（人心主體不只是理智這一面），泛科學、泛事實、泛理智的態度。這個態度，其後果之壞無以復加。最大的害處就是抹殺意義與價值。只知物、不知人。人為什麼應該「孝」？這是經

---

〔註30〕劉述先：《談儒家傳統與現代化》，《文化與哲學的探索》，臺北：臺灣學生書局，1986 年版，第 244 頁。

〔註31〕劉述先：《關於儒學與政治學的討論》，《鵝湖》1987 年 5 月總第 143 期。

〔註32〕吳森：《中國哲學三大家》、《唐君毅傳記資料》（一），臺灣天一出版社。

不起理智的疑問與分析的。這不是一個科學的對象，這是不能平鋪而為具體事實的。因此，必須懂得科學的限度與範圍。在科學的「事實世界」以外，必須有一個「價值世界」、「意義的世界」，這就是道德宗教的根源〔註33〕。牟宗三還認為，科學一層論，理智一元論從「五四」一直延續到現在，是一些人看不起中國文化，輕視中國學術，阻礙中國文化的人性覺醒和仁義之心的學問繼續發揚的重要原因。這種對自由主義西化派的批評，包含著要區別科學與哲學的觀點，但他所謂「哲學」仍然是儒家那種人生價值的學問。由於他在港臺感到西方化思潮的衝擊，而作出這種回應，其眼界還沒有全面地放到全世界，觀察西方「後現代化」社會所出現的種種矛盾。正如第三代新儒家成中英所指出的那樣「並沒有與西方面對面親身纏鬥奮戰的持久經驗」。

　　第三代新儒家一方面繼承了牟宗三這種反對「科學一層論」，「理智一元論」的觀點，另一面又引入了現代西方思潮中所謂的「工具理性」的概念，認為科學理論的邏輯方法即是「工具理性」，其片面發展就是只重視科學技術，以「勘天役物」的精神面對世界，只求功利和眼前效果，不顧長遠利益，忽視人生的價值意義，結果造成了科技成果與人文價值的不平衡，引起了一系列社會危機。劉述先把這種情況概括為「意義失落的感受」，他指出，現代「市場的價值變成了唯一的目標，無節制地開採自然（勘天役物）已經使我們面臨竭澤而漁的危機，集團人的觀念趣味完全為報紙電視等大眾媒介所宰制，卻懵然不覺，無恥政客每每牽就群眾趣味，求得選舉的勝利，形成一種普遍價值相對主義的傾向。而人們對上帝的信仰也發生了動搖，人生在世，一無依傍，既無上帝眷顧，自己又做不成上帝，人也沒有本性，無所逃於天地之間，也無法自欺。要解決這些克服現代社會的異化現象，就要以人文價值統御科學成果。……」〔註34〕。劉述先對現代西方社會危機的揭露遠遠超過了他的前輩，但他的解決方案仍然是發揚了唐、牟等人「重新發現中國哲學的傳統」返回內在的「仁心」之本，擴而充之，以對抗片面發展工具理性而造成的種種危機，重新發現人性的價值意義。同時他又指出西方人那種上帝福音的寄託已經沒有希望，唯一的希望在於中國傳統的心性之學能夠開拓未來的新世界。

<hr>

〔註33〕牟宗三：《道德的理想主義》，臺灣學生書局，1985 年，第 354～355 頁。

〔註34〕劉述先：《中國哲學與現代化》，第 54～55 頁。

## 三、從文化生命、道德理性到價值理性

在現代新儒學的發展歷程中，從梁漱溟、熊十力的宇宙生命本體，經過馮有蘭、賀麟的理性本體，再到唐君毅、牟宗三的「道德理性」或「道德形上學」發生了一大轉折。也就是唐、牟把梁、熊的創生性本體論引入了文化哲學，說明文化的根本精神在「生命」。這個「生命」概念指的不是自然生命，而是人類的精神生命，由此再進一步上升到哲學的形上學，歸結出「道德理性」、「道德形上學」、「自我超越」，心體即性體的本體論。第三代新儒家改選了唐、牟等人的「文化生命」、「道德理性」這些概念，提出了「價值理性」，或「人文價值」。第三代的儒家所使用的概念是從西方人道主義中借用來的，但意義有差別。當代西方思潮中的「價值理性」主要是指人在自然和社會中的地位和作用，理性心態和自我價值的實現，以及在「終極關懷」問題上是否堅持對上帝的信仰。

第三代新儒家所說的「價值理性」也包含這些意義，但又有中國哲學的特點，他們認為人在自然和社會中的地位和作用，主要是堅持中國傳統的「文化生命」和道德的自我超越，儒家的「安身立命」與西方宗教的「終極關懷」相通。這裡的區別在於，西方思潮的「自我價值」，「自我表現」雖然包含著道德理想，但主要是個人的權利、自由和事業的成功，而第三代新儒家則著重強調中國傳統的聖賢人格和道德的感染力。除此之外，第三代新儒家所說的「價值理性」這一概念，與唐、牟等人所說的「價值世界」，「意義世界」是同等程度的範疇，但在涵義上又有差別。唐、牟的「價值世界」，主要是針對康德「道德神學」、「自由意志」、「自律道德」所說的，認為康德最終沒有用人的實踐理性打通價值世界與現實世界的關係。因此，他們要用中國傳統的道德踐履，良知自我呈現來打通這兩個世界，建立道德形上學，同時他們特別強調儒家心性論的道德具有宗教意義，是即道德即宗教的道德形上學。第三代新儒家對於唐、牟的道德形上學是充分肯定的，但又把儒家心性之學所具有的宗教意義（即道德即宗教）加以延伸，試圖融合西方基督教的「終極關懷」問題。也就是說，他們試圖把儒家的「仁心」、「安身立命」觀念與西方人的「終極關懷」觀念融合在一起，以使「仁者愛人」與基督教的「博愛精神」相通。這個精神方向正是賀麟儒化西洋文化方案中的以西方基督教充實儒家禮教的設想，不過賀麟是從倫理意義的禮儀和「仁者愛人」的意義上融通基督教的博愛精神，還沒有從內在的自我超越意義上找到融通的結合點。

　　第三代新儒家抓住了「終極關懷」的超越意義，從「安身立命」的理想
人格入手試圖把儒家精神與基督教精神聯繫在一起。這種設想是一個艱難的
課題。因為中國傳統儒學消化佛教，形成儒道佛三教合一的宋明理學經歷了
很長的歷史時期，而且這三種思想都具有內在自我超越的共通性，雖然儒家
的仁心、道家的道心，佛教的自性清淨心所要達到的境界各不相同，但都採
取了內在自我超越的方式。賀麟曾以宋明理學是儒家消化佛教的成功例子，
提出儒化西洋文化必然成功的設想，但他沒有注意到儒、道、佛內在自我超
越的方式與西方基督教承認外在上帝的超越方式的差別。唐、牟都注意到了
這個差別，所以他們反覆強調中國儒學本身就具有即道德即宗教的意義，與
西方那種承認外在自然力量和上帝精神的科學與宗教觀念不同，他們也使用
過「終極關懷」這一概念，但沒有明確地提出儒家心性之學如何吸收融通基
督教的問題，只是在《中國文化宣言》中說儒者的仁愛與基督教的博愛有相
通之處〔註35〕。牟宗三的弟子蔡仁厚在《新儒家的精神方向》一書中，以「終
極關懷」為結合點，提出了「孔子與耶穌」的精神融合問題，認為可以從基
督教「人而神」的觀點來看耶穌，敞開一個大門，使「人而神」、「人而聖」、
「人而佛」一類的道理互相融合會通。但他又指出基督教又有「神而人」的
觀念，仍然把耶穌看成是上帝的獨子或其化身，上帝其他的兒子仍須通過耶
穌方能昇天。這種觀念與中國儒家要求人們通過自己的文化教義和德性自覺
而得救的觀念有較大的差別。因此他永遠不能同意「不通過耶穌，即不能得
救」這句話〔註36〕。蔡仁厚一方面要融通「人而神」、「人而聖」、「人而佛」，
另一方面又看到儒家內在自我超越與基督教外在超越的差別，可見這是一個
較大的難題。

　　實際上，儒學是否儒教？儒家是否有宗教性？這個問題不僅在港臺學術
界，而且在大陸學術界也有爭論。1981 年在杭州的宋明理學討論會上，就有
人對任繼愈先生的「儒學是儒教」的觀點質疑，以後又在《哲學研究》等刊
物上相互辯論。這確實是一個重要的理論問題。80 年代崛起的現代新儒家，
試圖把儒家的「仁心」與西方基督教的「終極關懷」融合在一起，這本身就
是一個難題。不過，這又在一定意義上預示著第三代新儒家試圖重建儒家心

〔註35〕牟宗三等：《中國文化與世界》，《中國文化的危機與展望——當代研究與趨向》，
　　　　臺灣時報文化出版公司，1981 年，第 156 頁。
〔註36〕蔡仁厚：《新儒家的精神方向》，臺北：臺灣學生書局，1986 年版，第 62～63
　　　　頁。

性之學的一個新方向。至於他們是否沿著這一方向繼續走下去，還有待於將來的發展。

## 四、從內聖開出新外王到價值理性

在現代新儒學的產生和發展過程中，梁漱溟是從「孔子的倫理心理學」的意義上，分析了道德心性的問題。熊十力主張用自由、平等改造儒家的禮教，融合西方的科學和民主，包含著內聖開出新外王的初步設想。馮友蘭的「繼往開來」、賀麟的「儒化西洋文化」各有特點。真正明確提出「返本開新」，「內聖開出科學、民主的新外王」，是唐君毅、牟宗三、徐復觀，張君勱共同發表的《中國文化宣言》。在第三代新儒家中，蔡仁厚、李明輝仍然堅持牟宗三的良知主體「自我坎陷」開出知性主體和政治主體的觀點，但劉述先、成中英這些人，則提出了新觀點。他們一方面強調新儒家必須學習、接受西方的民主、科學觀念，另一方面又不輕易講內聖之學「開出」民主和科學，甚至認為傳統儒家「內聖外王」的說法也有毛病。

劉述先認為，民本思想必須脫胎換骨地加以改造，否則和現代民主是接不上頭的。〔註37〕。這種觀點一方面肯定前兩代新儒家在內聖之學和立人極方面取得的學術成就，另一方面又轉換了唐、牟等人「內聖開出科學民主新外王」的提法，而採用了人文價值與科技成果平衡發展的新提法。也就是說，他們並不認為科學、民主是從內聖「開出」來的，而是認為「仁心」屬於價值理性方面，科學屬於工具理性方面，都是人類的理性活動，問題的關鍵在於兩種理性的平衡。當然他們也認為價值理性是工具理性的主宰，不能顛倒過去，否則就會引起「意義失落的感受」，西方現代社會種種矛盾的根源就在這裡。所以在一定意義上可以說第三代新儒家有可能用價值理性與工具理性平衡發展的觀點取代唐、牟的「內聖開出科學民主的外王」。

## 五、第三代新儒家沒有意識到近代儒學的兩條路線

如果我們從「五四」現代新儒家的發展過程來看，幾乎每隔二十年，其理論就發生一次重大的變更。19世紀20年代，梁漱溟、熊十力以援佛入儒、匯通西學（主要是柏格森生命哲學）的方法，建立了「文化三路向」和「體用不二」的理論體系。40年代，留學歐美的馮友蘭、賀麟建立了「新理學」

---

〔註37〕劉述先：《中國哲學與現代化》，第77頁。

和「新心學」。梁、熊、馮、賀被學術界稱為第一代新儒家。60年代，唐君毅、牟宗三分別用黑格爾精神哲學和康德哲學建立了「人文精神」和「道德形上學」的體系。80年代，第三代新儒家廣泛的匯通現代西方哲學提出了「價值理性」和「工具理性」平衡的理論。但是在他們以後，到21世紀，幾乎三十多年，並沒有重大的新理論體系出現。儘管在臺灣有些學者，被稱為「第四代新儒家」，但是並沒有獲得學術界廣泛的認同。原因在哪裏呢？我們認為是整個世界形勢發生了新的重大變化，現代新儒家已經無法解釋這個變化。

如果說，20世紀80年代第三代新儒家還可以套用西方學者提出的「儒家資本主義」模式解釋日本和亞洲四小龍的經濟起飛，那麼到90年代日本金融危機和長達二十多年的停滯，是他們無法解釋的。經濟是整個社會的基礎，日本金融危機和停滯到底與所謂「儒家資本主義」模式有沒有關係？他們基本無法解釋。

香港中文大學教授郎咸平先生指出，在亞洲九個國家中，除日本外，上市公司最大股東分布，控股的股東都是家族企業。家族企業上市之後，必然與地方官員勾結，藉以登上權力的舞臺，沒有一個例外。……1998年的亞洲金融危機中，泰國家族企業欠花旗銀行的私人債務最後全部轉為國債，他們所欠的債務直接由全體大眾來承擔。〔註38〕這個觀點，非常明確地指出了亞洲家族企業的問題。

如果我們仔細研究現代新儒學的發展過程，就會發現兩條路線：一條是中國五四運動後的現代新儒學，主要是突出本體和道德形上學，其「內聖開出科學民主」並不具有實踐的操作性，我們可以稱之為中國的現代新儒學（理論型的新儒學）：另一條路線是中國臺灣明末清初鄭成功、陳天華、鄭光策、林則徐、沈葆楨的「實學」和日本明治維新後經過改造的新儒學（實踐型新儒學），不追求宇宙本體和所謂的「形上學」，而是重視教育、道德的社會作用和企業管理方面操作的「實學」。亞洲「四小龍」的家族管理模式產生了政府、金融、企業三合一的「東亞價值」，對經濟的發展起了推動作用。

如果我們進一步地深入分析，還會發現：在20世紀50年代至80年代中國的一些現代新儒家移居香港、臺灣，牟宗三、唐君毅、徐復觀等人一直在港臺活動，他們發表《中國文化宣言》，但其影響只在學術界，只能被看成是

---

〔註38〕郎咸平：《我們不需要誠信而是需要震攝性的監管》，《中國經營報》2001年10月28日。

高深莫測的學術理論。20 世紀 80 年代，成中英等人經常引用亞洲「四小龍」的例子說明儒學在現代化的作用。但是，他們並沒有發現這兩條路線有很大差別。

1998 年亞洲金融危機之後，第三代新儒學無論是在理論層面還在實踐面都遇到了新的挑戰。原因就在於成中英等人並沒有意識到：所謂「東亞價值」的新儒學與中國 20 世紀以來的新儒學是兩種類型：「東亞價值」是政府，金融、企業三合一的和家族管理模式，而不是中國現代新儒學所宣揚的「道德形上學」和「內聖開出新外王」。同樣道理，在亞洲金融危機以後試圖繼續用「東亞價值」來維護中國新儒學的道德形上學、內聖開出科學、民主新外王，也是沒有說服力的。

香港中文大學的劉述先在 1987 年曾經提出，當前新儒家的主要任務是：參照西方的經驗，配合自己的國情，發展出一套新的政治、經濟、社會的體制與其核心的仁（人）道創造的思想相配合。而把具體制度建設的任務交給「有政治、經濟、社會專長的學者」去完成〔註39〕。

這種道德理想主義的思維方法，實際上使第三代新儒家，對日本和歐美相繼發生的金融危機引起的社會問題，並沒有認真關注。這裡，我們並不是說，哲學家要精通經濟，但是對於社會普遍關心的問題，應該有自己的看法。例如，美國哲學家賓克萊在《理想的衝突》一書中對實用主義作了精闢的論述，這對於我們研究美國金融危機及其對社會各方面的影響，很有啟發作用〔註40〕，從歷史上看，中國哲學家對於社會經濟也是十分關注的，例如孟子與許行的辯論，就比較全面的涉及了當時的社會分工和商品交換問題：孟子提出的「八家共井」就是從最基本的家庭經濟講起，一直講到辦學校，對民眾進行文化教育。其中有一個核心命題：「民之為道也，有恆產者有恒心，無恆產者無恒心。」儒家是很重視社會現實問題的。

## 六、實踐型新儒學的特點

我們在這裡提出一個新的概念：「社會實踐儒學」，就是為了與中國 20 世紀出現的現代新儒學相區別，從 1921 年梁漱溟發表《東西文化及其哲學》到現在已經過去了 90 多年，第二代新儒家的「內聖」開出科學民主的「新外王」

〔註39〕劉述先：《儒家傳統與現代化》《文化與哲學的探索》，第 244 頁。
〔註40〕劉杉：《實用主義的因果邏輯》，《中華工商時報》2002 年 7 月 11 日。

並沒有實現。第三代新儒家雖然提出了「價值理性」、和「工具理性」的平衡，但是，並沒有提出解決社會的現實問題的方案。

如果，我們仔細研究近代史，就會發現，在中國明清之際福建和臺灣就出現了注重社會實踐的儒學，然後，在日本明治維新的「實踐儒學」。

1662 年，鄭成功趕走荷蘭東印度公司和連隊，收復臺灣。一方面發展經濟，一方面提倡實用的儒學。泉州師範學院泉州學研究所研究員陳名實做了系統的考證，這裡我們只介紹主要內容。

明清以後，隨著大量福建移民遷到臺灣，閩臺形成共同的文化區，中華文化滲透到臺灣社會生活的各個方面。而作為中華文化主幹的儒家文化，在閩臺文化的傳承、交融中，起了關鍵的主導作用。……在明末的福建，既有傳統程朱理學的薰陶，也有李贄反傳統思想的影響，更有黃道周經世實學、愛國為民的榜樣。在這樣的環境中，產生了在閩臺儒學傳承中有重大貢獻的鄭成功和陳永華。……在福建最早意識到朱子學的弊端，提倡明末清初經世實學的是鄭光策。……平生反對空疏無用的程朱理學和八股取士，對當時科場不學無術，靠死記硬背謀取功名十分反感，推崇經世致用之學，提倡學習有用的知識，認為只要是有用的知識，不管是那個學科，都要學習研究。讀書要注重國計民生，國家要重用會理財的人才。……梁章鉅，福建長樂人，鄭光策的女婿，為官注重興修水利、興利除弊，關心國計民生，政績卓著。林則徐更是實踐了鄭光策學習任何有用知識的思想，放眼世界，主張嚴禁鴉片，抗擊外來侵略。他把收繳來的鴉片 2 萬餘箱，除留八箱樣土外，全部在虎門海灘上公開銷毀。林則徐的這一壯舉，是對經世實學的最好詮釋，也使林則徐成為堅決抵抗外來侵略的民族英雄，受到人民的永遠紀念。從鄭光策到梁章鉅和林則徐，是福建經世實學從理論到實踐的發展過程。正是這種思潮的興起，使福建成為近代科學技術和近代教育發達的先進地區，湧現出沈葆楨等實學傳人，把經世實學傳播到臺灣，並推向學習西學的新階段。臺灣明鄭儒學以注重民族大義與經世實學為主要特徵，在清代臺灣移民墾殖創業過程中有實際意義，因而廣泛存於民間。〔註41〕

由此，我們可以看出，明清之際，閩臺出現的實踐型新儒學是與當時資本主義萌芽並行的，只是由於當時清政府的高壓，繼續以「朱子學」為正統提倡道德性命之學，沒有形成大氣候，所以範圍很小，沒有與當時江南的資

---

〔註41〕陳名實：《閩臺儒學源流概論》，《福建省社會主義學院學報》2007 年第 3 期。

本主義萌芽緊密結合。清朝早期官方將鄭成功視為叛國或海賊，清朝後期逐漸將鄭成功宣傳為「忠義典範」，其目的是為了籠絡臺灣，1875 年清政府接受欽差大臣沈葆楨上奏，正式在臺為鄭成功立祠，並由禮部追諡為「忠節」。但是，閩臺的實用儒學並沒有受到重視，反而被淹沒了。

明清時期臺灣儒學，在鄭成功、陳天華、鄭光策、林則徐、沈葆楨的提倡下走了一條「實學」「實用「的路。這和大陸提倡的程朱理學的道德性命之學有很大區別。這條路類似於日本「明治維新」的實用儒學。日本是明治維新是在 1860～1880 年間，在思想上，儒學就走社會實踐的路：津田真道在談到「實學」與「虛學」的區別時說：「所有學問大致可以分為兩種，高談空洞理論的虛無寂滅，五行性理，或良知良能等說是虛學：根據實象，專論實理，如近代西洋的物理、化學、醫學、經濟、哲學是實學。這種實學如果能普遍流行國內，明達各種道理，就可以說是真正文明。」福澤喻吉在《勸學篇》中也大聲疾呼：「我們應該把遠離實際的學問視為次要，而專心致力於接近人生日用的實際學問。」〔註42〕

提倡實學精神，批判虛學，使日本對儒家學說進行了新改造和詮釋，為日本發展科學技術創造了良好的環境，並且進一步提出了新價值觀念。日本啟蒙思想家提出了新的功利主義道德觀。如西周的「人生三寶說」，就是「鍵康、富有、知識」。這三寶對人們擺脫封建主義的禁觀，發展資本主義的發財致富起了重要作用〔註43〕。

正是在這種實學實用的指導思想下，日本拋棄了傳統儒學那些維護封建主義的教條，利用資本主義的新思想，對儒學進行了新的詮釋。值得注意的是在明治維新時期，日本出現了一批學者，如：福澤諭吉、津田真道、加藤弘之、中村正直等，他們希望曾通過徹底批判復古主義的舊傳統，全盤西方化，走「脫亞入歐」的道路〔註44〕。

美國波士頓大學宗教與社會學教授彼得‧柏格（PeterL‧Berger）認為東亞的文化因素的作用與國際貿易中的「比較利益」相似，也可以為宏觀經濟發展提供一種「比較優勢」。他運用韋伯的方式提出，中國士大夫儒家思想是有害於現代化的，但沒有讀過儒家經典的老百姓在日常生活中的工作倫理，

〔註42〕蘇陽：《日本現代化成功之謎初探》，《中國民航學院學報》，1986 年第 1 期。
〔註43〕蘇陽：《日本現代化成功之謎初探》，《中國民航學院學報》，1986 年第 1 期。
〔註44〕江立華：《儒家文化與東亞的崛起芻議》，《河北大學學報》，1995 年第 1 期。

如對現實世界的積極進取態度、實用主義、守紀律與自我修養、勤儉、穩定的家庭生活等等，是一種世俗的儒教（Vulgar Confuianism），可用以解釋東亞的經濟活力之所在。這樣，儒家文化與東亞的崛起的關係，就成了人們議論的重要話題〔註45〕。

彼得・柏格也再次證明了社會化大眾化的儒學才能解決問題。其實，在王陽明後學中的泰州學派，特別是王艮就是在這種大眾儒學的努力，提倡「百姓日用即是道」，特別是後來的李贄提出了「不以孔子是非為是非」的口號。可惜，中國的封建勢力太強大，真正的大眾儒學並沒有形成。

## 七、兩種新儒學產生的歷史根源

再進一步研究，我們還可以發現從中國的明清到近代，亞洲兩種儒學走的是不同的路。

在中國明清之際和日本近代都出現了資本主義的萌芽，但是在中國直到19世紀末才出現了君主立憲的思想，仍然沒有成功。大家知道，在日本明治維新時期，中國王陽明的儒學起了很大作用。如果我們把王陽明泰州學派以及明清之際提倡實學的思想家排列一下，與日本明治維新對比，可以發現一個問題：王陽明（1472～1529），王艮（1483～1541），李贄1527～1602），顧炎武（1613年～1682年），王夫之（1619年～1692），而明治維新於1868年建立新政府。

王陽明認為一種思想即使大多數人贊同，也不應該盲從，所以他說：「夫君子之論學，發在得之於心。眾皆以為是，苟求之於心而未會焉，未敢以為是也：眾皆以為非，苟求之於心而有契焉，未敢以為非也。心也者，吾所得於天地之理也，無間於天人，無分於古今。」〔註46〕這裡的得之於天地之理的心即是良知，致良知能破除習俗成見，發揮獨立思考的能力，分辨學術的真偽，發現和獲得真理。

王陽明還把這個標準應用到經典著作上，他說：「凡看經書，要在致吾之良知，取其有益於學而已，則千經萬典，填倒縱橫，皆為我所用。」〔註47〕

〔註45〕江立華：《儒家文化與東亞的崛起芻議》，《河北大學學報》，1995年第1期。。
〔註46〕〔明〕王陽明：《答徐成之》，《王陽明全集》卷二十一，上海古籍出版社1992年版，第806頁。
〔註47〕〔明〕王陽明：《答季明德》，《王陽明全集》卷六，上海古籍出版1992年版，第213頁。

聖人所作的著作被後人奉為經典，實際上是聖人心體良知的表現，只不過是一種節目時變，而不是良知本身。這種表現很難是完美無缺的，即使經典在文字上完美無缺，也不能代替良知。語言文字與其所表達的道來說，就像筌與魚的關係或糟粕與酒的關係一樣，要獲得真正的道，就要通過聖人的語言文字來探究聖人的心，只停留在語言文字上而不得其心，那就只能獲得筌與糟粕了。從另一方面說，我的良知與聖人的良知相通，所以「六經之實，則具吾心」，因此經典只是我心良知的「記載」，同樣應該受到我的良知的檢驗。所以王陽明更大膽地說：「夫學貴得於心，求之於心而非也，雖其言出於孔子，不敢以為是也，而況其未及孔子者乎？求之於心而是也，雖其言出之於庸常，不敢以為非也，而況其出於孔子者乎？」〔註48〕這種「千聖皆過影，良知乃吾師」的思想將經典置於受良知重新檢驗的地位，甚至聲稱雖其言出之於孔子，也要求之於良知而定是非，明顯的具有反權威的批判精神，正是這種精神導致了後來李贄的「不以孔子是非為是非」的反封建吶喊。

但是，在中國李贄受到道學家耿定向的迫害而死在監獄中，後來的顧炎武、王夫之也沒有受到政府的重視。而在日本一大批提倡重視實學的儒者，不僅受到政府的重視，而且他們不斷地向民眾宣傳注重實際的學問。而在中國清政府仍然在提倡「道德性命」的修養儒學，即使簡潔科舉，也是按照傳統儒學做「八股文」。沒有思想的解放，雖然中國出現資本主義萌芽，而且相當有經濟實力，最後卻落後於日本。

這裡，我們特別指出，在中國第一代現代新儒家中，賀麟先生早在上個世紀40年代，從文化的體與用關係提出了「儒化西洋文化」的思路，倒是很值得注意的。

賀麟認為，中學西學，各自有其體用。西洋的物質文明自有其精神文明為體，不能說它是有用而無體。宋儒以理學為體，亦有其對自然、人生、社會、歷史種種事業之觀察，不能謂之有體而無用。這樣看待中西文化才符合體用合一的原則。全盤西化論之研究西洋學術，總是偏於求用而不求體，注重表面而忽視本質。……正如宋明理學不是「佛化」的中國哲學，而是「化佛」的中國哲學一樣，中國未來要發展的是「化西」的中國新文化，而不是「西化」的中國文化。為此，他提出「以精神或理性為體，而以古今中外的

---

〔註48〕〔明〕王陽明：《傳習錄》，《王陽明全集》卷二，上海古籍出版 1992 年版，第 76 頁。

文化為用」的說法。他批評「中國本位文化」論者不懂「文化乃人類公產」，以狹義的國家作本位的偏見。指出應該「以道、以精神或理性作本位」，「不管時間之或古或今，不管地域之或中或西，只要一種文化能夠啟發我們的性靈，擴充我們的人格，發揚民族精神，就是我們需要的文化。」賀麟以這種新心學預言儒家思想的新開展是中國現代思潮的主流，提出以西方哲學、宗教、藝術充實儒家的理學、禮教、詩教的儒化西洋文化的方案。〔註49〕

　　這些觀點，顯然不是內聖開出新王，而要在實踐層面提倡中西融合。唐君毅、牟宗三不承認賀麟是現代新儒家，第三代新儒家雖然承認賀麟是新儒家。但是他們並不重視賀麟的思想。

　　綜上所述，從1997年亞洲金融危機和儒家資本主義理想的破滅，以及2008年歐美金融危機和西方價值觀念受到的挑戰，引起了世界發生了新變化。實際上是對第三代新儒家的新挑戰。他們如何回應，能否提出新的觀點？我們將拭目以待。

---

〔註49〕賀麟：《文化的體與用》，《近代唯心論簡釋》，重慶獨立出版社，1942年，第268～272頁。